樂 府

·

心里满了，就从口中溢出

伦敦小孩
E. H. 谢泼德自传

〔英〕E. H. 谢泼德／著绘
范晓星／译

北京联合出版公司
Beijing United Publishing Co.,Ltd.

Ernest Howard Shepard

1879—1976

E. H. 谢泼德｜英国插画家，被誉为维多利亚时代黑白绘画艺术的最后一位大师。他为《小熊维尼》系列、《柳林风声》等作品创作的插图，已成为永恒的经典。

目录

记忆的画　　Drawn from Memory

人生的画　　Drawn from Life

Drawn from Memory
记忆的画

送给我的太太诺拉
谨以此书怀念爱子格雷厄姆

前言

本书记述了我七岁至八岁之间的童年时光。我出生在圣约翰伍德，斯普林菲尔德路五十五号，我记得那里的婴儿房还有后面的花园。每天早上去工作前，父亲会进来抱着我蹦跶一会儿。我还记得穿过的棉质裙装，肩膀上有花格结，腰带也是花格的；下身穿的是小底裤，非常紧，让我的小腿儿总是痒痒的。在准备去聚会前，母亲会用烫发钳给我的头发烫出卷儿来。

在我大约四岁的时候，我家搬到了肯特台十号。在那儿，我和母亲、父亲、大姐艾瑟儿和二哥西瑞尔一起，度过了蒙童时期最快乐的时光。我是家中的老幺，我们都挚爱着母亲。她的天性如此甜美温柔，秀发的颜色为容颜增辉，我曾听到一位仰慕者将母亲头发的颜色形容为成熟的玉米色。

在《记忆的画》记录的那年结束之后不久，母亲生病了。我们姐弟仨没有意识到她病情的严重性，还为能推着她的轮椅绕公园散步而开心。她的早逝让我们快乐的家庭生活戛然而止。我们努力去勇敢地面对，为了父亲。我记得自己跟哥哥说过，我再也不会哭哭啼啼，因为母亲不会喜欢看到我们这样。经过几年，丧母之痛的乌云才渐渐散开，我天性中的活泼与少年的快乐在心底复苏。

当我的子女长大时，我将这里写下的往事讲给他们听，往事历历，桩桩件件，重又浮现在我的脑海。他们会央求我多讲讲姑奶奶们的事儿，还有农庄，或者玛莎和丽兹。我想他们第一次去看圣诞趣剧时一定跟我当年一样兴奋，于是，当我跟他们讲我看趣剧的感受时，我的儿子说我有一天应该"把这些都写下来，写成一本书"。

　　书中插图里的人物和场景都是我记忆中的样子。肯特台十号和戈登广场五十三号的外观依然是七十年前的旧时模样。数日前，我站在肯特台，恍惚看到丽兹的面庞出现在门前的台阶上，她叫我把七公子带回家，洗洗手吃饭了。我，又只是那个伦敦的小孩。

E. H. 谢泼德

写于一九五七年二月

七公子

帕克街上冷风呼呼，我们姐弟三人跟着保姆玛莎，走过圣约翰伍德教堂，过马路时一眼望到路对面酒馆屋顶上的旗杆。旗杆上已经升起了一面旗，淡蓝色的，说明赛艇对抗赛剑桥队获胜了。从我记事起，我和二哥西瑞尔就对这项赛事非常向往，尽管我们哥儿俩谁都没亲眼看过。我们是牛津队的铁杆支持者。只是因为我们最喜欢的伯父威利，也就是父亲的大哥，是一位牧师，也是圣保罗公学的校长，他上的就是牛津大学贝利奥尔学院[1]。我大姐艾瑟儿是向着剑桥队的。她不跟我们说为什么会选那头，可是我跟我哥一直认

"那是一面淡蓝色的旗子"

005

为那是因为她觉着淡蓝色更好看。不管怎样，事实摆在眼前：今年剑桥队赢了。没什么好怀疑的。

我垂头丧气地跟在他们身后，到了过运河的桥上，其他人都走了，而我却停下来，拽着木栏杆蹭了上去。我从栏杆上往下瞄了一眼，就知道下面的运河幽暗又凶险。假若水上漂来一具尸体也是有可能的，就像肯特台拐角那个跑腿的老头儿见过的一样。但这样的小插曲也没能让我开心，听到玛莎的叫声，我乖乖地转过身，小跑着追赶他们。追上哥哥姐姐的时候，我心里还在为这件事闷闷不乐。好在西瑞尔及时地点拨了我，他说对抗赛明年还会举行，或许牛津队就能赢了。这个念头让我豁然开朗，还没回到肯特台十号[2]我们的家，我就已经把刚才的事忘到九霄云外去了。

那座房子至今仍在。它位于一大栋联排屋的中间位置，正面墙壁装饰有壁柱，小客厅每扇落地窗外有一个小阳台。

肯特台的房子离开主路，前面是花园。过去那里四周都是木围栏，但是现在换成了铁丝围栏。木围栏小孩子是爬不上去的，间隔很窄，也钻不过去。大门上有把锁，我家有钥匙，可锁很紧，不容易拧开。花园里很凌乱，有几棵大树，一片灰头土脸的灌木丛。可那里是玩耍的好去处，从来不会有人去打搅我们。

我相当得意我家的前门，因为上面镶有两块我父亲设计的彩绘玻璃，让那扇门显得气度不凡。一块玻璃叫"夜晚"，另外一块叫"早上"。"夜晚"那块玻璃上有只猫头鹰，这样我可以把它跟"早上"区分开。门的背后嵌有暗龛，花园大门的钥匙就放在那儿。

前面的餐厅与后面的小厅之间有折叠推拉门隔开，小厅成了我们的游戏房。前厅壁炉上方是木制的饰架，上头连着好几层架子，也是我父亲设计的。架上摆满了"南京样"青花瓷，是那个年代风行一时的装饰瓷。

走廊地面铺的是瓷砖，楼梯是石头的，有铁栏杆。楼梯很宽，宽到足够我们玩最爱玩的游戏"神兵天降"。这是个解闷的好法子。自从我们去过一次水晶宫[3]，见到一位叫鲍德温教授[4]的人在主耳堂做了一次惊险的降落伞表演之后，我和西瑞尔就着魔一样地玩起了这个游戏。在聚光灯的照射下，铜管乐队的伴奏与雷鸣般的鼓点声中，鲍德温教授一身紧身衣，衣服上的饰片五光十色。只见他飘飘悠悠、气宇轩昂地从天而降，刚好落在舞台上，向惊喜的观众鞠躬谢幕。我俩一到家就准备模仿他了，但我们很明智地决定先拿艾瑟儿的玩具娃

"飘飘悠悠、气宇轩昂地从天而降"

娃试试。艾瑟儿比我俩大，对娃娃已经没多大兴趣了，在娃娃被征用这件事上没太上心。这就好办了，因为这个游戏的伤亡率还是挺高的。如果娃娃的头是瓷的或者蜡的，那么这个小可怜就大难临头了！我们很快发现雨伞做降落伞没什么用，没法控制，还容易卡住。后来我们试了不同面料和大小的手帕，甚至还在一块帕子上贴了张鲍德温教授本人的彩色照片，但这并没有带来令人满意的效果。我沉着地站在楼梯最高处，身子探出栏杆，拿着吊着不幸的玩具娃娃的一套玩意儿，负责放降落伞；而西瑞尔则在楼梯下待命，准备随时应对突发

"吊着不幸的玩具娃娃"

的灾难。只有一个叫明娜的娃娃闯过了生死关，它脏胳膊脏腿，非常皮实，是真皮做成的。

肯特台的路面是石板铺成的，上面立着煤气灯，灯柱的底座刻有 $\boxed{\begin{array}{c}\text{IV}\\\text{G.R.}\end{array}}$ [5] 几个字母，玛莎跟我们讲这说的是一个国王。地上每隔一段距离有一个圆形的铁盖，是盖在送煤的洞口的。每当我骑着七公子轧过去，就会发出咣啷咣啷的响声。

七公子是我的骄傲与快乐。在十二月十号那天，它来到我家，包裹得严严实实。那天是我七岁生日，所以父亲就给它起名为"七公子"。这辆小马三轮脚踏车，是我的姑妈，也是我的教母送来的礼物。说起这件事吧，我和西瑞尔一直都认为肯定有种神灵的力量，代表我指引着阿莉西亚姑妈，把她从许多更有用的礼物那里支开；还有天使加百列[6]呢，他化身为詹姆士·舒布莱德百货商店的导购员，将姑妈吸引到小马跟前。小马的眼睛滴溜圆，鼻孔仿佛

"天使加百列，化身为商店导购员"

在喷着气。它两条前腿腾空，似乎极力要踢开三个木轮，飞到天上去。为了驯服它，可花了我好几天工夫。但是之后我便可以搬着它走下我家门前的几个台阶，在肯特台前面的路上兜风了。咣啷，咣啷，骑到路尽头，折回头接着骑。我的小腿抡圆了蹬踏板，直到七公子跟我都累得上气不接下气；要不然就是我们家厨娘丽兹出现在门口台阶上，喊我回家吃饭。这时候我就把七公子系到灯柱上，它在那儿等候小主人再次宠幸。

通常，肯特台前面的路上总能有个人陪我度过白天的时光。如果不是几个商铺家的男孩子之一，便是送牛奶的大婶埃伦。玛莎来

"把七公子系到灯柱上"

我家之前，埃伦是我的保姆，那时候我哥西瑞尔跟我还都是小不点儿。她一直带我们，直到嫁了人才离开。我们小哥儿俩坐一辆双座的婴儿车，她推着我们出门散步。我跟我哥肩并肩坐着，基本上一直在叽叽呱呱地讲谁都听不懂的语言。那辆婴儿车像一张宽大的椅子，有三个木轮，前轮小一点儿。车上还有绿色的遮阳篷，可以像雨伞一样收缩，边上有穗穗，我总爱把它揪下来。我们的腿上盖着一条布单子，腰间也系着安全带。这辆婴儿车坐起来非常颠簸，尤其在过马路的时候，那时候路基的金属底架铺得很糟糕。我最初的记忆差不多就是在公园小径绕圈儿散步，以及被抱出婴儿车，到小池塘边喂鸭子。

有时候我们能溜达到动物园那么远，然后隔着灌木丛向动物园里张望。我们能看到一些关在笼子里的动物，听到它们发出稀奇古怪的动静，或者鹦鹉声嘶力竭的呱呱声。之后我们还会走过植物园，

"在公园小径绕圈儿散步"

来到别院。那里是公园隔出来的一个地方，专门给住在对面宅子里的居民使用。别院靠路的一边是橡木做的围栏。木板间的距离足够我那么大的小孩儿钻进钻出。在西瑞尔还没蹿个儿之前，我跟他爱这么玩：偷偷钻过围栏，避开公园管理员，到别院里头跑一圈。我们猫着腰从一片灌木丛冲到另一片灌木丛，能跑好远。如果被管理员发现了，我们便不再躲藏，回到围栏钻出去。管理员，头戴高帽，腋下夹着木棍，怎会为了追我俩而丢面子，只吆喝几嗓子便罢。

埃伦身材敦实，走多远的路都不在话下。她离开我家嫁人之后，在乳品场谋了个差事：每天早晚挑着两只大桶，到肯特台来送牛奶。她在肩头垫了一块方格披肩，木扁担横跨肩头，扁担两头各挑一桶牛奶。她会把牛奶桶放在地上，用一个马口铁做的量杯往伸过来的牛奶瓶里盛牛奶。只要有丁点儿牛奶洒出来，都会被我们家的黑猫桑波[7]以及总是尾随埃伦的众猫舔个一干二净。

"众猫尾随"

如果玛莎或者丽兹也在场的话，她会停下来跟她们聊会儿天。她的先生叫杰克。据玛莎说，他从来不去工作，有时候还打埃伦，是个脾气又臭又硬、身材又高又瘦的麻秆儿。人们总是看到他靠在温莎城堡酒馆[8]的尖栅栏边。

倒垃圾的工人每周来一次。他们有一匹灰马，嘴边似乎一年到头都挂着饲料袋。灰马拉着辆敞篷的四轮板车，慢吞吞地走过肯特台。它时常停下脚步，等那些戴着后面拖了一块真皮的护颈帘帽子的工人，从各家各户的台阶跑上跑下，把垃圾筐里的垃圾倒到板车上。这时候玛莎和丽兹一定会把满屋子的门窗都关紧，防止灰尘飘进来。如果我正在肯特台前的路上骑七公子的话，她们也会喊我马上回家。送煤工来的时候也是同样的情形。我会从餐厅的窗户看送煤工把麻袋里的煤块倒进送煤口，遥远的地下便传来叽里咕噜的声音。有一天，我打定主意去看看煤块倒进煤洞以后究竟是什么情况，就偷偷摸摸地下了楼，溜过厨房，钻进了地窖。我听到送煤工从地面抬起麻袋，紧接着，煤块像雪崩一样噼里啪啦地倾泻而来，我差点儿被闷在煤堆里。我浑身上下都是煤渣，好不容易摸到门，跌跌撞撞地爬了出来，正好跟丽兹面对面。她说我真是太丢人了，然后带我上楼，脱了衣服，上上下下刷洗了一遍。她还吓唬我，胆敢有下次的话，一定会让我吃不了兜着走。

肯特台北边有堵高墙，另一边是汉弗台[9]的地界。如今那里是大片大片的公寓楼，但曾经是美丽的花园。在高墙脚下，经年累月地坐着一个跑腿的老头儿。他坐在一个箱子上，背靠着墙，整栋肯特台在他眼里一览无遗。他身边放个帆布袋，里面是他的午饭。他似乎总在睡觉，但只要有人来到前门朝他招手或者招呼他，他就立马来了精神。他生活的使命就是打杂或"跑"腿，尽管从没有人见他跑起来过。他个子很高，身材消瘦，穿着一件很有些年头的灰色燕尾服，早就不合身了。他的样子总是让我想到一只令人肃然起敬的鹳。有一次我善心大发，给了他一便士。老头儿将信将疑地吐了口吐沫，仔细检查了一番，然后将它放进了口袋。每当有人想叫马车，百般吹口哨也叫不来的时候，他总是知道上哪儿能找到。

"想到一只令人肃然起敬的鹳"

我认为大家——其实是众猫——公认的最受欢迎的街头小贩，当属那个卖猫食的人。他推一辆手推车，每周来两次。车的两侧板子上有手绘的广告，"猫粮狗食，精选专卖"。那些肉都切成片，穿在扦子上。大概三便士一串。

肉铺老板家的儿子是最会做生意的人。他赶着一辆神气十足的小马车到肯特台来，小马棕身白袜，毛梳理得锃光瓦亮，马嚼子也干干净净，像新

"有一次我给了他一便士"

别针一样亮铮铮的。那个少年高高地坐在车夫的座位上，穿一件蓝色条纹围裙，小发型用羊油固定。小马跑起来非常快，停下来的时候也很猛。少年会绕到车后，扛起一块肉，放在一块木板上。眨眼工夫，他就在顾客门前的台阶跑了一个来回，在他坐回座位之际，小马也已经开始挪步。还没见过哪个小贩能有他一半利落。面包店师傅只有一辆手推车，车后挂个篮子。

"肉铺老板家的儿子"

接下来当然就是我们最特别的警察先生。他常在黄昏时分到我们这条街上巡视一番。他动作慢条斯理，但人很睿智，忠告善道。

帕克街的路面宽阔，那时的样子很土气。我们对街上的店铺了如指掌。首先，温莎城堡酒馆过去就是查普林鲜鱼店。然后是肯斯特蔬菜铺，肯斯特夫人胖胖的，头戴一顶丝带软帽，一副慈祥老妈妈的模样。往前走一点儿是怀特药房，橱窗里陈列着五颜六色的硕大的玻璃罐。从他家门口经过总能闻到一股很冲的药味。再往前走是做装修和橱柜生意的师傅，格雷厄姆先生，他讲话有浓浓的苏格兰口音。裁缝莫尔特比先生的店面上挂着庄严的纹章，后来这个纹章还被镶到了墙上。挨着克拉伦斯门花园联排屋的是一家很小的女装店，店铺有两面圆顶窗，窗中间是一道门。然后，在北贝克街上，坐落着玛莎称之为维多利亚酒肆的地方，她有一个老姐妹在那儿站柜台。北帕克街的尽头，路对面，现在是家很大的修车厂和一大片公寓。在北格洛斯特街的是柯尔家的布艺店。那是很重要的一家店，橱窗里陈列着最新款的帽子和精美的长花边窗帘。没有被拉着去看看"我们店最新上的好东西，刚从诺丁汉进的货"，母亲是不可能迈出店门一步的。

那个年代商店的店员几乎都是小伙子，即便是绸布行和药房。

在柯尔布艺店后头，现在的英国皇家铁路局的调车场，接近马里波恩车站的地方，过去是一小片小巧玲珑、赏心悦目的乔治王时代风格的住宅，类似现在在罗德板球场周围的房子。这些房子有砖墙围起来的花园和静谧的小路。就是在那里，博斯科贝尔街上一座小小的白房子里，我的父亲和母亲度过了婚后的一段时光。母亲总是跟我们提起他们俩当年快乐的二人世界，还有忠诚的厨娘丽兹在决定离开祖母到他们身边工作时有多纠结。

玛莎带着我们三个孩子经过所有店铺，到位于北贝克街的学校上学。艾瑟儿上的是英格兰教会女子高中[10]，我和西瑞尔哥儿俩去那里的附属小学。

学校在一个院子里头，如今成了英国铁路失物招领办公室。院子里的水泥地当操场，我们发明了一种在这种地上玩的类似足球的游戏：我们踢一个橡皮球，地上有一些排水管之类的障碍，谁把球踢到贝克街上去了就判罚。在院子的南面尽头，是一堵很高的砖墙。不过，我们可以爬上一堆木板子，然后往下看贝克街上的地铁站，看着一列列车喷着蒸汽进站和出站。我们的衣服会因此蹭得很脏，帕克曼小姐一看见我们去那里，就会走出教室，拍拍手，我们就必须回教室了。

学校有三位老师，帕克曼小姐、特纳小姐和加德纳小姐。我最喜欢特纳小姐。早上我们在学校的大教室做晨祷，法政牧师欧兰德[11]每周来给我们讲话。有一条靠墙而建的楼梯通往这间教室，在晨祷开始以后，楼梯上面的门就紧闭了。假若迟到了，我们就要站在黑暗中，满怀羞愧地静静等待祷告结束，然后被老师发现，训教一番。总体来说，我和西瑞尔都挺喜欢上学的——功课不太难，有大把的时间游戏，况且我们还交了几个朋友，下雨天可以玩放在壁橱里的大玩具。"斗鸡"便是其中之一。那是两只用真正的羽毛做成的大公鸡，通过铁丝做的杆子控制。但那是特别的奖励，只有在老师严格的监督下才能拿出来玩。老师还鼓励我们给父母亲做礼物，用彩色毛线摆成图案粘在纸卡上。老师也乐意让我们画画，但彩色粉笔不受待见，因为会把地面涂抹得很乱。

"斗鸡"

我们学校的这座建筑共有三层，过去曾是作坊。晨间休息的时候，所有孩子都到楼下大教室集合。有个买面包的差事，是大家争着抢着去做的。可自从发生了一袋热乎乎的小面包当街袋子破掉的惨剧之后，这个任务便落在了一个年龄最大的孩子头上。这个买面包的孩子负责收集大家手里的零钱，然后到路对面的面包房，买回满满一大袋冒着热气的小面包。男孩子们流行把面包拍扁了再吃，有时候还踩上几脚，因为这样会让面包显得更扁更大。

"恰到好处地拍扁面包"

我上课的教室在最顶层，是加德纳小姐负责的。教室里有长椅和长条课桌，但是老师不信任我们用墨水瓶，所以我们都是用铅笔或者石板。教室里有个大火炉，天冷的时候，大家都愿意紧挨着它。同学中有个叫奈杰尔的孩子和他的妹妹奥黛丽。另外一个叫威利·瑞恩的，他父亲是医生，在多塞特广场那边有家诊所。我和西瑞尔经常跟威利以及另外几个小伙伴一起，去帕丁顿运动场打板球。我们有球棒和球，但得用我们的外衣当三柱门。直到有一天，来了个威利的朋友，他带了几根门柱。这个孩子叫乔治，个子很高，穿一条白色法兰绒裤子。他父亲乔治·格罗史密斯是轻歌剧《天皇》里的演员。乔治说他长大以后也要当演员。

所有女同学里，我最喜欢海伦。海伦的脊柱有点什么毛病，只能一直躺在木板上。我们男孩子都愿意坐教室最后的一排椅子，这样能挨着海伦近一些，给她递书递铅笔什么的。海伦有一头乌黑的鬈发、一双灰色的眼睛，非常安静。就算有人只是帮了她很小的忙，她都会轻声地说"谢谢你"。她只上了很短一段时间学，一天，帕克曼小姐把我们叫到一起，告诉我们海伦去世的消息。

午后的课很早结束，有时候母亲会来接我们。这是特别的款待，意味着我们可以坐公交马车到牛津圆环 12 广场陪她买东西。我和西瑞尔都觉得这些卖女性商品的商店太无聊了，不过这样的购物之旅结束后，我们总是会去摄政大街上的茶舍爱芬斯通。在那儿，我们能吃到奶油的和其他美味的蛋糕，甚至还有更要命的——冰激凌。

复活节来临之际，一个巨大的包裹送到了我们肯特台十号。从母亲慌忙将它藏起来的情形，我和西瑞尔猜出这个包裹八成是送给我们的礼物。母亲有个特别要好的朋友，她叫古丝，以前我们就收到过她送来的慷慨礼物。一个超级大的复活节彩蛋里有可能藏着任何惊喜，一辆在铁轨上呜呜跑的蒸汽火车头也是有可能的——那是我最向往的东西。晚上躺到床上以后，我绞尽脑汁地盘算到底会是什么礼物。玛莎在煤气灯罩上烘我的睡衣。她把衣服前后左右转着圈儿地烤，天花板上映出一些稀奇古怪的影子，仿佛空中的云

"在那儿能吃到奶油蛋糕"

"在煤气灯罩上烘我的睡衣"

朵。我紧咬着她不放："玛莎，你瞧见那个东西了没？是什么形状的呀？重不重啊？里头哗棱哗棱响吗？"可没有用。玛莎一门心思烘她的衣服，除了说"行啦，我的小少爷，您别再问我那么多问题啦。好奇害死猫，猫啥下场您可知道？"之外就守口如瓶。其实我不知道猫是什么下场，但我不得不放弃了，钻进被窝，掖好被子，在心里把一切可能性想了个遍。当西瑞尔也来睡觉的时候，我想问问他的看法。可二哥是抱着集邮册上床的，他正在兴头上，因为刚得到了一张新邮票，是母亲的兄弟，我的舅舅从南非纳塔尔省寄来的。他才懒得搭理我对复活节彩蛋的猜想。

　　复活节这天清晨，我睁开眼睛，过了一会儿才想起前一天的事，于是噌地跳下床。梳头洗脸穿衣似乎花了特别长的时间，直到早餐过后，我们才得到了礼物。那个包裹被拿过来，我们在餐厅的地板上将它拆开。

那是一个无比巨大的纸壳蛋，外面装饰得五彩缤纷，看着就让人开心。纸壳蛋拦腰系着一根金色的丝带，里面是一个红色的盒子，上头是黑色和金色的商标："浮桥火车·德国制造"。还有个纸包，里面是一些身着蓝色军装的士兵。它们头戴尖顶头盔，骑在小战马上，战马的马嚼子还能摘下来呢。小马车里装的是满满一车小木板，上边倒扣着小木船。这套玩具真叫人心花怒放。

"浮桥火车·德国制造"

我们亲爱的古丝阿姨送给我们一套"火车"，但又不是火车。可是没关系。我、西瑞尔，还有我们的蓝军装士兵度过了好几个小时的快乐时光。我们用木板和船造了一座桥，然后我们的整支军队——战马、步兵、炮兵、黑奴，所有所有人，庄严地行军过桥。到了晚饭时分，母亲提出了关于写感谢信的可怕话题。她说我们一定要把这件事做了，省得以后忘记。这可真是个让人抓耳挠腮的任务，我和我哥西瑞尔都恨死了，总是能拖多久就拖多久。如果大姐艾瑟儿在家就好办了。她年长，有很多特别灵的点子，能不费吹灰之力把信写出来，剩下只由我们把信抄一遍就好了。可偏偏那天下午她去罗伊德家排练《玩具交响曲》了。于是我和西瑞尔一声不吭、满脸愁云地坐在那里，冥思苦想。我开了好几个头，但都不满意，然后我决定去外头找点灵感，有什么比骑着七公子更合适的？我把七公子从房子后面的"马棚"里搬出来，扛着它走下前门台阶，准备到肯特台前的路上呱嗒几圈。

透透气真舒服，我策马扬鞭，写信的事呢，早都忘到了脑后，直到母亲出现在前门，我才停下来。她问我信是否写好了。我只好回答写了一点儿。母亲发愁地问我："一点儿是多少？"

"嗯，就是不太多。"

"咱们还是先进屋看看吧。"她说。

我把七公子系到灯柱上，跟母亲回了家。西瑞尔又埋头在他的集邮册里出不来了，看他脸上心满意足的神情，我估摸着他的麻烦事已经翻篇儿了。母亲俯身桌前，捡起我花了九牛二虎之力写就的那些墨疙瘩。她愁眉紧锁，读出了声："亲爱的古丝阿姨，不知您近来是否一切都好……"她板着脸盯了我一会儿，突然放声大笑。"真的是一小点儿啊，是不是？"接着她说，"不然咱们一块儿写吧。"

母亲陪我写好了感谢信，那是我写过的最了不起的一封感谢信了。接着写上地址，贴上邮票，我又可以解开七公子，雄赳赳地骑上它，到街拐角的邮筒寄出我们哥儿俩的信。骑七公子寄信需要特别的马术技巧，这样它才能听话，不然在我起身够投信口的时候，它会突然往前冲，但我将前轮稍微一偏，它就老实了。接着我就在拐角处等着，看车来人往，这是我最喜欢做的事。

街上的公交马车不多，天热的时候，他们会在温莎城堡酒馆前的马槽给马饮水。我在肯特台的尽头能看到这一幕。有一天，一个骑车人从那辆高脚踏车上摔了下来，是从车把手上翻过去的。鲜鱼店的老板查普林先生跑出来，将那人扶起，让他坐在椅子上，用一块满是鱼腥味的海绵擦他的脑袋。

每周我们姐弟三个上一堂音乐课。我们有尺寸不一样的小提琴。老师是克拉夫特先生。他长着长长的络腮胡，给我们讲约阿希姆[13]。他的儿子现在也在教孩子们拉小提琴。

练习音阶是特别枯燥的，我的手指总不在正确的位置上。当我能够拉博凯里尼的《小步舞曲》时就感觉顺多了。那时大姐艾瑟儿已经可以轻松地拉完一曲《巴格达酋长》[14]了。我们哥儿俩还不能在即将演出的《玩具交响曲》里演奏小提琴，西瑞尔三番五次地恳求之后，才得到了一个口哨一样的东西，里面装的是水，一吹就响；我则领到了一只三角铁。

复活节过后没多久，迪克西小姐来吃茶了。母亲跟我们说，她和父亲计划去国外旅行，迪克西家的波丽、明妮和弗兰克可能跟他们一起去法国。他们倒是计划得挺美，但我非常不喜欢母亲不在家！他们都见识过我如何用强烈的方式表达不满。有一次，在我

“我的手指总不在正确的位置上”

很小的时候，我躺在里普利¹⁵的大路中间，小腿乱踢，尖声哭喊，惊得全村人都来围观。

对于这次新的旅行，我和西瑞尔都惴惴不安、情绪低落，拿不准父母亲都不在家的日子，我们姐弟三人的命运将会如何。

"我躺在里普利的大路中间，小腿乱踢，尖声哭喊"

1. 牛津大学贝利奥尔学院（Balliol College），牛津大学最著名、最古老的学院之一。其以活跃的政治氛围著称，诞生了多位英国首相和政要人物。——译者注（若无特殊说明，本书注释均为译者注）

2. 肯特台十号（No.10 Kent Terrace），E. H. 谢泼德幼年时的居所，位于伦敦西南部。肯特台是著名建筑师约翰·纳什（John Nash）于 1827 年设计的新古典主义风格的大型豪华联排屋。这座建筑也是由他规划的摄政大街及周边的一部分。这座联排屋共有 20 栋房，是以肯特公爵爱德华·奥古斯都亲王的名字命名的。

3. 水晶宫（Crystal Palace），19 世纪的英国建筑奇观之一。

4. 鲍德温教授（Professor Baldwin），1854 年生于美国。他用热气球在马戏团做空中飞人的表演，更是第一个从升空后的热气球跳伞降落地面的人。他曾去世界各地表演，包括中国香港。

5. 指英国国王乔治四世（1762—1830）。

6. 天使加百列（the Angel Gabriel），负责传达天主讯息的天使。

7. 黑猫桑波，源自儿童故事《小黑人桑波》（*Little Black Sambo*）。因里面桑波的黑人插图形象被视为歧视黑人，该书成为禁书。

8. 温莎城堡酒馆，位于帕克街，离作者的故居非常近，也是建筑师约翰·纳什设计改造摄政大街的一部分。

9. 汉弗台（Hanover House），也是约翰·纳什设计的一栋大型豪华联排屋。

10. 英格兰教会女子高中（the Church of England High School for Girls），是培养表演艺术、数学和演算人才的专门学校，成立于 1791 年，招收 11~18 岁的女生。

11. 亨利·斯科特·欧兰德（Henry Scott Holland，1847—1918），牛津大学御设神学讲座教授，也是一位法政牧师。

12. 牛津圆环（Oxford Circus），位于伦敦西区摄政大街和牛津街十字路口，也是约翰·纳什设计的。

13. 约瑟夫·约阿希姆（Joseph Joachim，1831 — 1907），匈牙利小提琴演奏家、作曲家、指挥家和音乐教育家。

14.《巴格达酋长》（*The Caliph of Baghdad*），法国作曲家布瓦尔迪厄于 1800 年创作的独幕歌剧。

15. 里普利（Ripley），位于英国英格兰德比郡的一个城市。

姑妈们

姑妈们住在位于戈登广场[1]拐角处的一座房子里。那是一座带门廊的非常气派的大房子，是我的祖父建的。祖父是位严厉的老绅士，谢顶挺厉害，所以总是戴一顶假发。他老觉着身上有股寒气，通常除了大衣，还另裹一张格子花纹的披肩。这样的穿着，加上那顶假发，时常令劳合社[2]的年轻人忍俊不禁。祖父是劳合社的成员。姑妈们讲过她们如何在塔维斯托克广场边旧居的后窗看新屋逐渐落成，祖父又如何用一双火眼金睛掌控修建的全过程。新屋建好之后没多久，老人就驾鹤西去。祖母跟几个已经成年的女儿住在那儿，直到去世。我记得祖母，穿着笔挺的黑色丝裙，头戴白色软帽，几缕鬓发从侧面垂下，用勺子挖一勺勺伴咖啡的砂糖给我吃。这都是我要讲的故事之前的事了。

有四位姑妈住在这座房子里。大姑妈阿莉西亚是我的教母。二姑妈安妮腿脚不便，整天躺在沙发上，让人在客厅走路很难不碰到那个沙发；她的护理有一只金丝雀，叫乔治，

"他老觉着身上有股寒气"

鸟笼就放在她的窗外。再就是范妮姑妈，她个头最小，但也是几个姑妈中最活力四射的。最后是四姑妈艾米莉，她身材敦实，总有些喘不上来气。家里还有一大群女佣，以及兰姆夫人、清洁女工和杂工亨利。亨利做些清洗刀叉、刷靴子的活儿，脑子似乎有点问题，或者按艾米莉姑妈更确切的话形容，"有点疯癫"。

在我们的父母和迪克西一家复活节假期出国时，让我们三个孩子过来一起住，这是姑妈们的主意。虽然我跟西瑞尔极力反对，但去姑妈家小住的事还是就这么定了，大人们还逼着我俩保证乖乖的，既去之，则安之。

我们忧心忡忡地跟玛莎、丽兹和黑猫桑波说了"再见"。大人

"用勺子挖一勺勺伴咖啡的砂糖给我吃"

aunt Fanny

"最活力四射的"

aunt Emely

"身材敦实，总有些喘不上来气"

aunt Alicia

"我的教母，总觉得身子里有寒气"

们告诉我带七公子一起去的事想都别想，当时我造反的心都有了。终于，我们和我们的行李被塞上了一辆四轮马车。

到了姑妈家，天地都变得敞亮了。我们看到晨间起居室已经为我们专门准备好，让我们自己在那儿喝茶，吃抹黄油的司康。房子的两扇前门都镶着窄条玻璃，从里面能看到门外的访客。走廊里是硬邦邦、冷冰冰的椅子，给那些不太重要的来访者坐的。还有精美的桃花心木衣帽架，上面挂了两顶男帽（父亲不要的帽子），就为吓唬那些想从前门闯进来抢劫的或是其他不三不四的人。另一边放着一个巨大的五斗橱，五斗橱的面是大理石的，上面摆着一个石瓮，用来放客人的名片。墙上是一只信天翁的头，羽毛被蛾子蛀过了，玻璃眼珠也褪色了。一定曾经有人非常想让这里四壁生辉，因为墙上挂着一幅不搭调的画，那是一张圣诞节日历，画面是一个小女孩坐在床上，给一只小狗喂粉色的饼干。楼梯，很高很高，有雕花的铁扶栏。餐厅是沉闷的绿色，相当昏暗，陈设着几个很大的书架。一个巨大的桃花心木侧橱占了几乎整个房间的一面。墙上挂着的分别是：（1）惠灵顿公爵的美柔汀版画；（2）埃德温·兰西尔[3]的雕版画，画面是满地的野味和一个看上去像是女王夫婿的人；（3）马丁[4]创作的几幅《圣经》场景的雕版画。所有的家具都是桃花心木实木的，用着不是

"一个石瓮，用来放客人的名片"

很舒服，屋子里总有股淡淡的饭菜味道。

　　我和西瑞尔发现我们各有各的卧室，这有点烦人，因为我们不能在睡觉前聊天了。洗澡也挺费事的，虽然房子最顶层有浴室，可那儿总是没热水，所以就很少在那儿洗澡。姑妈们认为在自己的卧室坐浴更为优雅和得体。

　　姑妈们六点钟吃晚餐，我们几个孩子在那个时候吃一些简单的茶点[5]。这般盛宴的唯一缺点是，我们一定要先洗手、洗脸、换鞋。吃完饭，姑妈们通常在小客厅打一圈纸牌。阿莉西亚姑妈很怕着火，所以只能用一种要泵油进去的油灯，但是那个东西的亮度很小，也就可有可无了。桌上还有六根蜡烛。差一刻到九点的时候，

"在自己的卧室坐浴更为得体"

女佣们送茶进来。虽然这时我和西瑞尔通常肚子撑得像小鼓，可我俩总能再塞下去点儿什么，尤其是一种特殊牌子的小餐饼。吃饱喝足，我困得人仰马翻，就去睡觉了。让我吃惊的是，教母也跟我一起上楼来，还让我大声晚祷。我当然就蒙了，一直在重复一样的话。最后，姑妈告诉我要给我一本适合我年纪的祷文书，里面是按字母 A 到 Z 排序的晚祷词。唉，我的天！我必须得熟记几段。我被这事折腾得睡不着觉，而且也从来都没背对过。

晚上十点，全家人在楼下的小客厅说合适的祷告词。一排女佣鱼贯而入。领头的是厨娘艾德琳夫人，她身后跟着简，是负责打扫起居室和侍餐的女佣。然后是爱丽丝和玛丽，以及队尾年龄最小的

"一排女佣鱼贯而入"

女佣。餐厅外总是传来窃窃私语的声音，似乎有很多双眼睛从门缝往里瞧，为的是确定阿莉西亚姑妈找到了祷告书里的章节，准备好了做祷告。在走廊的石台上，是一排擦得锃亮、带玻璃罩和金属灭火片的铜烛台。蜡烛点亮了，说明时候到了，该端着蜡烛去睡觉了。

"时候到了，该端着蜡烛去睡觉了"

房子前面巨大的花园广场看起来非常诱人，但我们拿到挂在衣帽架上的钥匙，横穿街道，打开大门进去后，感觉大失所望。只见花园里有一大片草地，却立着"不得入内"的牌子。更过分的是，一个握着笤帚、推着手推车的人在那儿盯着你，确保你不得入内。还有落满灰土的月桂树丛和灌木丛，会蹭脏我们的手和衣服，那意味着回家就得受罚。爬树也是万万不可以的。总而言之，这里可比肯特台差远了，我们哥儿俩更愿意在晨间起居室里玩。

在花园广场拐角大门附近，有个清道夫[6]，很会招揽生意。我觉得他很可怜，因为他的眼睛老是见风流泪，看上去也一副冻得发抖的样子。如果是下雨天，路上一片泥泞，他就扫出一条横过马路的小道；如果天气晴朗，路上暴土扬灰，他就将土扫到两边，堆成整齐的土堆，两头的土堆还是弯弯的弧形。他戴着一顶很旧的圆顶礼帽，另外有顶特别的、新一点的帽子放在人行道上，让人扔便士进去。

"将土扫到两边，堆成整齐的土堆"

"戴一顶缚金丝带帽子的管理员"

姑妈们在固定的日子里去买东西。范妮姑妈是最爱活动的人，常由她出门买东西。她会带着艾瑟儿。我和西瑞尔都尽量躲得远远的，但还是有几次中了圈套，被骗去了。首先，在托灵顿街有家乳品店，柜台上放着一个巨大的瓷瓮，上面有锃亮的铜盖。花一便士，就能给我们舀一杯牛奶喝。隔壁是约翰家的文具店，橱窗里放着翻开的本周《笨拙》杂志。然后是位于托特纳姆宫路[7]上的舒布莱德百货商店。很明显，这家百货商店跟美珀斯家具店是死对头。我弄不懂为什么姑妈们不去美珀斯。艾米莉姑妈的解释从来不令人满意，她说是和一人驾四匹马的马车有关，是什么"吊儿郎当"。阿莉西亚姑妈一听到这话就马上教训起来："我说艾米莉！你打哪儿学来这么可怕的词？"

艾米莉姑妈会试图绕开一些陷阱问题，像为什么在沃本广场拐角会有一个带门楼的大门的问题，她就没好好回答我们，只说是为了挡住粗人。但戴一顶缚金丝带帽子的管理员在挡住粗人这事上做得并不公平，马里波恩教堂的执事也是半斤八两，还有那个公共安全督导官也一样。

星期天，我们去圣潘克拉斯老教堂[8]。这是我看到教母唯一外出的场合，因为她跟我的祖父一样，总觉得身子里有寒气，披肩和斗篷裹得里三层外三层。回到戈登广场的房子，我和西瑞尔发现游戏房被整理过了，我俩大吃一惊。我们带来的仅有的几样玩具和游戏

"下午必须待在小客厅"

被收进了柜橱，我们还被立了下午必须待在小客厅的规矩。不可以看旧《笨拙》或者《伦敦新闻画报》，取而代之的是《星期天》杂志、《闲暇时光》[9]和《周日居家》。姑妈们或是休息，或是给阿尔戈马人织毛衣。艾米莉姑妈有自己特别的活动：为深海捕鱼工人募款。她织的毛衣，看起来有可怕又奇异的比例，她总是会让父亲试穿，父亲总是给予不高的评价。而嘴里叼着毛衣针的艾米莉姑妈会带着不解的表情说："啧啧，奇了怪了，我是认认真真照图案织的呀。"她还会说，"行了，哈利，你得记住，那些人可都人高马大着呢。"

"我是认认真真照图案织的呀"

下午的时光漫长又沉闷，唯一令人开心的声音是卖玛芬蛋糕的小贩转悠到花园广场这边来时的铃铛声。但，真没劲！总是没人理会他。

帕杰先生是圣潘克拉斯教堂的牧师，几位副牧师也曾经礼节性地去姑妈们家拜访。记录上有一笔是，某次，姑妈们去回访一个新来的副牧师，在客厅等候时，她们看到壁炉台上竟放着一根烟斗！拜访随即结束了。

可是，也有更快乐的日子呀，就是范妮姑妈带我们去伦敦塔。我兴高采烈，跟伦敦塔守卫长时间讨论铠甲和火枪；我们还参观了金色皇冠，以及给犯人行刑的地方……这一切，太带劲了。

还有在戴维斯医生家的聚会。戴维斯医生住在姑妈家街对面。

"壁炉台上竟放着一根烟斗"

那可是真正给孩子们举办的聚会，有很多好吃的东西，当然包括冰激凌，不过聚会时也会去一些大人，包括一位声如洪钟的人，他把我们逗得哈哈大笑。他叫温珀[10]，戴维斯夫人告诉我们他曾经爬过很多山。

艾瑟儿运气不好，戈登广场这座房子里没有钢琴。她正在学习弹钢琴，并且进步很快。通常她是练习最勤奋的一个。我和我哥没带小提琴来，因为父母怕我们锯木头般的声音吓坏姑妈们。所以，当有一天教母问我是否愿意去一场音乐会，听一位最伟大的小提琴家演奏时，我很惊讶。阿莉西亚姑妈知道我学了小提琴，其实我有好几次给她表演了我的"曲子"，尽管我并不认为她觉得那琴声绕梁三日。姑妈人真好，她把这场音乐会当作给教子的特别款待。我欣然接受了邀请，姑妈告诉我萨拉萨蒂[11]将在圣詹姆斯音乐堂有一场演出，她可以得到票。音乐会在一个下午，我跟范妮姑妈去的。我还从来没去过音乐堂。当看到不起眼的剧院环境时，我感到相当失望。我原以为会有舞台、有布景、有漂亮的大幕和聚光灯，可那儿只有一个平台、一架巨大的钢琴。平台两侧是鲜花，如此而已。

然而，当那位伟大的音乐家开始拉小提琴时，我的担忧便烟消云散了。我知道，我被深深地打动了。从他的琴弦飞出来的音符，令人茅塞顿开，他白皙的手指演奏时指法如此完美。演出之后，我向教母表示感谢之情，却发现语言无法表达心中的感受。我还从来、从来没有梦想过世上有那般的音乐，想想我自己的"演奏"，真有些绝望呢。

喝过茶之后，我们坐在小客厅，姑妈们会给我们讲她们的童年往事。阿莉西亚姑妈是最年长的，比其他几位姑妈记得更多。她告诉我们，那时一家人住在塔维斯托克广场边的一座大宅的顶上两层。那儿没有任何供暖设备，到了冬天，房间里如冰窖一般。那时还没有暖水瓶，除了偶尔会给小玛丽和安妮用暖水袋暖一下床，其他时候她们就这样冻着。这样的日子她们都熬过来了，真是奇迹。有时候，孩子们被带到楼下见父母，这意味着没完没了的清洗、整理，以及穿上那些浆洗过的小内衣和低领的薄纱棉短袖外衣。她们大部分日子都待在宽敞而毫无乐趣的游戏房，从来没有暖和过。日常散步也如炼狱一般。不可以在花园广场疯跑，只有循规蹈矩的一小群受冻的孩子，鼻头紫红，手腕脚脖子冻皴，恨不得赶紧回到屋子里去。夏天也同样不舒服，虽然不很冷了，但是荷兰裙布料又硬又扎人。

祖父家有十一个孩子，七个女孩和四个男孩。玛丽姑妈是老大，在我出生前就去世了。伯父理查德（从家庭相册上看，是一位穿着精致的伯父），也是在我出生前就去世了。想到他，姑妈们就会唏嘘伤感。听说他的英年早逝跟失恋有关。提到他，姑妈们就生出很多长吁短叹，称他为"可怜的理查德"。

我的教母阿莉西亚排行老三；接下来是威利，我们最喜欢的伯父；艾伦姑妈是第四位姑妈，许多年前离开娘家，独自居住，住在伯恩茅斯[12]，由一个叫甘森的苏格兰女佣照顾着，甘森是设德兰群岛[13]上的人，活到很大岁数。

然后是安妮，残疾的那位姑妈；罗伯特，我的教父，我们很少见到他；范妮姑妈，她的精力大概是其他所有人精力的总和；我的父亲，是最小的男孩；还有艾米莉姑妈，家里最小的孩子，总是喘不上气的样子。

在戈登广场的房子盖好之前，我的祖父在吉尔福德的吉尔顿造了一所房子。夏天全家去那儿度假，年年如此。理查德·谢泼德，我祖父的兄弟，我的伯父，也在那条路上造了一所房子，那时两家人走得很近。家庭相册里有一些照片，就是在吉尔顿街房前的草坪上举行板球聚会时拍的，里面还有我的一位姑奶奶。她可真是位人物，从来没有被说服面对照相机过。照片里的她站在那儿，头戴软帽，身披披肩，着克里诺林裙衬：一个背影。

到了第十二天的时候，我们姐弟仨很高兴听说父母亲回来了。

我们忙不迭地整理好东西，一早就到外面的花园广场巴望着。我和西瑞尔回到房子里吃午餐时，感觉到气氛不对：阿莉西亚姑妈躺在自己的房间里，艾米莉姑妈好像也有股邪火。我们心里七上八下，以为要被责骂了，我不禁努力回想这最后几天自己的所作所为。

我们在游戏房等着，直到父亲出现。他跟我们三个打了个招呼，便上楼去了。

他去了有些时间，我蹑手蹑脚地走上楼梯去偷听，回来跟我哥汇报他们在严肃地谈话。我听到阿莉西亚姑妈说："你们觉得需要把威利叫回来吗？"这时父亲下楼来，小心地关上了游戏房的门，然后放声大笑。他跟我们说了那个天大的秘密。

就在当天上午，阿莉西亚姑妈下楼去厨房的时候，看到厨娘坐在垃圾工的大腿上。

"坐在垃圾工的大腿上"

1. 戈登广场（Gordon Square）和塔维斯托克广场（Tavistock Square），都位于伦敦。两处花园广场相邻，前者现属于伦敦大学，向公众开放；后者花园里有圣雄甘地、弗吉尼亚·伍尔夫的雕像。

2. 劳合社（Lloyd's），英国最大的保险组织，它是一个社团组织，而非保险公司。它是由爱德华·劳埃德于 1688 年创办的劳埃德咖啡馆演变而来的。它本身并不承保业务，只是为从事保险和航运业务的人提供交易场所和有关服务，后发展成国际性保险市场。

3. 埃德温·亨利·兰西尔（Edwin Henry Landseer，1802 — 1873），英国画家，以描绘狗和鹿的作品闻名。

4. 马丁·施恩告尔（Martin Schongauer，约 1450 — 1491），德国著名版画家和画家。

5. 指普通劳动者下午 5 点到 6 点吃的茶点（high tea），一般有土豆和肉类。因为放在高一些的桌子上，坐高椅，所以叫 high tea。对应的是 low tea，通常下午 4 点左右享用，放在客厅的矮桌上，茶点也更为精巧。

6. 19 世纪的英国街道是土路，有很多马粪和垃圾。清道夫在有行人过马路时先扫出一条可以行走的路来，以此收取小费为生。

7. 托特纳姆宫路（Tottenham Court Road），伦敦一条重要的购物街，南北走向，南起圣吉尔斯圆环，北至尤斯顿路。

8. 圣潘克拉斯老教堂（St Pancras Old Church），一座英国圣公会教堂，位于伦敦卡姆登区潘克拉斯路，据信是英国最古老的基督教礼拜场所之一。

9. 《闲暇时光》（Leisure Hour），维多利亚时代发行的一种综合性周刊。

10. 爱德华·温珀（Edward Whymper，1840 — 1911），英国人，登山家、探险家、插图画家和作家，是首位登上马特洪峰的人。

11. 萨拉萨蒂（Sarasate，1844 — 1908），西班牙杰出的小提琴演奏家。

12. 伯恩茅斯（Bournemouth），英国英格兰西南部的一个沿海城市。

13. 设德兰群岛（Shetland Isles），大不列颠岛北部的群岛，位于英国国土的最北端。

猩红热

　　父母与迪克西一家是世交，母亲还是小姑娘的时候就与他们一家认识了。弗兰克·迪克西[1]的父亲托马斯·迪克西[2]曾给我的外祖母画过肖像。弗兰克当时是皇家艺术研究院的院士，是冉冉升起的明星画家之一。他在伦敦西区的坎普登山[3]有间画室。画室在皮尔街地势最高的地方。我和二哥，身着童声合唱团制服，给他当时正在创作的大型油画当模特。画室在一段相当狭窄的楼梯上。他的管家，一位和蔼的夫人，每次我们去做模特时，都让我们感觉宾至如归。

　　在皇家艺术研究院的交稿日之前，父母应邀去弗兰克·迪克西的画室参观周日画展。除了大姐，他们还带上了我和二哥，这真是个草率的决定。我们小哥儿俩梳洗得干干净净，穿戴整齐，被塞进四轮马车。到了画室，我们看到很多人和马车。楼梯没多少空间可以让两个人并排通过，正当我使劲往前挤的时候，上面的门开了，走出一位女士，后面跟着一位老先生。只见他银白头发，银白胡须，面色红润，很明显，我挡了他的路。母亲抓住我的肩膀，将我往后拉，好让老先生徐徐地走下楼梯。他经过我身边时，弯腰对我微微一笑。母亲用几乎窒息的声音，低声对我说："这是大诗人罗伯特·勃朗宁[4]啊。"可这擦肩而过恐怕并未给我留下什么印象。进了画室，一位身着有铜纽扣的棕色大衣的男士向大家宣布我们的到来。

　　画室里人挨人、人挤人，又热又闷，也很难看到油画，于是我

"哗啦一声散了架"

和二哥转到后面，我们知道那儿陈设着两套立在架子上的盔甲。我们打算将它们好好研究一下。我们解开了几根固定盔甲的带子，看各种各样的部件是如何拼凑在一起的，觉得特别有意思，因此开心了好一阵子。直到……我想爬上去够那个头盔。这可就过头了，那个架子当即哗啦一声散了架。参观画展的人们转过身，目瞪口呆地看到我们小哥儿俩躺在一堆盔甲片里。可怜的母亲，她羞愧难当，把我俩拎起来。我和二哥就这样灰溜溜地回了家。

我的父亲相当自豪，将我在绘画方面的一些努力展现给他的画家朋友们看。父亲已经很笃定地认为我长大应该成为一名画家，尽管我个人以为画家的生活是枯燥乏味的，想去尝试更有探险精神的事。父亲保存了一整箱我的画。许多年后，当这些画重现天日，可以看出我的确有一些天马行空的想象力，而且对画战争场面最有兴趣。

"对画战争场面最有兴趣"——我，画于一八八七年

那是在五月一号的五朔节 5，我经历了人生中几次骇人的场面之一。我正一个人在肯特台前的花园玩，听到叮叮的铃铛响，就到

花园尽头去探个究竟。一群光怪陆离的小丑，穿着绿杰克的道具服，正拐进肯特台来。其中一个家伙，周身都是绿树叶，只露出两条腿，一蹦一跳地走过来。另一个家伙脸上抹着颜料，打扮成小丑的样子。还有第三个，穿着条纹大衣和裤子，衣领巨大无比，脸涂得漆黑，手里晃着铃鼓。可是真正吓着我的，是一个男扮女装的人，他穿了一件花枝招展但全然不合身的裙子，戴麻绳做的假发，白手套脏兮兮的，上面露出两截毛乎乎的胳膊。他，或者说她，挥舞一把破烂的阳伞，接路人或房子里的人扔出来的硬币。他们从灌木丛后面鱼贯而出，我都看呆了。接着，我拔腿就往家逃。可惜我慢了一步，刚跑到门口，那个男不男、女不女的家伙发现了我，嗖的一下蹦过来，大声喊："我说这位小少爷！你有什么给绿杰克的吗？"我吓得魂飞魄散，折回花园，跑到那棵我们经常爬着玩的歪脖树前，眨眼间蹿上了树。可那个可怕的家伙像鬼一样咧嘴笑着，随我走进花园，围着树跳起舞来，其他人拍手的拍手，敲打的敲打，在门口那边大喊着助威。我简直魂飞魄散。这时，一个亲切的面庞出现在我家门前的台阶上——是丽兹。她一眼就看明白了当时的情况，立刻走上前来。她的愤怒更多源自我衣服的状况，不过敌人在她面前撤退了，他们载歌载舞，朝我们飞着吻，继续往前走

"绿杰克"

"眨眼间蹿上了树"

了。我当时一定是以几近歇斯底里的样子被领回了家，洗头洗脸。从那往后，我再也无法直视男人穿女装的样子了。

不知道是否因为这次惊吓，我变得有些虚弱。反正，不久之后，我生病了。不是什么严重的疾病，但足够打乱全家的正常生活。

那是个星期天的晚上，我感觉很不对劲。整个下午，我和西瑞尔都在肯特台前的花园里玩我们常玩的游戏，用鸢尾花叶做剑，打来打去。父亲、母亲和艾瑟儿去外面吃饭了。那晚玛莎休假，我们哥儿俩下楼来，到厨房里坐着。丽兹坐在圈椅里刺绣，西瑞尔照顾黑猫桑波。我觉得天旋地转，越来越晕，头还疼起来，并且觉得浑身发烫。我跟丽兹说我不想吃晚饭了。她听了抬头看看我。"怎么啦，欧内斯特少爷，你的脸怎么通红？"她着急地问。我说我想上床，她发现我是真的不对劲了。我被安排躺到楼上最里面房间的床上，她给我端来一杯柠檬水。在床上，我觉得越来越热，口也越来越渴，头疼欲裂！玛莎回来了，她上了楼，坐在我身旁，将手放在我的额头，想让我好受一些。百叶窗还没拉上，我能看到马棚和马车库后面汉弗台屋顶上的三个女神。那是一组石膏雕像，以经典姿势站立于柱顶之上。我最喜欢的那个体态丰满的雕像，裙袍飘逸，半遮半掩着她的魅力，似乎飞了出来。我眼看着她越来越大，越来越大，脱离了基座，飘在半空。与此同时，下面的马棚和马车库也是热火朝天。一辆马拉有轨车咣咣驶过，车顶挤满了人，他们大声叫喊，点燃焰火。有轨车在街上来来回回，像在"之"字路轨上，一会儿在烟囱顶，一会儿又到了院子，然后又往高处去了。同时，那座石膏女神越飘越近，直到飞进了房间，站在我的床头。她仿佛开口说话了："哎呀，欧内斯特，我的小宝贝！"可那是母亲的声音。母亲结束聚会回到了家。现在，我终于能踏实了。

"她越来越大，越来越大"

我还能跟母亲描述头是怎么个疼法，以及觉得身上滚烫。她坐在我身旁，将冰凉的手放在我的额头。过了一会儿，她走到门口，喊道："哈利！我觉得你还是快点叫怀特医生明早来看看吧。"我太难受了，没力气提出抗议。这位怀特医生在帕克街上有一家药房，他既管配药，也管看病。虽然他的止咳糖浆没什么害处并且还挺好喝的，但他有一种难吃得要命的药叫作"怀氏排毒粉"。吃的时候搭配一勺草莓果酱一起服用，可总是草莓果酱很快下肚了，药粉却还糊一嘴。我朦朦胧胧地记得，半夜母亲身着睡衣走进来，给了我一杯柠檬水。早上我的头不是那么疼了，可皮肤发烫，还痒痒起来了，并且一点儿胃口都没有。

怀特先生带着身上隐约的药房味儿如期而至。他在床边坐下，给我号了脉，看了舌苔，听了听胸口，然后说我得了一种叫"猩红热"的病，一定要将我和西瑞尔跟艾瑟儿隔离。床单要用煤酚皂水浸泡，然后在外头的平台晾晒，只有母亲可以进来看我，接

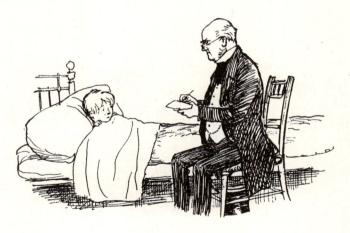

"'怀氏排毒粉'上场了"

着……"怀氏排毒粉"上场了。别说，服用名字这么长的东西还真挺有安慰效果的。

对母亲来说，那些天一定很难挨，可在我来说，那段日子还是挺惬意的。恐怕我是个难缠的小病号。母亲对我体贴又温柔，她向来如此，会一直给我读书。有一个系列的书，书名是《多莉和男孩子们》，讲的是各种各样的探险故事，一本接一本，等待新的一册出版是很闹心的事。我非常想念哥哥和姐姐。不过没多久，我就可以同他们隔着楼梯栏杆说话了，前提是他们不能离我太近。

我躺在床上，独自一人，听阁楼上水槽里汩汩的流水声，以

"同他们隔着楼梯栏杆说话"

及伴随水循环发出的各种奇异的声响。我有足够的时间遐想联翩。画画烦了的时候，我就躺下，回忆起我短短人生中的经历。比如，有一次，我们住在伊斯特本[6]的时候。我只能想起来这个：在一楼的大窗户外面有一个阳台。一天下午，母亲跟与我们同住的两位姑妈坐在那儿，在午后的阳光下做针线活。我的姐姐，那时大约七岁，坐在她们身边的小凳子上。每天大概相同的时间，海边会来一个卖蛤蜊和螺的人。那个人的样貌很古怪，推着手推车，边走边叫卖。他会大声地唱，或者说是朗诵，用自己编的歌词没有音调地叫卖。他经过每座房子时

唱的歌词都不一样。他在我们的阳台对面停下来，对女士们摘下帽子，唱道：

我看到一群羊儿哎，
里面有只小羊羔喂，
我想玛丽·安啰喂，
我心爱的姑娘哟喂。

"我看到一群羊儿哎"

051

这首小曲变成了我们在家经常哼哼的曲子，可艾米莉姑妈有时会在不合适的场合引用它。

第一次在海里游泳的事我也记忆犹新。父亲和母亲已经游了一会儿，带着艾瑟儿去的。我和西瑞尔则交给海滨浴场女工管。这个强悍的女人穿着哔叽面料做的泳装，头戴草编的软帽。她的胳膊晒得黑红黑红的，皮肤看起来好像长满了藤壶，大概是因为她每天大部分时间都在水里吧。

她的教学方法很简单：难对付的学生，比如我和我哥吧，会被她夹在胳肢窝下。我俩细皮嫩肉，哪受得了在她的粗哔叽泳衣上那么蹭啊。我们被带到海水里，顽强抵抗的小身体被按进水里，不是一次，而是很多次，根据受害者的表现而定。谁越是叫喊得响，就越是被一次次按进水里，直到几乎窒息、一声不吭为止。

"她的教学方法很简单"

与此同时，每次头入水，都能听到这个女魔头用安慰的语气一遍遍重复："亲爱的，再潜深一点儿！"虽然到了最后，她对我的口气完全变了样。能让我一声不吭可是费尽周章，我被交还给我的父母，评语是："得了，我再也不想看见他！"

我们在伊斯特本住的时候，还发生了另外一件事。这件事给我们带来了短暂的兴奋。父亲和一名叫泰瑞尔的渔夫经常一起钓鱼。

有次他们划了一艘船出海玩了一天。他们没有看到棱堡上竖起的红旗——那是在发出警告，当地义务兵团正举行打靶演习。他们举着钓鱼竿坐在船上，渔夫被枪声吓了一跳，随之而来的是子弹从他们头顶呼啸而过，或者贴着水面擦过然后落入海中。这枪林弹雨持续了好一阵子，我们的主人公躺在船底板上，直到一定是有人发现了他们的情况，射击才被下令停止。父亲和泰瑞尔瞅准机会往回划，到了海岸边，发现那儿聚集了一群人。人们盛传有艘船被击沉了。好在，这个谣言还没传到我们度假住的小屋。

似乎过了很久，我才可以出来，不过怀特医生说了，我还不能接触其他人。但至少又能骑着七公子呱嗒呱嗒地兜风了，这也是让我很欣慰的。大人还告诉我不要挠，这个命令很难执行，因为我的皮肤痒得出奇，还会掉下一些皮屑。怀特医生说，瘙痒没有完全消失，我的病就不算痊愈。

一天，父亲来跟我说，准备送我去海边住一个星期。这是个多好的消息啊，生多少病也值了。他还说母亲和我可以坐蒸汽船一直到拉姆斯盖特[7]，这简直不能更好，我几乎雀跃了。收拾停当我们的行李，坐四轮马车到伦敦桥下的码头，一艘明轮蒸汽机船已经待发。船上人很多，因为这趟船是包船，据水手们讲，是专门去看停泊在泰晤士河入海口的舰队的。船上有那么多新鲜事，我太激动了，几乎探遍了整艘船，甚至还爬到明轮罩上去了，被人揪了下来。掌舵的人身边有个牌子，写着："请勿与开船的工作人员讲话。"我们经过了格林尼治，一个好像万事通的人，指给大家看蒂尔伯里[8]的老城堡。很多艘巨大的船只来来往往，我们还看到一串由拖船拉着航行的平底船。

不少旅客带了一篮一篮的三明治，还有很多瓶啤酒。母亲和我都饿了，我们来到人满为患的小餐厅，吃了冷餐肉和酸黄瓜。为我们服务的服务员说这是一艘"平稳的船"，无疑是想让我们把心放在肚子里。不过海上风平浪静，似乎无人晕船。水面渐渐变宽，海岸在迷雾中逐渐隐去，船上的人掀起一波骚动。有人已经望见了前方的桅杆，水手指着隐约浮现的舰队的方向。每个人都想挤到前面第一个看到舰队。

我们的船驶向舰队，宏伟的景象浮现在眼前。伟大的战舰停泊在海面，守卫着泰晤士河口。只见一艘艘方形帆铁甲舰或平铁舰昂首挺胸，一排排大炮威武庄严，黄色的烟囱、白色的甲板和黑色的船体熠熠生辉。我们的小明轮船距离相当近地驶过一艘大船，她的船尾写着"诺森伯兰"号。船上很多知识渊博的人指点军舰这儿那儿的优点，他们说："啊，是的，'蹂躏'号，不，'雷神'号——一定是'不屈'号。"也没人告诉他们说的是对还是错。我趴在船尾的栏杆上，目不转睛，直到舰队从视野里消失。我心想，等回到家，我有多少新鲜事要跟西瑞尔讲啊。

我们在拉姆斯盖特上岸时，应该已经是下午很晚了。母亲和我将行李寄存在行李员那里，去找住宿的地方。很多房子的窗户

"伟大的战舰停泊在海面"

054

上挂着"吉屋出租"的招牌。我们选了一家看起来很不错的，但进去一看完全不是那么回事儿：屋里一股发霉的气味，一位女士的鼻子通红通红的。于是我们换了另外一家，我们更喜欢这里：开门的是一位年轻的女子，满面笑容，虽然有点话痨。她告诉我们她刚在这座房子里住了六个月。她保证说，等她的兄弟回来，就让他去行李员那儿把我们的行李取来。她还有个年迈的母亲和一只毛乱蓬蓬的小狗。女主人叫史密斯小姐。她为人和善友好，还带狗狗和我一起去散步。母亲和我有各自的卧室，还有一间带阳台的客厅，面朝大海。

从前门走下去，直通小码头，史密斯小姐、狗狗和我会一直走到尽头。我们经过一位老先生，他有个支在架子上的望远镜，一便

"带狗狗和我一起去散步"

士看一次。一天，消息灵通的史密斯小姐告诉我们，港口外停泊了一艘战舰。我兴奋极了，母亲带我来到海边，走到望远镜老先生那里。花了一便士，我站在一个箱子上，把战舰好好地看了一番。老先生说那是一艘鱼雷艇，当听到我抱怨说她看起来很小时，他说："马蜂还小呢，可很会蜇人。"他认为鱼雷艇会在那里停泊好几天。我央求母亲带我坐小船出海，像别人那样，到近一点的地方看看。母亲同意了，因为再有两天父亲就来跟我们会合，等他来了，我们就坐小船去看鱼雷艇。

　　我看着鱼雷艇，心里焦急，生怕她不知什么时候会起锚驶走了。当父亲真的到来时，我马上开始缠他磨他，不给他片刻安宁，直到我们安全地坐上了一艘摇桨船，出发去看鱼雷艇。坐那样小的

"水手们都非常友好"

船去看鱼雷艇很让人失望。可母亲紧紧地抱着我，我从座位上站起来时，还能用手抓住栏杆，脚蹬上去，这样视线就跟甲板平行了。水手们都非常友好，其中一个还把诺登菲尔特速射炮 [9] 的套摘下来，给我们看里面所有的炮管。他还将一枚鱼雷从弹套里取出来，它亮闪闪得就像一条大鱼，当水手说这鱼雷能把一艘大船炸飞时，我一点儿都不信。

第二天我们要回家了，离开之前，父亲带我去商店买了顶新帽子。看鱼雷艇的时候我太兴奋了，水手帽掉进了海里。等用鱼钩捞上来，帽子已经不成样儿了。我们花了很长时间选择帽子。店员拿给我们看的帽子不是不合适，就是根本不对。最终我们选定了一顶，虽然我不喜欢，可跟其他的比起来总算稍微好点。那顶帽子是灰色的，有个尖儿，我看这个尖儿有点别扭，可父亲说没关系。我们回到住宿的地方，母亲看到便惊呼起来："哈利！你怎么会买了这样一顶帽子，天啊，他戴着就像……像蓬头彼得。"从那一刻起，我就讨厌这顶帽子了，回到伦敦再也不肯戴它。不过，我见艾瑟儿和西瑞尔的时候戴上了，就为听听他们会怎么说。

我们到了家，看到家里样样都很整洁、很舒服，虽然楼上还有煤酚皂的味儿。又能在家楼上楼下地跑可真开心。艾瑟儿和西瑞尔跟玛莎出门散步了，我可以出去找他们。我猜想他们可能是穿过汉弗大门去公园了，于是就守在公园管理员的门楼那儿。很快，

"我看这个尖儿有点别扭"

他们就出现在视线里。我站在拐角等他们。直到离我非常近了，他们才认出我，张着嘴盯着我的帽子。随后我们姐弟三人笑成一团。

第二天，我又去上学了。我对生病的事非常自豪。这种病的名字很响亮，得了它可真是了不起的事。女孩子们谈论着在即将来临的女王登基纪念庆典上要穿的新连衣裙，其中一个炫耀说她的父母要带她去看游行。天气暖和起来，我们可以在下午跟一些男孩子玩板球了，不是在帕丁顿运动场就是在摄政公园里。后者的缺点是那里总同时进行着很多其他比赛，如果我们不看好我们的球的话，它就会被偷走了。

一天，有人送给我家几张动物园门票。我想应该是一个会员给的，因为拿着那门票，我们就可以在不对外开放的星期天上午去动物园。母亲带着我和西瑞尔，管理员允许我们到栏杆后面去，这让我们能近距离地观赏动物。当时没有骑大象的项目，可我并不介意。之前有一次，大人们奖励我骑大象，只穿了一条薄法兰绒裤子的我不得不坐在大象的头顶上，那个家伙尖尖的毛扎透了裤子，我的小屁股为此疼了好几天。还是那次，一个坐在我身后双人座上的小姑娘把洋娃娃的帽子弄掉了。她朝下面走在大象身边的管理员大声叫喊，可管理员回答："抱歉呀，小姐，帽子已经进大象肚里了。"小姑娘当即哇哇大哭。

动物园中心广场有条隧道，在那儿玩小火车最有意思了。火车在前面来回跑时会有回声。大象在回象舍的时候从这里经过，它的个头巨大，看着不像能走进去的样子，可它正好能穿过去。它一边走，一边用象鼻捡起地上的碎饼干或纸片——都跟洋娃娃的帽子一样，进肚了。

动物园里有座熊山，中间立了一根结实的柱子，熊会爬到上面，坐在那儿张开大嘴，等着游人往它嘴里扔小面包。可遗憾的是，从来都是很快就到了回家的时候，我总是还有很多想看而没看到的动物。

期中假期的一天上午，父亲为一些事情要去城里见我的伯父，他带上了我。在路上，我们在父亲位于莫尔伯勒大街的办公室停了一下，那是父亲跟另一位建筑师合租的。我很乐意到办公室玩，那里有有趣

"抱歉呀，小姐，帽子已经进大象肚里了"

的建筑图纸和建筑照片。一个在大板上描图的年轻人给我看圆规，告诉我怎么用。我对这个用具着迷了，从那以后，我的画里出现了无数圆圈，都是用父亲给我找的一把小圆规画的。我们从办公室坐地铁到英国银行附近的一站。

我的伯父是劳合社的成员，那时劳合社位于皇家证券的楼里。我们穿过城里的街道，每个人都是行色匆匆的样子，让我很是惊叹。人群中也很少见到女士。劳合社在楼上，里面挤满了神色匆忙的人。父亲在门口报上姓名，我们就见到了罗伯特伯父。他坐在凳子上，扔有墨迹的废纸团成的小纸团。他的耳朵很背，我跟他说话的时候，他得弯下腰把手拢到耳朵上才能听清。他跟父亲谈话结束

后就到了吃正餐的时间，父亲带我去了一家猪排馆。地上铺了干净的木屑，我们到了小隔间，坐在一张木桌边。我品尝到了最好吃的猪排，而且觉得那里好高级，自己也如小大人一般。

我们回到家，艾瑟儿正在客厅上钢琴课。她的老师是我们家的朋友，我们叫她杰西。我母亲也叫杰西，虽然母亲还有个名字叫哈莉亚特。艾瑟儿练琴很勤奋，给客人表演一段也毫不怯场。钢琴课结束后，杰西会给我们弹一会儿，我们都认为这是极大的享受。她住在莫宁顿新月的一个小屋子里。我想她一定很穷，因为她总是没什么事情要忙，母亲经常邀请她一起吃饭。

那天我们正在喝茶，提起了关于外出的事。我们三个孩子在读汉普顿宫[10]的知识，特别想去参观参观。母亲想了一个很好的点子，她说我们可以带杰西一起出门好好玩一天。星期六早上，我们出发了。我记得那是个雨天，看到的一切都让我印象深刻。那座宫殿由红砖砌成，宫门宏伟，有宽大的阶梯和宽敞的广场，似乎是国

汉普顿宫

王家应该有的样子。我们步入其中，参观了一个又一个画廊，在一间展厅里，墙上挂着被摆成图案的武器。那些年代更久远的画最让我开心，我仔细地欣赏它们。有一幅叫《金帛盛会》的画，画了一匹马在驰骋，就跟我的七公子一样。还有伊丽莎白时期的主题陈列，列队中有骑士、士兵，以及伊丽莎白女王本人，她一身珠光宝气地站在最前面。这个陈列让我神游了许久。

我们在宫殿对面草地上的商店吃了午餐，然后穿过灌木公园[11]，观赏繁花盛开的栗树大道。如果能回去再看看画，我也会很高兴，只是我们要回家了。

我到家第一件事就是冲上楼，找出我的本子和能找到的所有铅笔头。我将伊丽莎白游行场面画于纸上，骑士、战马、戟兵、国王、女王和一切。其中一幅画保留至今。它在父亲收集的我的画作之中，已在阁楼的杂物间尘封了很多年。

"其中一幅画保留至今"
这幅画画于参观汉普顿宫之后

1. 弗兰克·迪克西（Frank Dicksee，1853—1928），英国画家，以历史画和肖像画闻名，1924 至 1928 年间任英国皇家艺术研究院院长。

2. 托马斯·迪克西（Thomas Dicksee，1819—1895），英国肖像画家、历史画家，弗兰克·迪克西之父。

3. 坎普登山（Campden Hill），位于伦敦西部的肯辛顿。

4. 罗伯特·勃朗宁（Robert Browning，1812—1889），英国诗人、剧作家。

5. 五朔节是欧洲传统民间节日，通常在 5 月 1 日，是为祭祀树神、谷物神，迎接春天来临。绿杰克是民俗活动中的人物之一。活动当天，人们会穿上绿色树叶做成的圆锥形道具服，到街上游行。

6. 伊斯特本（Easterbourne），英国英格兰东南部的一个海滨度假城市。

7. 拉姆斯盖特（Ramsgate），位于英国肯特郡南部，是 19 世纪英格兰最著名的海滨城市之一。

8. 蒂尔伯里（Tilbury），英国英格兰的一个港口，位于泰晤士河口。

9. 诺登菲尔特速射炮（Nordenfelt gun），由一管、两管或四管构成。

10. 汉普顿宫（Hampton Court Palace），前英国王室官邸。

11. 灌木公园（Bushy Park），伦敦第二大的皇家园林，与汉普顿宫相邻。

金禧庆

金禧庆[1]，在眼前，
等一回，五十年，
走上街，闹翻天，
夫人小姐站两边！

我和西瑞尔从小贩那里学会了这段顺口溜，成天在家里唱。第三句原本是"喝高了"，可玛莎对语言得体有着严格的要求，很反感这个词，坚持让我们换个斯文一些的说法，所以我们勉强同意用"走上街"代替。我想母亲和父亲不会提出同样的反对意见，但姑妈们就不好说了。

"西瑞尔和艾瑟儿每人买了一面英国国旗"

那是在初夏，整个伦敦城为了这场庆典装扮一新。帕克街两侧竖起了很多旗帜，还挂起了很多用串灯装饰的维多利亚女王的徽号。在柯尔布艺店的橱窗里，通常展示的长花边窗帘被一匹匹颜色亮丽的布料和花花绿绿的各国国旗取代了。小联合旗（英国国旗）在促销，每面四个半便士，带一根小旗杆。其他国家的国旗一先令零一个半便士一面。我的存款有两先令七便士，所以理所应当地觉得可以投资一面大些的国旗。西瑞尔和艾瑟儿每人买

了一面英国国旗，我想要独树一帜。左思右想之后，我最终选了一面红黄黑三色的国旗。我还花了两个半便士，想做一个领结系

"效果就令人失望了"

到七公子的脖子上。店员没法帮我确定我的旗子是哪个国家的。我把旗子带回家，父亲告诉我那是比利时国旗，并且问我为什么选择它。他接着建议说把这面旗放在不那么显眼的位置。我像泄了气的公鸡，把旗子拿到楼上。我们卧室的窗户似乎是个合

适的地方，我用一根绳把旗子系到窗台边。旗子在风中骄傲地飘扬，从屋子里看相当神气，可如果从肯特台往上看的话，效果就令人失望了，它被下面房间窗户上满眼的英国国旗抢去了风头。

各条主要大街上都布置了装饰物，我们听了很多令人神往的描述。玛莎已经去看过了，当母亲说她会带我们去牛津街亲眼看看时，我们都开心极了。吃过午饭我们就出发了，在肯特台的拐角处，坐上了一辆叫"擎天神"的公交马车。我和西瑞尔被允许爬上又窄又陡的台阶，由售票员帮忙，经背靠背坐在中间长椅上的乘客接龙一样传递过去。马车没有防止人掉下去的扶栏，只有一个低矮的挡板，所以我俩在被抱到前面去的时候紧紧地抓着彼此。我是先过去的，就坐在马车夫旁边，一个人让出了一点位置给我，还用篷布盖在我的腿上。

"坐在车夫身边可有意思了"

065

坐在车夫身边可有意思了。马似乎心里有谱儿，想在哪儿停就在哪儿停，虽然没有固定的车站，但有人要下车时，马车就会猛地停下来。售票员站在马车后门边的小台阶上，一只手抓着车身侧面的带子，用带子拍打车身示意车夫起步。马听到带子拍打的声音，这时车夫松开脚闸，马就向前拉车，慢跑起来。公交马车的车身刷着不同颜色的油漆，按线路分别为绿色、红色、蓝色或黄色，也跟早先的驿马车一样有名字。"擎天神"线路从西区到艾尔纹章客栈，是浅绿色的。"擎天神都市线"是快车线，深绿色的。"擎天神都市线"上午运行，从我家早餐餐厅的窗户就能看到它由三匹大马拉着，马儿迈着矫健的步伐，从肯特台前飞奔而过。马车顶上总是坐满了戴高帽的人，他们手里的报纸被风吹得哗啦啦响。

"在车厢内乘客的错愕与震惊中爬上了车顶"

在顶层肯定见不到女士，因为往顶层去的梯子太陡了，对那个年代穿长裙的女性来说实在不方便。不过母亲有一个年轻的朋友叫波比，有一次她在车厢内乘客的错愕与震惊中爬上了车顶。

公交马车车厢里总是又闷又热。座椅用硬硬的绒布包裹着，会粘衣服。天冷的时候，车厢的地板上铺着稻草。窗户会贴满五颜六色的小广告，诸如"蓝普劳退热盐剂"[2]、"罗兰牌马卡发油"[3]、"猴牌香皂"。不过，坐公交马车还是挺有趣的。可如果必须坐在车厢里面的话，四轮马车会更好一些，双轮双座轻便马车是最好的了——但那是难得的款待。

到牛津圆环广场这一路上我们很享受。牛津圆环广场看起来热闹非凡，一幅热火朝天的景象。马车在波特曼广场拐到威格莫尔街，因为人群拥挤，所以最后停在圣乔治音乐堂附近。人们摩肩接踵，缓缓前行，工人们在商店前安装牌子。我们随着人群往前，母亲叮嘱我们要小心，紧紧地跟住她。

广场五颜六色、彩旗飘飘，洋溢着喜庆的气氛。横跨摄政大街的半空，是纸花环组成的凯旋拱门，由系着彩带的柱子撑起巨型横幅，上书金色大字：

致敬女王，四海皆幸

目之所及，街道左右房子之间悬挂着各种标语，有"帝国万岁""金禧年吉祥"和"不列颠群岛威武"。

很多商店在门前架起了摊位，木头支架用带黄色流苏的红色台面呢覆盖。男人们站在梯子上，安装铁丝编成的巨大皇冠，以及有维多利亚女王徽号的标志，再用串灯装饰。一两个大商店上面装饰

了很大的星星，是用煤气灯点亮的，下面写有"天佑女王"或"治国家、王运长"的标语。

　　天气炎热，人潮涌动更是热上加热。通过衣着，可以看出很多人是从乡村来的。小贩叫卖着各种小玩意儿和旗帜。忽然摄政大街方向传来一阵骚动，人群让开一条路。只见一队士兵迈着方步走来，在广场停下。那时，我对士兵已经颇为了解，能够告诉母亲他们没有穿全身军装。一切都让我觉得热血澎湃。士兵停下来，在大街中央站成一排，一个军官步测距离。有个卖旗帜的人说他们正在彩排庆典当天的队形。天越来越热，母亲说我们可以去爱芬斯通喝茶，我们都乐开了花。

　　我们在大理石台面的桌前坐下，母亲点了冰激凌（哈，开心！）——送上来的玻璃盘里有几个大冰激凌球和华夫饼，我们三下五除二就吃光了。虽然很累，但我们心满意足地回到家，早早地就被赶去睡觉。

金禧庆那天的黎明阴沉沉、雾蒙蒙的，但轻便马车夫很早就来接父亲和母亲了。他说今天会是个大热天。我父母要和迪克西一家坐在观礼台看游行，我们小孩则跟玛莎去摄政公园看基督少年军和学生的游行。

母亲下楼来，她身穿新裙，曼妙可人；那是一件蓝白色条纹的裙子，领口和袖口有蕾丝花边。她戴了一顶很小的软帽，用鲜花装点得格外俏丽，手上还戴了一副白色手套。她拿一把小巧玲珑的阳伞，伞把挂在手臂上。我从未见过母亲装扮得如此美丽。父亲穿长外衣，头戴高帽，扣眼里别了一朵花，看起来正式庄重。他们乘马车而去，我们几个站在门口台阶上同他们挥手再见，目送那辆马车转过肯特台的拐角。

到了十点钟，我们三个孩子跟着玛莎出发了。丽兹怀抱着黑猫桑波，桑波的脖子上系了一条粉色的蝴蝶结。丽兹对我们千叮咛万嘱咐，一定要注意人群，彼此照应着。

在帕克街上，人们已经鱼贯穿过汉弗大门，朝公园走去。守门管理员的帽子上换了新的金色穗带，纽扣闪闪发光。玛莎有点紧张，不停地唠叨让我们跟紧她，这其实很难做到。在汉弗台一侧，人群非常拥挤，于是玛莎请警察帮助我们走到街对面。警察先生是个矮墩墩的老头儿，他说自己是预备队的，因为所有正规警察都调到西区去了。

人群更加壮大，有很多孩子在其中。人们被引到游行队伍即将经过的路边，就这样我跟西瑞尔站到了前排。大家你推我挤，不过我们终究保住了前排的位置。

"身穿新裙，曼妙可人"

"游行队伍进入了视线"

　　游行队伍进入了视线，率先登场的是基督少年军乐队方阵。主鼓手头戴插羽毛的皮制高帽，看起来特别神气。他戴着长手套，绶带横跨前胸，像杂技演员一样将权杖上下翻飞。乐队的一些成员年龄很小，可全都在卖力地演奏。我特别嫉妒那些鼓手，尤其是低音鼓手，他身上有一张豹皮 [4]，几乎垂到地面。我想，做一个低音鼓手，在肯特台边敲边走，那该是何等的风光！

　　游行队伍经过之后，人群开始散开，蜂拥进公园，在草地上席地而坐，休息一下。天太热了，我们很高兴回到家里，喝冰冰凉凉的柠檬水，然后躺下睡个午觉。父亲答应晚上带我们去看灯火。

　　躺下之前，我打开黄色五斗橱的最上面一层，拿出我的素描本，我总是在这个本子上画最特殊的事情。我用母亲看舞蹈表演时得到的一支铅笔，想把这天看到的都画下来。然而，我画得不很顺利，铅笔不好用，我很生气。

"我总要在哨兵前磨蹭一会儿"

我刚要睡着，就听到马的声音。那不是出租马车或公交马车，是更令人激动的声音。我一骨碌从床上跳下来，跑到窗前，正好看到女王的皇家骑兵炮兵团，毛皮高帽、紧身夹克、黄色的穗带，一切的一切……一个军官骑马走在队前，穿着蓝色和金色的军装，神采奕奕。他身后，一个年轻的号手骑着一匹白马。然后是轰隆隆经过的大炮队。我经常看到炮手训练战马，但还从来、从来没见过他们如此华丽盛装。我知道他们是在回军械路上的营房，因为有时候我们散步会走到那里，我总要在哨兵前磨蹭一会儿。哨兵手持卡宾枪，笔挺地站着，帅气十足。

这是值得画下来的景象，可铅笔还是不好使，我只好放弃了。我听到父母亲走进来。母亲上了楼，脸色惨白地说她头疼，要去躺下，于是我那些关于女王和游行的问题，只能等别的时候再问母亲了。在上午的热闹过后，家里非常安静，可是能听到街上的人们在唱歌，远处传来绵绵不绝的细语声。

大人告诉我们要安静，因为母亲头疼，于是我们就尽量一直躺着。后来，我和西瑞尔偷偷地来到游戏房。我听见了弹风琴的人，便到餐厅的窗前往外看。他是意大利人，把风琴挂在脖子上，一根细棍在下面撑着地。有时候他带着一只猴子，可那天没有。他会慢慢地走过肯特台，抬头看着窗户，如果看到我们，他就靠在栏杆上，举起油乎乎的帽子，把所有圣人的名字念一遍来为我们祝福。如果我们给他一些钱，那祝福就会灵验。间歇时，他还会唱：

> 法国万岁！
> 意大利万岁！
> 加里波第[5]将军万岁！
> 埃马努埃莱国王[6]万岁！

他充满精力地唱着，露出洁白的牙齿，可这歌一点儿都不合适金禧日。

吃过茶点后似乎过了很久天才黑，我们终于可以点亮灯火。串灯的灯泡是五颜六色的，和夜灯一起，拿到小客厅外的阳台上。我坚持要点一盏，结果弄得一团糟，不仅烤到自己的手指，还把点火木片掉进了灯罩里，发出噼噼啪啪的声音。我的中国灯笼也点不好，我一直觉得它很难点亮。这次我干脆

"加里波第将军万岁"

把纸灯笼都点着了，灯笼整个烧了起来，掉到楼下去了。我还想再

"灯笼整个烧了起来，掉到楼下去了"

试试，可父亲制止了我。所有的灯都点亮了，我们走下楼到门前去看效果。它没有隔三家那户的灯好看，但也足够喜庆了。

我和西瑞尔急着出发，在家里跳上跳下的，但首先我们得坐下来，吃三明治，喝一杯牛奶。母亲下楼了，她的头不那么疼了，让我高兴的是，她说她会跟我们一起去。于是我们全家出发了。

天边有一抹亮光。帕克街通常天黑后就黑咕隆咚的，只有几盏煤气灯，可那天灯火通明。人们走到大街上，或是在门前聊天。柯尔布艺店有星星形状的煤气灯，闪烁着美丽的光芒，两旁是女王的徽号。大多数房子在窗户上装饰了串灯。

在克拉伦斯门附近的小裁缝铺，窗户里有一排排蜡烛。裁缝莫尔特比的铺子尤其气派。不过，当公交马车载着我们来到牛津圆环广场，下车那一刻才真正看到了最辉煌的景象。

几乎所有商店的标志都点亮了，有的是油灯，有的是煤气灯。人们三五成群，举着点亮的中国灯笼。还有男男女女围成一小圈，跟着六角手风琴的音乐翩翩起舞。年轻的小伙子和姑娘们排成长龙队形，一路唱着闹着，穿过人群。牛津街上没有车辆，其实就算有车也没法行驶。拥挤的人群在这条路上一左一右慢慢移动，碰到了

"跟着六角手风琴的音乐翩翩起舞"

"我看咱们该回家了吧"

灯饰特别好看的人家，就停下来观赏一番。

　　我人小，没过多久，在人群的衣裙间就感到喘不上气来。父亲将我举到肩上，我居高临下，一切越发显得辉煌灿烂。可是，我一整天都太兴奋了，所以就开始犯困，打起盹来。母亲看到了，说："哈利，我看咱们该回家了吧。"没有反对意见，我们从人群中往外挤。过了很久才没人挡路了，又过了更长时间才等到四轮马车。一家人安全地坐在车厢里，我和西瑞尔马上就睡着了。我被大人抱上床，伦敦举城欢庆的喧闹声渐渐在我耳边隐去。

1. 金禧庆（Jubilee），指 1887 年维多利亚女王即位 50 周年庆。庆典在 6 月 20 日举行。

2. 蓝普劳退热盐剂（Lamplough's Pyretic Saline），是一名叫蓝普劳的英国药剂师和化学家发明的用于治疗霍乱等引起的发烧症状的药水。

3. 罗兰牌马卡发油（Rowland's Macassar），是一种用椰子油、棕榈油等植物油做的护发乳，在英国维多利亚和爱德华时代流行。

4. 仪仗队里低音鼓手身上披一整条猎豹皮，是英国军乐队的传统。

5. 加里波第（Garibaldi，1807 — 1882），意大利将领、爱国者与政治家。

6. 维托里奥·埃马努埃莱（Victor Emmanuel II，1820 — 1878），意大利王国国王。

怀特利氏商场[1]大火

金禧日的热闹劲儿过去之后，上学尤为无趣；期末在即，虽然只剩四周时间，却觉得永远到不了头。大街小巷还是那么乱着，地上满是彩纸碎屑以及五花八门的垃圾。大人们让我们当心，走路时看着点儿脚下，因为有的地方串灯从窗台掉落，碎了一地的玻璃碴。

姑妈们的家号称是低调的装饰。确实如此，戈登广场这所房子庄重得体的风格哪能允许大张旗鼓的装饰呢，几面中规中矩的旗子最合时宜。

七月的一个星期天，我们三个孩子去姑妈家做客。我们坐地铁从贝克街到高尔街。这段地铁是你能想象的最闷热和最不舒服的一段线路，尤其在每年的这段时间。地铁，那灰头土脸的蒸汽机车，由机车牵引，机车头有多出来的两个相当小的烟囱，一边一个，外加正前方的主烟囱。我问一个行李员那是做什么用的，他告诉我，当地铁驶入隧道最不通风的路段时，司机会关上烟阀，把烟导入水箱，然后从小烟囱喷出。水箱像马鞍一样挂在锅炉的两边，所以这种机车被称为水柜机车。我听了就注意看对面驶来的列车，看它的烟是不是从两个小烟囱里冒出来的，可这样似乎对空气没有什么太大改变。从高尔街到贝克街这段的烟霾让人几乎无法忍受。在尤斯顿路的人行道和马路中间，有地铁的通风口，浓烟从里面冒出来。如果站在通风口的铁栏板上，那是又热又呛鼻子。女士们可从来都不会站在那儿，因为风会把她们的裙子掀起来。

"最闷热和最不舒服的一段线路"

地铁有三档车厢：头等、二等和三等。有些三等车厢里的座位只是木板，其间有低低的隔板，如果乘客不多的话，在上面做障碍跑的游戏还不错。列车从车站出发时，车前面总是有个行李员，他负责把车门关上。这环节需要相当的技巧。梆！梆！梆！随着列车一点点加速，他还要转动车门把手！行李员亮出绿灯、吹响哨子，等着他的那节车厢，列车飞驶而过的刹那，他一个箭步踏上去，身子一闪进了车厢，动作干净利落。我们不经常乘坐地铁，公交马车要舒服很多。

姑妈们谁都没去看金禧日游行，范妮姑妈坚持去看了灯火。她不顾阿莉西亚姑妈的反对执意要去的，阿莉西亚姑妈警告她说，就算不被挤扁或者身上着火，多半也会被偷走钱包。范妮姑妈和女佣玛丽一起出发了，根据范妮姑妈事后跟我们描述的情形看，她们过了个痛快的晚上。她们哪儿都去了，什么都看到了，除了没在街上跳舞之外，其他有趣的节目似乎都玩了一遍，直到午夜才归家。

　　下午，我们和姑妈们在一起，她们说起夏天的计划，是去高门²度假。她们总是以伦敦为原点，去马车行程之内的地方度假，因为安妮姑妈腿脚不便，受不了长途跋涉，我的教母阿莉西亚姑妈又非常害怕乘坐火车，尤其是过隧道的时候。所以她们要找一处房子，能有十间卧室，而且坐马车可以抵达。那年便是高门的乡村牧师屋，一座有大花园的怡人的宅子。

　　一切准备就绪，在约定好的时间，父亲带我们来跟姑妈们道别，目送她们安全地出发。姑妈们雇了一辆由两匹马拉的私人马车。马车按时来到戈登广场五十三号，在那儿开始装行李，装了一箱接一箱的床单和足够一个军团吃的食物。此外，少不了腿脚不便

"范妮姑妈……掌握着最高指挥权"

的安妮姑妈的沙发和椅子、范妮姑妈的编织机、四个女佣、两笼金丝雀，以及，终于，两位姑妈。范妮姑妈机敏又自信，掌握着最高指挥权，她向搬着沉重箱子、跌跌撞撞、进进出出的车夫发号施令。她手中有一个小本子，每放一样行李到车上，便在名单上把相应的名称勾掉。她的裙摆挽起，用一些奇怪的夹子夹着，露出非常好看的脚踝和纤纤玉足。一切均在她的掌控之中。

艾米莉姑妈则完全不然，她处于半蒙的状态，三番五次地进进出出，确保看到金丝雀得到小心的照顾。似乎从早餐开始，她就穿戴整齐，燥热又坐立不安地准备出发了，虽然远征的启程时间为下午两点钟。她们为另外两位姑妈订了一辆封闭的轻便马车。在装行李的过程中，那辆车到了。腿脚不便的安妮姑妈由人扶着上了马车，放好坐垫，舒服坐着，阿莉西亚姑妈也包裹得严严实实，坐了进去。最后，打扫起居室的女佣简和护理劳夫人也挤了进去。但是在乔治——劳夫人的金丝雀——的运输问题上出现了一些分歧。最终，范妮姑妈把这件事搞定了，这位运筹帷幄的总指挥官被叫进来断案，从抗议的女主人手里夺过装着扑鲁鲁乱飞的乔治的鸟笼，同其他金丝雀一起放在了那辆私人马车上。

听到顺利抵达的消息，父亲去高门看望了姑妈们。他告诉我们，她们的私人马车在上高门山坡的时候遇到点儿麻烦，不得不在一个地方让马停下来。原来，是坐在车夫旁边的男人下车把拉车绳放在了轮后，他的本意是防止轮子滑坡，可再起步就不是件容易的事了。在范妮姑妈的建议下，女佣们和两位姑妈都下了车。一身旅行装束的范妮姑妈夹起裙子，豪迈地开始推车。这时，几个路人加入了，大家呐喊鼓劲、齐心协力，马车终于起步了。马车都走起来了，两位姑妈和女佣们赶紧连滚带爬地挤上车厢。艾米莉姑妈上气不接下气，还在马车台阶上蹭破了小腿的皮。这，加上遇到如此粗鲁的对待，拱起了她的火，到了牧师屋还没消。这时，那辆轻便马车已经在门前的小径上等着其他旅客了。那辆车走了容易走的路线，所以先到了。

房子的门开着，但里里外外好像只有一个园丁。尽管如此，他还是帮了她们的忙，将晕头晕脑、疲倦不堪的安妮姑妈弄进房子，放在一张舒服的椅子上。当那一马车的行李抵达后，范妮姑妈还能发号施令。待从箱子里拿出碗盘，上了茶点之后，大家的火气都消了不少。

父亲给我们带来了姑妈们的邀请——去她们那里玩一天。父亲将这一天定在大约一周之后。那是一个星期六。我穿上了一件干净的白色水手衬衣，戴一顶新草帽。这草帽戴着紧，特别不舒服，因为松紧带勒着我的下巴。

我们乘公交马车来到高门坡下。等缆道车来时，觉得特别热，母亲就领着我们穿过马路，走进一家店，给我们买了柠檬水喝。我和西瑞尔对缆道车非常感兴趣。它们是在轨道上跑的，我们看到一辆正在下山，而另一辆则往山上去。一定是街道路面下埋着移动的线缆，让车移动，一边上去，另一边下来，车厢有个钩子挂在线缆上。当一辆车抵达山下的车站，我们跑上前去研究车厢下面，我刚要爬进去一探究竟，就被母亲着急的喊声止住了："欧内斯特！小心你的衣服！"我们上了车，可以坐在敞口的车厢里，也可以坐在顶层，其实那儿更好，但不论里外都很颠簸。快到山顶的时候，我们从一个拱形桥洞经过，父亲说是那是引水渠。

牧师屋里的气味跟戈登广场的房子一样。问候过姑妈们之后，我们便可以去花园跑跑。那里大部分很整洁，看起来可以进行很多不同的活动。那儿有草地网球场，圆形花坛里种着一排排红、黄、蓝色的花。不过，在树丛里和不太整齐的假山那边还有一些旮旯，我们可以在那儿猫起来玩，不用担心姑妈或园丁来打扰。

下午有些人被邀请来打网球，但是发现没有机器画线。园丁解释说，这是因为牧师不喜欢草地上有石灰粉。然而，父亲总是有办法，他建议说能否多提供一些白色胶带，再加上很多发夹，就可以制造出线来了。这事儿我和西瑞尔可以帮上手，我们拉线，用发夹固定到土里。这个办法很灵，当然，除非你的脚绊在胶带上，就像那天下午副牧师遇到的情形一样。

大概三点钟，客人们陆续到达。有些人带着网球拍和鞋子，草地上欢语不断。艾米莉姑妈穿着蓝点点的裙子，戴一顶大草帽，非常开心。虽然她的身材有些敦实，但她可以打球，并且准备大显身手——其实，玩草地网球而不是门球，正是她的主意。

"艾米莉姑妈穿着蓝点点的裙子"

在客人中有个男孩，是跟随隔壁邻居来的。他是个安静的少年，非常腼腆，仿佛更愿意隐藏在人群中。母亲发现他用不解的神情看着那些线，他还问母亲这是做什么用的。母亲给他解释了网球的规则，然后，因为注意到他的黑发和外国口音，就让他介绍一下自己。男孩说他是中国人，在英国跟朋友住在一起。母亲马上招呼我和西瑞尔过来跟他认识。那个男孩叫威利——至少他的英文名是这样的，而他的中文名字更长一点。他比我们大一些。他穿了一条长裤，上衣是轻盈的看似丝绸的面料。他讲话的声音怪怪的，有点尖，有时候说到一半要停下来，想一下该用什么词。不过他非常和善，给我们讲了许多关于中国的事儿。在我看来，我不相信他真的是中国人，因为他没有留长辫子。我问他为什么，他很忧郁地告诉我，辫子被剪掉了，为此他还难过了许多天。讲到中国的时候，他微微笑着，眼睛眯成了一道缝。他说，虽然他喜欢住在英国，但还是想回到自己的国家。我们在假山后面找到了一个僻静的角落，坐在那里听他说话。后来，他说他会用纸做玩具，于是我回到屋里，取来了纸和剪刀，我们看着他用剪子剪出一些小青蛙。他的手真是灵巧，那么一张纸剪剪再折折，好神奇。他折出来的小青蛙，按一按屁股就会跳起来。当他要离开的时候，我们都很不舍。我们希望能再见到他，可他再没出现过。

下午茶的铃声响起，打网球的人们都冲进屋里，抹着额头的汗水，讨论刚才的战况。副牧师收到很多安慰，因为他摔倒了，很多人都关切地看他裤子染上的绿色。喝茶的时候，我们男孩子要有眼力，做端茶送水的活儿——我们端着一杯杯茶，或者一盘盘糕点，送去给那些更愿意坐在外面的客人——我们自己不能品尝美食，能回到假山玩纸青蛙也很高兴。

到了该回家的时候，已经相当晚了。夜幕降临，小客厅的灯都点亮了。我们跟姑妈们道了别，没忘记很懂事地感谢她们的邀请。天很热、很闷，天边有一抹奇怪的光亮。

"看着他用剪子剪出一些小青蛙"

我们来到高门山顶,很多人聚集在那里,朝山下伦敦的方向指指点点,只见一片民居之上火光冲天。人们说那里着了大火,但都不知道具体是哪里。我紧紧抓着母亲的手,心里怕得要命——那会不会是我们家?直到上了缆道车,司机告诉我们是韦斯特伯恩格罗夫的怀特利氏商场,我的担忧才稍稍减轻了些。然而,火势会蔓延的,什么都说不好……缆道车上的乘客都在议论此事,我们到了山下,看到一辆消防马车急驰而过,消防员头戴铜头盔,一个消

"只见一片民居之上火光冲天"

防员站在车夫身边，大喊："闪开！闪开！"那时我几乎忘记了害怕。消防车由三匹马拉着，一前两后。父亲说，看前面那匹马的样子，就知道它们跑了很远。

我们要等公交马车。这时，熊熊大火似乎燃烧得更加剧烈了。公交马车到达时，天已经相当黑了。

"闪开！"

我们快到卡姆登镇了，而火光也越来越大。人们奔跑，大声呼喊，仿佛火已经烧到了下一条街道。我不停地问："能不能快点到家？"终于，母亲转身对父亲说："哈利，快看看能不能找到出租马车。"有一辆空的四轮马车停在拐角一家酒馆外。父亲毅然走进酒馆，将车夫叫了出来。那个车夫正抹着嘴，不太情愿地同意送我们回肯特台。我们绕过公园，当车走到帕克街地势最高的地方时，火光看起来特别近了。但看到我们的家还好好地伫立在那里，我们都松了一口气。玛莎和丽兹站在前门口，女佣们在台阶旁边小声议论。远处传来骚动和吼叫的声音，空气里弥漫着浓浓的烟火味。我们这里的警察慢慢地在肯特台巡逻，总有人拦住他，问他有什么消息。他来到我们面前时，说大火已经着了几个钟头，有四十辆消防马车在灭火，人们都从家里撤离，温度太高，也怕大火蔓延。他给了我们一块在帕克街上捡到的已经烧成炭的木头。

那天太漫长了，我很困，却还是不想睡觉。当然，我已经穿好了睡衣，可没去睡觉。后来没多久，西瑞尔来找我，我们躺在床上，注视着透过百叶窗帘间跃动的火光。我们爬下床，来到窗前，窗子是大开的，夜空中弥漫着呛人的焦烟味。我告诉哥哥，我好怕火会烧到这里。西瑞尔指着肯特台下方，我们这片的警察还站在那里，跟女佣们说话。这样我才觉得够安心，可以回去睡觉了。不过，还是等到母亲进来告诉我们，她和父亲出去看了火势，一直走到了离着火很近的地方，那儿离我们还很远很远，我才完全放心去睡了。

"夜空中弥漫着呛人的焦烟味"

过了好些天，我们小孩才被允许到韦斯特伯恩格罗夫那边去看火灾的现场。因为邮差告诉玛莎，那里的墙壁有倒下来的危险。我一直磨母亲，直到她说我们可以去了，但不要靠太近。玛莎要我们紧随着她。艾瑟儿同意和我们一起去，可我觉得真正的原因是，她，还有玛莎，想去逛普雷德街[3]上的商店。

在地铁大中央线和马里波恩站建成之前，我们可以直接从肯特台过马路，走到阿尔法大街，经过博斯科贝尔街，穿过利森格罗夫和埃奇韦尔路，就到韦斯特伯恩格罗夫了。我们一路这样走去，路中间总有障碍物，但我们七转八转地走到前面，就看到了很多。一辆消防车停在那里，车上是戴着黑皮头盔的消防员。再往前是一辆真正的消防车，水管在大街左右铺开。有人说地下室还有余火。临街长长的铺面一片狼藉，墙倒窗破，全被烧得漆黑，木头烧成了炭，路上四处是碎玻璃。

有些人在远处支起临时围栏。我们看着他们干活，听人群的议论。一个妇女在讲她和孩子们如何在晚上被撤离，因为怕大火烧过街道，房子临街的一面又如何大火熊熊，热浪把玻璃窗都烫碎了。他们还说到消防员受伤了，一个可怜的家伙被掉落的房梁击中，铜头盔都砸碎了，牺牲了。

过了好久，我们才终于被玛莎拽走。回家的路上，我们哥儿俩单独走，玛莎和艾瑟儿去了普雷德街。

走到埃奇韦尔路的时候，我们拐进了一条窄巷子，里面有许多卖蔬菜、水果、兔肉和鱼的流动手推车。巷子里买东西的人摩肩接踵。走到快出巷子，拐进利森格罗夫之前，我们看到侧面的小巷里聚了一堆人，还有人跑来跑去。明知不是聪明事，但我们还是决定去看看热闹。

"临街长长的铺面一片狼藉"

　　我们走到近前，看到一个警察和一个男人在撕扯。警察不是很高大，可看起来很壮。虽然如此，他也没能抓住那个比自己高大得多的家伙。那人的脖子上系着红色手帕，警察一把薅住手帕并且使劲地拧。那人挥舞拳头大声呼叫："你要勒死我啦！"此时传来一声女人的尖叫，人群闪开一条路，只见一个女人跑过来，一头撞到警察先生身上。她不停地喊叫："他们带不走你的！他们带不走你的！当家的，别让他们把你带走！"

　　人群忽前忽后，我和西瑞尔被挤到了木栅栏前。我俩站在那

"一头撞到警察先生身上"

儿，心里又是怕又是好奇。远处，有个年轻的女子，怀抱着一个小婴儿。她一直抽抽搭搭地哭泣、呜咽，不断地重复念叨着："他什么也没做，他是个好人。"

没有人帮警察。警察的头盔掉到地上，他和那个男人在地上滚成一团。两人脸上都见血了。有一刻，警察挣脱了双手去摸口哨，还没等他把口哨放到嘴边，那个人已经一拳打在他脸上。这一拳可不轻，正好将口哨闷在嘴里。不管怎样，警察在放弃之前大声吹响了口哨，嘴都变形了。我靠着木栅栏，觉得快要晕倒了。我手脚都冰凉，西瑞尔也脸色煞白。后来，突然之间，人群散开了，因为跑来了另外一个警察。女人试图挡住他，可是他一把将她推开，走上前去。我看到他从腰上拔出警棍。我和西瑞尔谁都不敢看。虽然我们离现场很近，但吓得愣在那儿，挪不动腿，更不敢转身看发生了什么。我们只知道，转眼间新来的警察就揪住了那人脖子上的手帕，把他拉起来。那人不停地挣扎，又是发誓又是诅咒，但警察让他站好。有点滑稽的是，又来了一个保安官，这回那些看热闹的人似乎站到了法律和

"觉得快要晕倒了"

正义的一边，他们去帮受伤的警察止血，还找回了他的头盔。那个男人就在恍惚的状态下被带走了，街上又平静下来。但是在巷子的远处，一处房子门前，聚集了一小群人，一个妇女尖着嗓子醋畅淋漓地把天底下所有的警察都骂了个遍。

西瑞尔的头靠在木栅栏上。我问："你没事吧？咱们快回家吧。"

过了几分钟，我们迈开腿，走过整条街，拐了弯马上拔腿就跑，一口气跑到利森格罗夫，几乎看到

"尖着嗓子"

家了。我问西瑞尔："那警察用警棍打他了吗？"

"我不知道。我闭上眼睛了。"

"我也是，可是他那下不会很重的。"

然后我又问："你觉得警察会死吗？"

西瑞尔说："不会的。"但他的口气不太肯定。反正都一样，这个问题很难回答。

我们拐到帕克街上，很高兴看到我们这片的警察站在拐角的邮筒旁边。我们跑过去，像打开了话匣子一般，两个人你一言我一语，把刚才看到的打架场面描述了一番。他耐心地听我们说完，然后说："好了，小伙子们，别再去凑这种热闹啦。搞不好会惹上麻烦的——很大的麻烦哟。"

这话，总体而言，真是句金玉良言。

我对那场大火的印象，画于七岁

1. 怀特利氏商场（Whiteley's），始建于1863年，创始人威廉·怀特利，早期专卖布料，后发展成多部门的综合性商场。1887年毁于伦敦历史上最大的火灾之一，之后重建。作者本章写的就是发生在1887年8月7号的那场大火。

2. 高门（Highgate），伦敦郊外的一个地区，距离查令街十字约7公里。在维多利亚时代，那里还是乡村景象，现在是伦敦郊外住宅较为昂贵的地区。

3. 普雷德街（Praed Street），伦敦西区帕丁顿附近的商业街。

波拉农庄

暑假一天天逍遥而过，这时听说我们要随父母亲去肯特郡的一个农庄住些日子。我们去过几次海滨，但从未去过真正的乡村。憧憬此次出行，我和西瑞尔都喜不自禁。我提出了无数个问题。那个地方叫波拉农庄。

"妈妈，那儿什么样？他们养奶牛吗？"

"养啊，宝贝。我估计那地方养了很多奶牛，我们能吃到又香又新鲜的农家黄油呢。"

"可是，妈妈，咱们家的多塞特黄油是咸的，我不喜欢。"

"哦，我保证那儿的黄油一定好吃，你还能吃到刚下的鸡蛋，大概还有家里烤的面包。"

"哇！"我都不知道说什么好了。然后我又问："妈妈，他们有兔子吗？也有公鸡和母鸡吧？"

"我想是的，还有猪呢。他们说那儿有酒花[1]田，如果我们多住些日子的话，还可以看到他们摘酒花。那可好玩了。农庄附近的人家全都去，孩子们也去，要摘整整一天。我的亨利舅舅在奇丁斯通当校监的时候，我住在他们家，一起去摘过酒花，我记得摘完以后手指特别疼呢。"

我们在查令街十字[2]上了火车，那时已是下午。虽然不能把身子探出窗外很可惜，但我和西瑞尔都一直特别喜欢坐火车旅行。火车停经几站之后，伦敦郊区那些小房子和烟囱被我们甩到身后，下午的阳光洒在田野和乡间小径上。抵达目的地之前，父亲指给我们看那些酒花田。一株株酒花绑在一排排木杆上生长。父亲给我们解释了采摘时如何将木杆放倒在帆布上。

波拉农庄位于距车站几英里远的地方，递行李的服务员告诉我们，农庄的小马车已经在等候我们了。我们果然看到了马车，马头边站着一个年轻人，行李员叫他查理。行李堆到车上以后，我们就出发了。天开始下起雨来，我和西瑞尔坐在箱盖上，用一件苦布雨披盖在肩上。

"用一件苦布雨披盖在肩上"

查理一边赶着马车，一边给我们讲农庄的情况。他告诉我们母猪刚生了一窝小猪崽，还有就是波拉夫人做的面包在村里的展览会上赢了大奖。这一切既新鲜又有趣，尤其当那些奇形怪状的尖屋顶映入我们的眼帘。"那是烘房，"查理抬起鞭子指着那边说，"就是干燥酒花和给酒花脱壳的地方。你们多半能看到他们做这些——如果你们来得正是时候。"

道路开始变得泥泞起来，马一路小跑，马蹄踏进水坑，泥点四溅。不久，我们转上了一条窄路，前方出现了一座红瓦屋顶的农舍。查理说："波拉农庄到了。"路的尽头，马车驶过敞开的大门，绕到农庄方方正正的前门，在后面宽敞的院落里停住。一条黑白色的毛茸茸、乱蓬蓬的狗从狗舍里跑出来，铁链哗啦啦地响。它站在那里摇着尾巴汪汪大叫。

农庄的门开了，一个女人走了出来。她身子胖胖的，脸红扑扑的，笑容满面。她热情地欢迎我们，但父亲和母亲同她握手

"将手在围裙上蹭了蹭"

时，她显得局促不安。她先将手在围裙上蹭了蹭，然后说："手上都是面粉，正给小家伙们烤面包呢。"我和西瑞尔交换了一下眼神："小面包！"

我们走进农庄，穿过一间敞亮的厨房，一个小女佣正想躲到一张很大的简易桌子后面。她匆匆地行了一个礼，然后张着嘴呆呆地站在那儿看着我们。查理将我们的行李提进屋来，我和西瑞尔就被带到楼上去洗漱。

卧室里没有卫生间，但是有个洗手架，上面放着白色的瓷罐和洗手盆，散发一股淡淡的樟脑味儿。我们哥儿俩睡一间大卧室。这间屋子的地板是有坡度的，往窗前走的时候，有一种下山的感觉。窗帘是凸纹棉布的。我和西瑞尔合睡一张非常大的床，软得没法在床上蹦跳。床上铺的是羽毛床垫，用手压一下的话，甚至能摸到羽毛的梗。可睡上去之后，却燥热得不行。窗外是一个小而整洁的花园，往两边看，我们能看到院子里有瓦顶的房屋，还能瞅见屋后的木板谷仓和一些稻草垛。

我们很快洗漱完毕，接着跑去看艾瑟儿的房间。那个房间比我们的明亮，有粉色波点墙纸以及鲜亮的窗帘，但那间卧室非常小，大人进门还要低一下头。

楼下飘来迷人的香味，是滋滋冒油的煎培根和鸡蛋，我们争先恐后地跑下楼，来到客厅，这里不是他们常用来进餐的地方，但现在为了我们的到来打扫得干干净净。迎接我们的是一大桌美味佳肴，甚至那张圆桌都被如此多的美食压得吱呀作响。盘子里码满了小面包，果酱一罐又一罐，一盘子黄澄澄的黄油，还有一个大大的李子蛋糕。接下来是一个圆圆的大面包，很多盘饼干和奶酪，罐子里的腌黄瓜……只要你能想到的，全都有。一只精美的棕色茶壶放在旁边的小桌上。当波拉夫人端着满满一盘煎培根和鸡蛋走进来时，我们的眼睛都要鼓出来了。她很骄傲地说："都是自家腌的，我希望还够吃。"连父亲都两眼直放光，我们小哥儿俩就更不知道从何吃起了。

"都是自家腌的"

美食盛宴接近尾声时，我们都吃到了嗓子眼儿，我和西瑞尔瘫在椅子上。我们本打算去农庄上转悠转悠，可是困劲儿都上来了，只好决定明天再说。反正天已经快黑了。这时一盏灯被端了进来。外面雨已经停了，远远地传来乡野的声音。万物皆安宁。我坐在那儿，一只大蛾子从窗子飞进来，绕着灯飞舞。我越来越困。父亲在读报纸，他抬头看了我一眼，说："你们哥儿俩该睡觉去了。"这正合我意，我和西瑞尔没有小声嘀咕，直接上楼爬上羽毛床垫，幸亏有母亲提醒，不然我们连牙也不刷、祈祷也不做就睡了。

早上醒来时，我忘记身在何处。天花板上是奇怪的深色橡木房梁，白色的墙壁，洗手架的横杠上是镶金字——明亮的红蓝两色字母，旋花纹装饰着"主必保护你、守顾你"这几个字。凸纹棉布窗帘是拉着的，但已经够亮，能看到房间里的一切。我的身子陷在羽毛床垫里，所以只能看到旁边西瑞尔的轮廓。我哥睡觉的时候喜欢翻来翻去的，幸亏这张床非常大。我支起头，看到他还在梦乡。

此时，我已经全醒了，听到外面七七八八乡村里常有的声音。我爬下床，"走下山坡"来到窗前，拉开窗帘。窗帘是挂在木环上

"推开窗户"

的，哗啦啦的声音吵醒了西瑞尔，不过他只是问："怎么了？"然后就又接着睡了。窗台到我下巴那么高，我搬来椅子，爬上去，推开窗户。昨夜一场雨，空气里是泥土清新的气息。晨光洒满庭院，窗下花园里有薰衣草花篱，一条红砖小径曲折绕到屋后。我尽量探出身，看到院里的万物飞快地苏醒，充满生机。还等什么，马上就去院子里逛一逛吧。我叫西瑞尔起床，他还没睡醒，百般不乐意，好不容易我们才都穿好了衣服。

时候尚早，溜下楼之前，我们先在过道竖起耳朵听楼下的声音。似乎没有一丝动静。我们走下楼，到方形的走廊，那儿墙上有一些挂钩，上面挂了几件大衣和几顶帽子。墙角竖着一杆枪。从大门可以出去，但上面挂了一把大锁，钥匙也拧不开。于是我们打算另辟蹊径。房间还有另外一扇门，我们推开了。往下走两级台阶，就是厨房。在清晨的阳光中，厨房显得格外宽敞明亮。我们看到了前晚没发现的东西：橡木房梁上的挂钩，厨房的灶台，在烟囱的凹槽里有一组闪闪发光的铜纽；一个薰衣草颜色的花边装饰壁炉架，壁炉架挺高的，上面还有个木板做的架子，放着一杆枪；墙上有一个很神气的方钟，钟表面是圆形的，上面画着一座正在喷发的火山。钟嘀嗒嘀嗒地走着，声音很大，我让西瑞尔告诉我几点了，那时我还不大会看时间。他说六点过五分了。

"玳瑁猫蜷在花盆间"

在高高的窗台上有几盆天竺葵，一只玳瑁猫蜷在花盆间，沐浴着斑驳的阳光。西瑞尔走过去摸猫咪——他向来喜欢猫——猫咪站起来，伸了个懒腰，弓起背，肚子里发出咕噜噜的声音。时钟走得很慢，隐约有蜜蜂飞舞的嗡嗡声。似乎大家都想赖一会儿床呢。

通往院子的门开着，我们走了出去。在门边，有两只擦得锃光瓦亮的牛奶桶倒扣在柱子上。我们听到院子对面有个男人说话的声音。我们走到大门口，从那儿能看到牛棚。

"你说要是我们走进去，他们会不会介意？"

"来吧，我保证没事的。"

从拱形门洞看进去，能看到里边的稻草堆，还能听到敞开的门后传来的声音。一个男人不断地说："嘟儿，乖，别动。"接着又听到吱吱的声音。不久查理走出来，肩上扛着一根扁担，扁担上挂着两桶牛奶。见到我们，他咧开嘴笑着说："你们起得可真早啊。想不想看挤牛奶？"我俩欢天喜地："想！"他说："那过来吧，但不能

"你说要是我们走进去，他们会不会介意？"

进去啊。"

我们站在门口，看到牛棚里面奶牛们站成一排。一个老头儿戴着一顶油乎乎的毡帽，帽子抵着奶牛的肚腩。老头儿坐在三条腿的小板凳上，膝盖之间放着一只亮光光的牛奶桶。他没留意到我们，嘴里发出呜噜呜噜的奇怪声音，奶牛似乎能听懂他的话。牛奶流进桶里的声音也很不一般，听起来暖酥酥的。

我问西瑞尔，我们有没有可能得到一些牛奶，我的肚子都饿瘪了。"你说，要是咱们回到房子里，波拉夫人会给我们来点儿牛奶喝吗？"西瑞尔觉得我的提议值得一试。于是我们又穿过院子。波拉夫人站在门口，看到我们过来了。"上帝保佑，好孩子，你们起这么早啊。早饭还没得呢，还要一个小时！进来吃口东西垫垫肚子吧——小心，先把靴子弄干净！"她边说边指着门边的扫帚。

我们把靴子掸干净，直到满意为止，然后跑进屋里。"快坐下吧。"波拉夫人说。我们爬到巨大的厨房餐桌旁的椅子上，用渴望的眼神盯着她拿来一罐牛奶和两只杯子。然后是一个圆面包，切成片，并且抹上了黄油。在嘴巴塞满食物之前，我俩都没忘记说"谢谢"。此时的我嘴里吃着食物，心中感叹，波拉农庄真是一个好地方。

"我估计你们在伦敦吃不到这些好东西。"波拉夫人说。

"这比喝粥香多了，"这是我能想到的回答，"我也喜欢培根、鸡蛋和香肠。"

她听了开心地笑了。"好啊，在咱这儿吃的都管够，"她说，"只是小心别一会儿吃不下早餐了。"

"早餐都有什么？"我问。西瑞尔在桌下踢了我一脚。

已经快八点了，母亲下楼来，看到我们在前面的花园里。我们

"我俩都没忘记说'谢谢'"

已经在院子里溜达了一圈，跟一条黑白毛的狗狗交了朋友，它的名字叫"机会"。它站起来，两只前爪搭到我们的肩膀上，不停地摇尾巴。那时我们在挖泥巴玩儿，用石子垒一座泥巴城堡。我们满手是泥，被送到楼上去洗手洗脸，然后才可以坐下来吃早餐。早餐真的有鸡蛋和培根，还有煎过的面包片，波拉夫人端着盘子走进来的时候，给了我俩一个大大的笑脸。

　　吃过早餐，艾瑟儿跟我们一起去农庄探险。很快我们就发现，没人介意我们去哪里。挤牛奶的工人，同时也是喂猪的人，警告我们不要靠近猪圈的围栏，因为老母猪的脾气不大好，有过咬人的前科。他告诉我们，院子里有只独腿黑母鸡，它的腿就是被母猪咬掉的。母鸡虽然只剩一条腿，但却很灵活。我们心疼它，在谷仓的角落里用稻草专门为它铺了一张床。可它根本不屑一顾，更愿意跟鸡姐妹们在一起。渐渐地，它开始黏着我了，会跟着我们进屋子，甚至还要单腿跳上楼梯。有次趁母亲和父亲不注意，我把它抱进了卧室，它跟我们睡了好几个晚上。直到有一天晚上，我们上楼去睡觉了，母亲发现母鸡舒舒服服地趴在

"我把它抱进了卧室"

我们哥儿俩中间。于是与鸡同眠的美梦就到此为止了。

　　天气好的时候，有很多好玩的事可做，遇到下雨天，我们就爬上谷仓的梯子。我们发现谷仓阁楼边有个小门，可以通到拱顶那儿。

"舒舒服服地趴在我们哥儿俩中间"

那里空间非常小，但如果我们猫着腰、留心那些蜘蛛网的话，那儿就是一个绝佳的藏猫猫之所。从地板的缝隙往下面看，能看到每个走过的人，我们觉得自己像是在一座城堡里。一座最浪漫的城堡！

　　艾瑟儿太宝贝自己的衣服了，总不乐意到上面去探险，不过她会跟我们一起坐在稻草垛上，给我们讲故事。我这里说的"故事"，其实是同一个故事不断地讲下去，从一个假期讲到另一假期，从冬天到夏天，会添枝加叶，融入各种奇思妙想和建议。艾瑟儿是个大书虫，脑子里似乎装了无穷无尽的知识。在她的故事里，我们都变

"她会跟我们一起坐在稻草垛上，给我们讲故事"

成了国王和王后，我们的朋友们也都被冠以恰当的头衔。我特意将那些故事都画出来，给非常精彩的段落还专门配了插图。尤其是，碍于我和二哥的强烈要求，艾瑟儿同意在故事里带上我和二哥的联合军队，他们在一次战役中以迅雷之势击溃了共同的敌人，凯旋了，这一切都被一板一眼地画了出来。我的水手服里总是塞着几张纸，上面都是我的涂鸦。我用铅笔，因为方便带在身上，虽然笔尖经常断掉，可父亲有空就会用刀子把铅笔削尖。如果父亲不在，我也可以用牙咬铅笔，直到铅芯露出来，虽然这样咬出来的铅笔不是很好用。

挤牛奶的工人名叫奈德。他告诉我们，他曾经给波拉先生的父亲工作，这座波拉农庄已经经营了好多代，不知道波拉家拥有它多长时间了。他还告诉我们，他的老爹曾经在附近工作，记得在通铁路之前，人们出行都要靠马车。工人们挣的钱很少，但可以分到牛奶、面包和烧火用的劈柴。杀猪的时候，他们也分得到一些猪肉，就把肉用盐腌起来，放在木桶里吃上一整年。

查理是个从来不会掉链子的小灵通。他给我们讲农庄上的牛马、鸡鸭和四季，哪里可去，哪里不能去。再就是叉稻草的几个工人，有统领全局的气势。其中一个（也叫查理，这容易搞混，简单说他是红头发的查理）总是话匣子不停，笑话不断。

村子离农庄有半英里远。村里有一个商店，似乎想要什么都能在那里买到。店里的货架上放着一罐罐的糖果，小桶、刷子、小锅和捕蝇纸，房梁上还挂着捕鼠夹。在门柱旁边是结实的平头钉靴子和椰棕垫。店的紧里头还陈列着女帽，其中有不少五颜六色的乡村软帽。但去年卖剩下的烟花都潮了，全是哑炮。

一天早上，我们随母亲坐着小马车去了那家商店。艾瑟儿可以

"她选了粉色的"

选一顶乡村软帽。她选了粉色的，戴在头上，带子系在下巴上。我和西瑞尔都认为这比她总戴的那顶邋遢的草帽好看多了。我们眼巴巴地欣赏着那一罐罐糖果。商店老板娘告诉我们，那种大水牛眼糖是村里的一个老人做的。他住在一座很小的乡村屋里，在前面坡上，他会做各种糖果。这个消息让我们来了兴致，就央求母亲带我们去瞅瞅。我们往坡上走了一会儿，来到一座有个整齐花园的小屋前。左右看不见另外的小屋了，所以一定是这一家。门开着，母亲往里面看了看，说："早安。"一位戴着套袖的老人走出来。他有一头白色鬈发和满脸的络腮胡。母亲又问候了一声早安，接着说："听说您会做糖果，嗯……嗯……先生。"

"我干这行有二十多年啦，自从老伴走了以后，很难回到从前。"

"可以让孩子们看看您做糖果吗？"母亲问。

老人想了一下，缓缓地说："星期一下午来吧，那天我要做糖果。"他继续说，"或许我还会告诉他们怎么做。"

"哦，那太谢谢您了，嗯……嗯……先生。"于是就这样说定了，我们兴高采烈地离开，从此称那位老人为嗯嗯先生。

周日上午，母亲带我们去教堂。祷告的人中有很多是从村子里来的，他们都穿着最体面的衣服，妇女们穿着黑得发亮的紧身连衣裙，头戴草编软帽或宽檐帽。还有些年长的村民，那位嗯嗯先生便在其中。他穿着一件干净的白色罩袍，戴一顶锈色高帽。还有成员混杂的唱诗班，但他们没有穿白色法衣。领唱是教区执事，刺耳的嗓音连风琴的声音都盖了过去，不过风琴的声音同样很嘶哑，也就无所谓了。

周日的下午很沉闷。周围似乎没什么人了。奶牛在打盹儿，等着人来挤奶。蜜蜂嗡嗡地飞来飞去。一切都让人昏昏欲睡。我和西

"穿着最体面的衣服"

109

瑞尔在农庄上四处乱逛。我们靠在马棚的半截门上，那里有很多匹大马，我看着苍蝇飞进飞出，心里为可怜的马儿发愁。我觉得它们在田野里会更加快乐。它们头连尾地站着，摇尾巴给小伙伴赶苍蝇，就像我见过的那样。我们盼望着周一的到来。

周一到了，父亲要回伦敦，小马车送他去车站。我们姐弟仨搭顺风车，在街角下车。那位嗯嗯老先生在他的小屋里干活，身边一圈瓶瓶罐罐、锅碗瓢盆。炉子上在煮着什么，我闻到滚烫的糖浆味。他把一大坨黏糊糊的东西像揉面团一样揉来揉去。"坐下看吧，"他说，"我要拉糖了。"房梁上挂着一个很亮的铁钩。他把那一大坨糖挂在上面，双手往下拉啊拉，够长了再折回去挂上，接着再拉，直到糖开始变成又光又亮的样子。然后他转过身，用一条细细的棕色丝带般的糖把它卷起来，再用剪子切成小段，下面有个锡铁盒接着。他故作狡黠地看了我们一眼，问："听说过水牛眼吗？"他递给我们每人一块："我敢说它们比你们伦敦的大多了。"糖还热着呢，塞满了我们的嘴。他还给我们看瓶瓶罐罐里的各种糖果。母亲给我们带了点钱，所以我们用一先令九便士选了很多糖果。离开之前，他带我们去了花园，给我们

"坐下看吧"

看那些用来做糖果的有甜味的香草。我们回到农庄，把这么多的新鲜事都一股脑儿地讲给母亲听。

次日，父亲从伦敦回来时，带来一个消息：我们学校有人得了腮腺炎，所以大概要两个星期甚至更长时间不能回去上学。我们可以在农庄多待上些日子了。这个消息真令人开心，也就是说，我们能看到采摘酒花了。还有一两天就要开始采摘酒花，吉卜赛人已经陆续到了，路上看到不少他们的大篷车。

吉卜赛人在酒花田的一角宿营。他们的营地非常脏乱，有只坏脾气、总是咆哮的狗，大人告诉我们不要去那边——这很难做到，因为那些吉卜赛人非常和气。一个妇人提出要给我算命，可是我没有一枚六便士的银币，于是我就无从知晓我的命运了。酒花田离农庄很近。离果园太近了，波拉夫人说。我们不明白她为什么这么说，直到有一天清早，我们听到了嘈杂声，有人告诉我们，是那些家伙在偷苹果。

采摘酒花开始了，我们跟随母亲和小女佣伊迪丝来到田野。她出了门倒是一点都不害羞了。她的弟弟也跟我们一起，但是他非常不听话，是个十足的捣蛋鬼。田野现在看起来完全是另外一番景象！田里挤满了采摘酒花的人，他们坐在长长的帆布槽上，男人将酒花的长杆拽下来，放倒在顺手的地方，全家人便一起摘酒花。午饭放在篮子里，或者用手帕包裹着。吉卜赛人采摘的时候离开其他人，不跟别人混在一起。我们知道了工钱是根据采摘的数量计算的，所以家里的人越多，挣的钱就越多。采摘间隙，一个男人会过来倒空帆布槽里的酒花，并在本子上做个记号。等到一天结束，这片地的主人就会付给工人们工钱。他走到我们面前时微笑着，给了我们一人一个先令。有这么多钱真好，我不能决定是去嗯嗯先生那里买糖果，还是跟薇拉·贝林格³结婚。自从上次去看了她的剧《小公子》⁴，我心里就惦记上这事儿了。这是我第一次真正挣到钱，距离下一次挣到钱可还要过去很久。母亲说对了，摘酒花会让我们的手指很疼，那股味道也熏得我们眼泪汪汪。

　　我们回到农庄吃饭，又返回地里继续采，直到不能再摘了。帆布袋装满了，就堆到板车上，运到烘干房。查理下午赶车，问我们是否愿意跟他去烘干房。我们三个人就跟着车出了大门，在路上赛跑。虽然使出了吃奶的劲儿，可还是跟不上查理。西瑞尔浑身大汗，跑得上气不接下气，是第二名，我紧随其后（我边跑还边大声

"跟着车出了大门"

地跟大家声明，我比我哥小两岁）。艾瑟儿远远地落在后头，虽然她是老大，但她一直停下来拽袜子。

在烘干房干活的工人说他太忙了，不能回答我们的问题，但是如果我们换一天来的话，他们会带我们看怎么烘干和打包酒花。烘干房里看起来很有意思，我和西瑞尔等得心焦，直到有一天上午，我们终于可以去那里看烘干酒花。我们跑着去的。烘干房是圆桶形的建筑，有个尖顶，梯子一直通到顶上。里面分几层。酒花在一种铁丝架子上摊开、烘干。一个手持木耙子的男人不停地翻动酒花。下面生着小火，冒着蓝色的火苗。他们往火里加一些黄色的东西，我们问是什么，那个工人说是硫黄。我觉得喉咙发痒。等酒花差不多干透了，就收集起来，放到另外一层。那里地板中间有个洞，下面挂着一个巨大的长长的口袋。"我们叫它兜子，"工人说，"看看我们是怎么压酒花的。丹！"他大声喊，"准备好了吗？"这个叫丹的工人头戴一顶宽边老毡帽，帽檐很低，只能看到他脸的下半

"丹钻进兜子"

部。他们把酒花铲进兜子，丹也跟着钻进兜子，他的身子慢慢看不到了，只能看到帽顶。"他在踩酒花。"工人跟我们说。丹转着圈地踩，更多酒花从他的头顶倒下去。

　　渐渐地，他又冒出来了，蓬头垢面、浑身是灰：先是露出帽子，然后是肩膀。更多的酒花倒进去，眼看他慢慢地升起来。我和西瑞尔爬下梯子，从下面看是什么情况。只见丹在踩酒花的时候，兜子摇摇晃晃、上下震颤。它吊在上层的地板上，像一只巨大的虫蛹。终于，那个大兜子装满了，丹爬出来，甩着身上的灰尘。他身上全是酒花的碎渣，可他似乎并不介意。"这活儿干了二十五年了。"那个工人说。"二十九年。"丹纠正他。这个兜子满了，拿缝地毯的针把口缝起来，用滑轮放到地面，可以运送到各处去酿啤酒了。

　　我们身上也都是灰尘，回到农庄吃饭的时候像小灰猫一样，并

"从下面看是什么情况"

且嗓子也疼了好几天。

这之后没几天，父亲从伦敦返回，报告说腮腺炎已经过去，我们必须回家了。我离开农庄的时候，心里实在不舍。我走到各个地方，去跟马、小猪、查理和狗狗机会，以及独腿黑母鸡说再见。我们在厨房喝了蒲公英酒，波拉先生相当爽快乐观。他通常少言寡语，到临走时，我们也只是在远处见过他。我们谢过波拉夫人，她欢迎我们再来，还说，如果我们乐意，她会给我们送农庄的新鲜鸡蛋。伊迪丝还是躲在餐桌后面，都忘了行礼；马车载着我们去车站时，她跑到门边，站在那儿，一个小小的惆怅的身影，眼里闪着泪光。

不过，回家还是很好的。玛莎满脸笑容地打开前门。餐厅里的壁火跳跃着。丽兹准备了非常特殊的茶和烤饼。黑猫桑波来找我们，亲密地咕噜噜叫着，寸步不离地围着我们撒娇。父亲和母亲要读很多信件，我们姐弟俩坐下来，感觉舒服又满足。外面的树开始变颜色，跑腿的老头儿在扫树叶。那时那刻，点灯的工人拿着他的家什来到肯特台，将一盏盏路灯点亮。回家的感觉真的好极了。

1. 酒花是啤酒酿造不可缺少的原料之一，它使啤酒有独特的苦味和香气，并能防腐和澄清麦芽汁。酒花学名为蛇麻（草），是大麻科葎草属多年生蔓性草本植物，雌雄异株，酿造所用为雌花。

2. 查令街十字（Charing Cross），位于伦敦市中心的交会路口，是伦敦的传统中心点，也是习惯上的铁路、公路里程零公里点。

3. 薇拉·贝林格（Vera Beringer，1879 — 1964），英国演员和剧作家，童年时便登上舞台，成为童星。

4. 《小公子》（*Little Lord Fauntleroy*），作家伯内特夫人写的一部儿童小说，于 1885 至 1886 年间在《圣尼古拉》杂志上连载，后被改编为舞台剧、电影等。

楼梯下

我家厨房是个让人感觉很舒服的地方，尤其是在秋风瑟瑟的午后。一个很大的炉灶占据了厨房一端，炉膛里的火苗欢快地跳跃着。有一张简易方桌，给黑猫桑波盛牛奶的小碟子就放在桌下，四五把温莎椅围在桌边。在特殊的场合，我们三个孩子跟丽兹和玛莎在厨房喝茶吃点心。桌上铺着白色桌布，我们坐在桌边，仰头看窗外，能看到外面栏杆的下部，以及路人的腿。等到天黑，厨房桌子上方的煤气灯便点亮了。

每逢星期四，丽兹的姐妹埃丝特和玛丽安来我们家喝茶。她们都穿着有流苏的外衣，黑色裙子。埃丝特的衣着尤为考究，胸前有一串黑色缀片。她总是戴一副黑色小山羊皮手套，在吃热乎乎的吐司抹黄油时就会很尴尬。喝过茶，杯盘收走后，她总会仔细地擦那副黑色小山羊皮手套。

然后，她们姐妹三人就东家长西家短地聊起天来。玛丽安有一件绣花作品，似乎怎么也绣不完。她把它包在一件防尘衣里，绣的时候就在膝盖上摊开。一次，她给我们哥儿俩看如何穿针而棉线不变黑。她总是把棉线头咬断，这引起玛

"总是戴一副黑色小山羊皮手套"

117

莎的强烈反对。玛莎警告说，她曾经听她的母亲说，一个女人就因为总是这样做，最后得了暴病在痛苦中死去。验尸报告说因为棉线头缠住了她的心脏，把她勒死了！

到生火时间了，要为楼上准备晚餐。如果是烤牛小腿，就会从洗涤室里把一个很大的锡质烤炉请出来。那是一个筒状的锡盒子，有四条腿，前面有个门，后面还有个门，可以往里面瞧肉烤到什么程度了。圆筒上面有个类似上弦的东西，会慢慢旋转，牛小腿挂在钩子上。肉挂好以后，把它推到炉灶前面，很快，肥油就开始吱吱响，滴到下面的盘子里，闻着真是妙极了。

"很大的锡质烤炉"

总体来说，厨房里的对话很少，除非玛莎在场。我在喝过茶、吃了香喷喷的热吐司之后，总爱犯困。但玛莎能让气氛活跃，尤其当她跟"年轻的小伙子"到外面"逛了一趟"之后。她认识这位先生很久了，但是他住在很远的英格兰西部，她只有在节假日才能跟他相会。那年夏天，她回来的时候，吞吞吐吐地告诉母亲，他们订婚了。她非常害羞，母亲只从她的话里听明白："他是个非常好的人，是铁路上的哨兵。"

对我和西瑞尔来说这当然是个天大的喜讯，因为哨兵在我们心目中排很高的位置，仅次于士兵或者消防员，我们都迫不及待地想见到他。我们不明白为什么玛莎称他为"年轻的小伙子"，从她给我们的照片看，这个人满脸络腮胡，瞧着可一点儿都不年轻。她告诉我们，等她结婚以后，他们会住到格洛斯特郡她母亲家附近。她还说，她的"未婚夫"会得到升迁，在旅客列车上工作。这样他可以得到来伦敦的票，实际上不久就能来看她了。就这样，我们敲定了请他来家里喝茶的事。

他准时到了，非常腼腆，而玛莎更加害羞，脸都红透了。可是，唉！他没有穿制服。恐怕这毁了整个下午。不过，喝完茶以后，他就不再那么腼腆了，我们让他聊聊火车。他没完没了地描述了很多跟信号灯、转辙器、火车头有关的技术问题，然后长篇大论地演示了一番转辙器是怎么回事。他把火柴倒在桌上，摆成铁轨一样。他问玛莎能否抽烟斗。"如果他抽烟，各位女士介意吗？"经过同意后，他点起了烟斗——我们看他点烟的过程，觉得非常有趣、新奇，因为父亲和几位伯父都不抽烟。

"长篇大论地演示了一番转辙器是怎么回事"

总之那是一个非常圆满的下午，有个锦上添花的模糊信息：如果"年轻的先生们"去西部的话，也许能由他带着到机车头上吹吹风。

我和西瑞尔喜欢下午时分到厨房去，父母出门了，玛莎带艾瑟儿去上音乐课或为即将在罗伊德家举行的玩具交响乐团表演排演的时候。丽兹会坐在安乐椅上，给我们讲她如何在十七岁上成为母亲的保姆，而外祖母那时也不过刚二十二岁。外祖母在十六岁时嫁给一位叫威廉·李的画家。他是个水彩画家，比外祖母年长许多，在我的故事开始之前很多年就去世了。

"坐在安乐椅上"

母亲只是依稀记得他，但丽兹会告诉我们很多托灵顿老宅的故事，那是外祖母生活的地方，她认识如此多的艺术家和演员，家里常常宾朋满座。

外祖母有一副好嗓子，曾经唱民谣，有时候在水晶宫表演。她认识亚瑟·沙利文[1]，丽兹说："我总觉得沙利文先生对你妈妈特别好。"丽兹一直很喜欢看戏，总是去看首演。父亲鼓励她去，他说丽兹是他认识的最好的评论家。她总是称埃伦·特里[2]为"埃伦小姐"，这位女演员是外祖母的朋友，常来家里做客。还有"年轻的罗伯逊先生"（福布斯－罗伯逊[3]）也是常客，丽兹说他很严肃和腼腆。

我还记得很小的时候，有一次我们在肯特台的家里请客。西瑞尔、艾瑟儿和我都被送去睡觉了，但我们穿着睡衣偷偷地溜下楼，从楼梯栏杆往下看客厅里的有趣场面。那真是热闹的一幕，女士们穿着颜色亮丽的晚礼服，尽显纤细腰身和饱满的裙撑。很多男士戴着白手套，扣孔里别着鲜花。母亲为请客花了很多心思，不管哪里有事都马上出现。小客厅的地板上铺了白色的粗毛地毯，让房间看起来大了两倍，场面堪比迪索[4]作画的完美题材。大人们没有跳舞，但是海顿·考芬[5]一展歌喉，一位小个子女士轻拨吉他伴奏。然后是比尔博姆·特里[6]的朗诵，但我和西瑞尔对那些美丽的女士们更感兴趣。其中一位有近乎乌黑的深色头发，穿一条红色丝

"哟，欧内斯特，瞧你困得眼睛都睁不开了！"

121

绒裙，袒露着可爱、白皙的肩膀。她抬起头，看到楼梯栏杆后面我们三张小脸儿，就笑着训斥我们。接着她走上来，与我并排坐在楼梯上，说："哟，欧内斯特，瞧你困得眼睛都睁不开了！"我的确很困，当下就依偎到她的身边。就这样，她把我抱上床，盖好被子，并且亲了我一下，让我非常安心。

丽兹还告诉我们很多事。她说当年父亲和母亲结婚，住在博斯科贝尔街的一座小房子里。他们喜欢在星期天邀请最亲密的亲友来晚餐：外祖母经常在那里，还有迪克西一家。波莉、明妮和弗兰克·迪克西跟母亲是发小，所以他们自然也是丽兹的老朋友。丽兹告诉我们，在夏日的夜晚，晚饭过后，客人们围坐在小小的花园里，母亲弹琴唱歌。有时候外祖母也高歌一曲。我们的范妮姑妈有时会不嫌麻烦地从戈登广场过来（阿莉西亚姑妈会一直提心吊胆，直到范妮姑妈安全到家）。

母亲生了我们以后，就不再那么容易在家请客了。她和父亲更经常在星期天晚上到迪克西一家在菲茨罗伊广场⁷的大宅子聚会。那里有两间画室，一间是明妮的，另一间是她的父亲托马斯·迪克西的。两间画室之间有走廊相通，走廊的栏杆装饰着古典雕塑。弗兰克的画室在坎普登山。当我们三个孩子长大些，先是艾瑟儿，然后是西瑞尔和我，都被邀请去那里。我们总是很喜欢去那儿，因为有一样，在那里吃晚餐是可以同大人们坐一桌的。这可是不一般的待遇，那里总有最有趣的人——音乐家和艺术家。迪克西家有个小侄女，跟我大姐同名。小艾瑟儿有时候跟他们小住。她比我小，虽然我不经常见到她，但我们是好朋友。当她在菲茨罗伊广场的时候，我就特乐意去那儿。

她的模样非常可爱，深棕色的头发，翘翘的小鼻子，一双最会说话的眼睛。我俩在一起总有说不完的话题——各自的学校，我们去过的那些聚会。我和她坐在沙发或壁炉边的小凳子上，手臂搂着对方，听大人们谈天说地。有位常去做客的画家朋友弗洛伦斯·里森[8]给我们讲《雷姆斯大叔的故事》[9]。我们总是连求带哄地把她拉到房间安静的角落，要她给我们讲故事。

当大人们谈论到关于艺术或者音乐的话题时，我最有兴趣。我记得老加西亚[10]先生给我们讲他在维多利亚女王登基大典时演唱歌剧的经历。他在考文特花园[11]演唱过多次，后来侧重教学。那个时代大多数著名的歌唱家都是他的学生。有一次，明妮·迪克西问他是否与珍妮·林德[12]一起演唱过。他思忖片刻，答道："不，没有过。你看，我在十九世纪四十年代就离开歌剧舞台了。"

还有一种另类的来客，就是老格雷戈里博士。他是个老单身汉，个头不高、体形敦实，头发也掉得差不多了，他让我想起匹克威克[13]先生。他总是穿着剪裁合体的西装大衣，是最高级的绒面呢，但扣子都系不上了，两边衣襟用袖口链襻着，敞在啤酒肚前。他有一身特殊的长外衣，专门天冷的时候穿，里面有一层棕色的毛里子，散发着浓重的樟脑球味儿。他的腿很短，于是乎当他坐在椅子上时，双脚几乎够不到地。他的靴子侧边是松紧带的，靴子头是方的，他很为自己的小脚得意，当然要穿最漂亮的鞋了。他是个人物，并且好辩论。就算听到最平和的话，他也会说："嗯，我不晓得——"接下来便开始甲乙丙丁列出很多原因，说明为什么不是这样，或者为什么是那样。他对人和事都是吹毛求疵的。出于某种原因，他对格洛斯特郡的斯特劳德[14]颇有微词。"那个地方就出不了什么好东西。"他如是说。即便提到这个地名都会让他火冒三丈。他还相当有洁癖，极其厌恶男士留长发，会说"像我这样头发短到贴头皮"才是上等。可问题是，他的头顶一根毛也没有。他的洁癖使他不能忍受任何脸上有斑点的人。"不可以那样。"他会说。传闻他一生中的一段罗曼史就是因为对方爱出汗而了结。

"像我这样头发短到贴头皮"

　　如果谈论到任何跟医生有关的话题，他就会给对方完整地分析每种病的病因和症状。小艾瑟儿和我惊恐地坐在那里，想到我们也许会得那些病，便瑟瑟发抖，将彼此搂得更紧了。我上床睡觉的时候，把那些症状细细思来，便愈加恐惧，感觉生病不是可能而是必然了。我会醒来，也许伴随着腿疼。这就是说我会被截肢，多可悲的想法！我如果拖着一条木头做的腿到处转悠，小艾瑟儿还能不能喜欢我？终于，我再也忍受不了这种提心吊胆的日子，向丽兹坦白了我的恐惧。她看问题总是切中要害，她让我安心，说腿疼啊，那是因为我在长个儿呢。

丽兹很喜欢听我们讲在菲茨罗伊广场遇到的那些人，会在我们去之前提醒我们帮她给波莉和明妮小姐带个好。她们在圣诞节时也惦记她，给她寄去装饰可爱的年历。丽兹有一幅弗兰克的画的复制品，那是我母亲的肖像，丽兹把画挂在厨房。

我和西瑞尔也帮着装饰厨房的四壁，我们从画报上剪下图片，然后钉到墙上。但我们不可以碰五斗橱，五斗橱里的架子上码着碗碟，杯子倒挂在钩子上，很容易被碰到地上。下面有一个放小锅的地方，早几年我有一次爬进去了，被发现时，正在拨弄那些小锅呢。

对我们小哥儿俩的调皮捣蛋，丽兹总是很有耐心，无论我们如何打扰她，她都会继续准备下一餐饭。她把桌布推开，开始在干净的木头桌面上做布丁，拿准了我们的兴趣会转移到看她做布丁，能消停一阵子。这招特别灵。我喜欢看她做点心，她是个中好手。我们看她擀开面团，正好放进烤盘，然后再用更小的花样面块来装饰。她对美食有着超乎寻常的执念，有时在母亲点了某样食物之后，丽兹会摇着头说："你的母亲可从来不吃那个。"

我总有个心愿，就是能看到丽兹有一个快乐的晚年。我们姐弟仨长大成人了，她还陪伴着我们，直到有一天，她宣布要和她的姐妹住在一起。那是一个幸运的故事。事情是这样的，她们的一个远房亲戚留下了一笔相当可观的财产，足够她们买一栋房子，安享天年。丽兹曾提到过一两次这个神秘的亲戚，是个弃婴。那个孩子是在城里圣本奈芬克教堂的台阶上捡到的，由一个慈善机构抚养长大、接受教育。他成为市政府的重要人物，在齐普赛德创立了规模很大的商店。他给丽兹姐妹们留下这笔巨款，她们在斯特里汉姆买了房子。艾瑟儿经常去那里，给她们弹琴。

再接着聊回厨房……那儿的后面有个小厨房，或者说洗涤室，是石头地面的。过道尽头是门，出去是一个小花园，一部分铺了地砖，以前有棚子遮挡，棚顶是玻璃天窗。父亲曾经把这儿当成工作室，但下雨棚子漏得太厉害，不得不拆了。花园主要是猫的天下，黑猫桑波和它的小伙伴们。如果突然打开门，就能看到三两只猫在墙头东跑西窜。墙上有一扇门，开起来很费劲。要是能从门缝挤出去，就到了马厩巷。当然，这要趁玛莎和丽兹不在的时候。

马厩巷是大千世界，发生着很多最有意思的事——工人给马梳毛或者上马嚼子、冲洗马车，擦得亮光光的。马夫们干着手里的活儿，时而嘶嘶地训马，时而

"从门缝挤出去，就到了马厩巷"

吹口哨。楼上的窗户伸出晾衣绳来，女工们探出身子，跟下面的男人们谈笑。

我知道，跳着走过湿漉漉的石子街，我就能跑到巷子尽头，再从通到肯特台的小街回来。那里很阴暗，臭烘烘的，天黑以后不是个好去处。我匆匆忙忙穿过小街，出来就到了肯特台，然后溜回我家前门或者前廊，神不知鬼不觉。

　　我和西瑞尔总觉得在厨房里有很舒服的安全感——街上的喧嚣、出租马车偶尔的哨音，所有那些熟悉的日常声音都似乎非常遥远。下午晚些时候，会有卖报的人来兜售晚报——"太阳报、星报、回声、帕尔摩、环球、圣詹姆斯、威斯敏斯特，还有晚报嘞！"报纸的种类真是五花八门。他还在老远的地方我们就能听到他的叫卖声，然后一直到肯特台这边。他在大门口那里停下，丽兹会出去买一份她看的报纸，接着戴上眼镜坐下来读报。新闻似乎总是有关政治、自治[15] 以及格莱斯顿[16] 说了什么做了什么。我问丽兹什么是自治，她的回答是她"不赞同政治"。前一年，我在皇家艺术研究院的内部预展见到过格莱斯顿先生。有人把他指给我看，他并没有给我留下好印象，我觉得他看起来就是个邋遢的老头，领口尺寸也令我很失望。从《笨拙》杂志上刊登的肖像看，他穿的衣服领口很大，可实际一看，他穿的那件几乎看不见领口。丽兹坐着看报，我则琢磨这个世界上发生的事儿，想为什么人们会在争论上浪费那么多时间。父亲和他的朋友在小客厅里坐上好几个小时，争论不休，有时还面红耳赤，我都怕他们会挥拳头。然而，当争论结束，他们还是都坐下来，一起吃饭，仿佛什么也没发生过。大人们在某种程度上是可以理解的，但很难让他们明白什么是重要的——母亲，当然，就不同了。

　　西瑞尔对这些事持一种超然世外的态度，通常一头埋在他的集邮册里。他日积月累地收到很多南非邮票，花很长时间摆弄。邮票

"在内部预展见到过格莱斯顿先生"

是舅舅从南非纳塔尔省寄来的；有一张邮票特别与众不同——灰蓝色，印得很粗糙，我猜是从祖鲁兰或者巴苏陀兰寄来的。舅舅告诉西瑞尔小心收藏，因为也许以后会很值钱。（他说着了。）

　　与此同时，舅舅的一封来信寄给了父亲，父亲将信给了西瑞尔，他觉得我们会有兴趣。我再三读了这封信，信的内容很让我担心。信中描述了一八八○年南非人与布尔人的战争。舅舅去义务服役，被征用到运输大队，负责掌管牛车。有天很早的时候，他们在陡峭的马朱巴山脚下。步兵得到登山的命令，由将军率领，天亮前攻上了山。他们的行动令布尔人大吃一惊，然而布尔人迅速反应，反击舅舅的军队。布尔人在岩石的掩护下偷偷爬近，偷袭了我们的人，靠出色的枪法撂倒我们的战士。最后我们的军队只剩了几个人，得到撤退的命令。往下撤的时候，布尔人开始追击。他们冲下

"他们冲下陡峭的山坡"

陡峭的山坡，能多快就多快。我们的很多步兵，包括将军，都在路上被击中了。我们忧心忡忡地细细品读这封信，无法令自己相信英国士兵能如此溃败。我当然不相信，也不会承认心里有任何怀疑。毕竟我有证据，都是从《少年故事报》[17]或《大英英雄传》这样的书里看来的故事。我问母亲她怎么想。她认为我们的舅舅写的是对的，但也许略有夸张。

后来有天晚上，我在睡前缠着玛莎问这件事。我一边刷牙，一边说了我的想法，但她，一个虔诚的教徒，对战争或者任何打打杀杀的事都没有同情心。我不可能从她那里得到答案。实际上，她说我想这些事就是很邪恶的。这对我来说是新的并且令内心不安的看法，可我知道玛莎对什么是正确或恰当有着严格的想法。诚实地说，那天她没有妥协——事情对就是对，错就是错。作为从威尔士边界来的卫斯理教守旧派，她喜欢跟我们小孩讲教会的话题，或者给我们唱她小时候就学会的赞美诗。坐在儿童房的炉火边，或者晚些时候在游戏房，她会给我们唱简单的卫斯理教赞美诗。西瑞尔一心扑在他最心爱的邮票上，我在素描本上涂涂画画。艾瑟儿也会在钢琴上弹奏几首赞美诗，她用很短的时间就能学会曲调。我们几个便用稚嫩的童音一起合唱。

> 当他来到，当他来到
> 汇集所有珍宝，
> 所有珍宝，至爱珍宝，
> 王冠上宝石皓皓。

二十九年后，我将又一次听到这首赞美诗的诗句。那是在皮卡

第[18]一条尘土飞扬、炮坑疮痍的路上，一个营的威尔士步兵团正步走过，威尔士之声合唱团唱起了这首歌。我站在路边，附近曾是弗里库尔的地方，看他们经过。我内心对这首歌曲充满感激，仿佛听到他们在唱一首安魂曲。因为正是那天，我在曼塞尔树林找到了吾挚爱之兄长的墓地[19]。那里只立了一块块简单的木十字架，上面草草地写着阵亡将士的名字。那是——并且永远是——一九一六年七月的一个早上二百多德文郡阵亡将士长眠的地方[20]。

他们将如晨光耀目。

"给我们唱简单的卫斯理教赞美诗"

1. 亚瑟·沙利文（Arthur Sullivan，1842—1900），英国作曲家。

2. 埃伦·特里（Ellen Terry，1847—1928），英国著名女演员，生于表演世家，因演出很多莎士比亚话剧而闻名。

3. 约翰斯顿·福布斯－罗伯逊（Johnston Forbes-Robertson，1853—1937），英国演员和剧场经理人，被认为是维多利亚时代《哈姆雷特》最佳饰演人和其时代最好的演员。

4. 詹姆斯·迪索（James Tissot，1836—1902），法国画家，1871至1882年间流亡到英国，擅长描绘当时的时尚女性题材。

5. 海顿·考芬（Hayden Coffin，1862—1935），英国演员、音乐喜剧歌唱家。

6. 赫伯特·比尔博姆·特里（Herbert Beerbohm Tree，1852—1917），英国演员和剧场经理人。

7. 菲茨罗伊广场（Fitzroy Square），伦敦市中心的一座乔治亚式广场，主要为步行区。

8. 弗洛伦斯·里森（Florence Reason，1859—1933），英国油画家。

9. 《雷姆斯大叔的故事》是乔尔·哈里斯写的系列童话，取材于非洲民间传说，讲述了主角兔子老弟跟狐狸和狼斗智斗勇的故事。

10. M. 加西亚（Manuel Garcia，1805—1906），西班牙男中音歌唱家、音乐教育家。

11. 考文特花园（Covent Garden），位于伦敦西区，皇家歌剧院位于此处。

12. 珍妮·林德（Jenny Lind，1820—1887），瑞典女高音演唱家，有"瑞典夜莺"之称。

13. 匹克威克（Pickwick），狄更斯小说中的人物。

14. 斯特劳德（Stroud），英国英格兰格洛斯特郡的一个城市。

15. 自治（Home rule），这里指1886年4月由英国自由党格莱斯顿政府提出的第一个爱尔兰自治法案。

16. 威廉·格莱斯顿（William Gladstone，1809—1898），英国自由党政治家，四次出任英国首相。

17.《少年故事报》（*Boys' Own Paper*），1879至1967年间出版的面向男孩宣扬基督道义的故事报。

18. 皮卡第（Picardy），法国的一个旧大区，包括索姆等三个省。

19. 德文郡墓园（Devonshire Cemetery），位于曼塞尔树林，是一座纪念战争阵亡将士的小型墓园，埋葬在索姆河战役中牺牲的英国军人。法国将墓园的一部分划归英国阵亡将士，为了纪念第一次世界大战盟军所做出的贡献。作者的哥哥西瑞尔·谢泼德长眠于此。

20. 英法联军进攻德军的索姆河战役，是英国陆军史上伤亡最大的一场战役。

圣诞节

我们姐弟几个非常期待母亲的生日，母亲的生日是十二月十八日。十二月是"我们"的生日月，西瑞尔的生日是二十日，我的是十日，但十八日是最重要的。我们姐弟仨打算商量怎么给母亲过生日，就凑到书房桌边，每人都带着自己的小金库。我的财产放在一个旧钱包里，藏在写字台的一个角落。我把钱包里的钱倒在桌上。我的全部家当包括：一枚六便士银币、一枚三便士银币和一些铜板——加起来总共一先令零十个半便士。西瑞尔比我好不到哪儿去，只能靠艾瑟儿扭转乾坤了，我不得不承认，大姐真的很仗义。幸运的是，艾瑟儿有一位教母，她给艾瑟儿寄来汇票，取出了差不多十先令。而艾瑟儿最够意思的是，她提出我们把各自的钱凑在一处，为母亲挑选一件真正好的礼物，而不是三份不怎么样的礼物。

"凑到书房桌边"

我和西瑞尔自告奋勇画生日卡，并涂上颜色，让艾瑟儿做主买什么样的礼物。

艾瑟儿买了一只黄色的茶壶罩，那是一个有衬的拼布绣花罩，边上一圈丝线穗带，顶上有个蝴蝶结。我和西瑞尔认为这件礼物很无趣，但母亲开心地收下了。原来她正好真的想要一只茶壶罩，细心的艾瑟儿早就发现了。无论如何，这件礼物挑选得很合心意。母亲生日那天早上，吃过早饭，我们把礼物送给她的时候，她把我们挨个儿亲吻了好几次。母亲还收到了很多生日卡和信，一些礼物摆放在了餐厅的边柜上，我们送给她的茶壶罩位于正中央。我一想到母亲要写那么多感谢卡，就不确定自己是不是要嫉妒她了。我把这个心思跟母亲说了，她哈哈大笑："哦，小乖乖，那么你来帮我写吧，咱们一会儿就能写完。"

我和西瑞尔画的并且涂了色的生日卡也在其中。这卡凝聚了我俩异乎寻常的努力，虽说有点儿跑题，可毕竟花了我俩好几个小时的时间，外加一小瓶金色颜料。

"一只黄色的茶壶罩"

到了十一点，我们换上外出的衣服，因为母亲答应带我们去彼得·鲁宾逊商店的圣诞大集。那天很冷，可是我和西瑞尔穿得里三层外三层，被允许爬到公交马车的车顶上。集市上全都是五花八门的新奇玩意儿。有个人打扮成圣诞老人的样子，可我们觉得他太失败了，不值一看，我们前一年在学校晚会上看到的圣诞老人比他扮得好多了。集上有木偶戏《潘趣和朱迪》[1]，舞台前装饰着亮片，看起来很不一般。我们满怀希望地等待演出开始，可只看到脖子上围了一圈花边的托比在吃晚餐。

我们还看到很多大澡盆，里面装满了谷糠，花三便士就可以进去玩一下，但不能在里面扑腾太久。我得到了一小盒颜料，里面只有六种颜色，附赠的画笔还直掉毛。西瑞尔得到了一把锤子，可第二天就发生了不幸，因为他用锤子砸了很硬的东西。玛莎说都怪他把鞋子放在了桌上，但我始终想不通两者间的关联。

集市上人山人海，相当热，很难挤到那些特殊的节目前。有个新鲜玩意儿是一对机械游吟歌手，打扮成克里斯蒂游唱乐队[2]的样子——硬邦邦的领子和巨大的领结。其中一个拿着骨头，另一个拿着手铃鼓，它们大概一英尺高，坐在音乐盒上的小凳子上，音乐响起，它们就一仰一倾、扭动身子，嘴巴还一张一合。

有一座凉亭里是一位仙女，统领着一群娃娃。她是真值得一看的景致，但那儿被很多小女孩包围了，我们不得不往前走。母亲买了几样圣诞礼物。我觉得其中有些是神秘礼物，因为母亲让人快快包起来。接下来艾瑟儿为了给她的一位特殊朋友挑选礼物花了很长时间。我和西瑞尔则东逛西逛，走散了，开始着急起来，直到我们看到了对方。我们提着大包小包回家了。下午更冷了，冷得都不能骑着七公子在肯特台前呱嗒呱嗒了，于是我就在书房里鼓捣我压箱底的宝贝。我的钱包现在空瘪瘪的，可我过生日时得到了几件带劲儿的礼物。

首先是一盒身穿白色军装、头戴草帽、腿上有绑腿的水兵，全是跑步的姿势；还有一个穿着蓝色长大衣的军官，头戴白色头盔，高举手里的军剑。这件礼物来自我的母亲。父亲的礼物是一盒彩色铅笔，这可是一份可观的收获。阿莉西亚姑妈送给我一盒拼图，非

"被很多小女孩包围了"

常精巧，能让我拼上好几个小时。罗伯特伯父，就是劳合社成员的那位，我们平时几乎见不到他，他的礼物是意外惊喜。他送给我一本书，书名叫《斯乃普》，这大概是他唯一一次想起了还有我这个侄子。除此之外，我还得到了不少相当实用却很无聊的东西。西瑞尔兴奋地估计他二十日生日时能得到什么，可他的心思几乎全都在邮票上。他已有了颇丰的收藏。

我们的卧室要改造，因为墙壁漏水了，壁纸和墙面有了水渍，并且开始剥落。为了烘干墙壁，就在房间里放了一个煤油炉，炉子散发出可怕的味道，却似乎没什么效果。我们现在睡觉的地方看不到对面房顶的石膏女神雕像了。可我心里还惦记着她，担心天这么冷，她站在那儿行不行。我们新房间的一个优势是可以看到下面的肯特台，看到外面的世界发生的一切。

我们的小客厅前面有两扇窗，后面还带个小隔间，这中间是两扇折叠门，但从未拉上过，只是挂了可以用圆环拉合的厚重的帘子。后面有暖房，里面有蕨类植物和软木做的假山，给房间带来清新的色彩，却令我想到牙医诊所。我还是解释一下吧。我的牙医，斯托肯先生，住在尤斯顿广场。（有时他的儿子为我们看牙，父亲给他起名叫"袜子"。）在让人望而生畏的诊椅前，布置了类似石洞或小型植物园的东西，那里有个巨大的玻璃鱼缸，里面养着金鱼，这是为了分散我们的注意力。但它根本没管用过。它只会让人更不喜欢类

"好了，亲爱的，张开嘴巴"

似植物角这样的东西。斯托肯先生的笑容也挺邪乎，虽然他是想做到轻柔舒缓，但他那句"好了，亲爱的，张开嘴巴"一出口，我便从头凉到脚。我从来没勇敢过，经常会大喊大叫。我很羡慕姐姐。艾瑟儿总是很从容，还能淡定地上钢琴课，直到面临看牙的那一刻。

父亲曾建议带母亲去剧院庆祝生日，但是她做了决定，更愿意跟我们度过安静的一晚。对我来说，这是奇怪的选择。傍晚时分，我们几个孩子坐在地板上，面前是熊熊的壁火。母亲坐在一个低矮的小凳上，我依偎在她身边。她给我们讲她小时候的事，跟外祖母住在托灵顿广场的房子，以及曾经在那座房子来来往往的人。母亲几乎记不起她的父亲，母亲很小的时候他就去世了。外祖母在不到十八岁时就生了第一个孩子。那是一个男孩，就是长大以后去了南非，经常给西瑞尔寄邮票的舅舅。我见过他一次，他回英国小住了一段时间，但我印象不深了。外祖母和母亲如同姐妹，我出生四年后外祖母去世了，这对母亲来说是沉重的打击。

父亲和母亲结婚时，住在博斯科贝尔街一栋很小的房子里。是那种很小的乡村小屋格局，有一个带围墙的小花园，如今在圣约翰伍德那边还能见到。但是博斯科贝尔街在多年前修地铁大中央线时就已经消失了。

他们在小房子里度过了快乐的时光。丽兹，曾经用很大的双座婴儿车推着母亲和她的兄弟围着托灵顿广场散步，她是外祖母家的住家保姆。当有了西瑞尔和我以后，一模一样的婴儿车又派上了用场，埃伦推着叽叽喳喳的我们去外面散步。母亲给我们讲她第一次认识父亲的情景。父亲早上去工作的时候，她会在自己的卧室看着他走到托灵顿广场的尽头。后来他来到母亲家，可以带母亲出门去，这事儿若在戈登广场父亲家那边肯定是不妥或不得体的。相当肯定，如果我那严厉的祖父还活着的话，一定会拒绝的，因为他从来没有允许年轻男子迈进过他家的门槛，更别提带女儿们出门了。后来父亲求婚，他和母亲订了婚，大喜的一件事只被一块乌云笼罩，那就是她得去面见婆婆大人和大姑子小姑子们。唉！她一想到那场面别提多紧张了！她是如何一拖再拖的！可总归拖不过去，她穿上了最好的大衣，鼓起了所有勇气。

那是十三年前，姑妈们还都相当年轻，跟她们的母亲住在戈登广场的家。我的祖母大人，坐在沙发上，戴着白色软帽，露出侧边的鬓发。她让母亲过去，坐在她身边。她拉起母亲的手，沉吟了许久，然后说："我真的高兴，我儿子哈利能娶到你这么漂亮的太太。"

母亲停下讲述，静静地坐着。我把头紧偎着她的膝盖，抬头看她，只见几滴泪水从她的眼角滑落。

母亲站起身，走到钢琴边，弹奏起来，给我们唱歌。有一首歌是我最喜欢听她唱的，叫《罗宾借我你的弓》。她就唱起了这首歌。这天的下午茶不同寻常，全家人安闲舒适地坐在壁炉火光前，享用抹黄油的热面包片和蛋糕，到结束母亲都很开心，笑意满满。

圣诞节之前，贝克街上我们的学校组织了庆祝会。那是给小学的孩子们的。高中女生部将她们的礼堂借给我们用。那次请了魔术师，还有几个大一些的女生，确保庆祝会一定非常精彩。对此我很是高兴，因为我似乎总是喜欢比我大些的女孩子。我勇敢地去邀请一两个女生跳舞。其实我根本不会跳舞，但是她们中一个叫毛德的非常好心的女孩，费尽周章教我跳舞，于是我感觉自己像个大人，这让我扬扬得意起来。然后一个男孩子开始嘲笑我的花边领子，对此我相当敏感。他穿着苏格兰衣服，我也不认为他的着装有多好。不管怎么说，他的嘲笑让我忍无可忍，我就朝他狠打了过去。他踢我反击。我急了眼，朝他一头冲过去。我们离桌子很近，上面有很多玻璃器皿，桌子翻了，桌上的东西掉了一地。不知何故，罪过都算在了我头上。我弯腰捡碎玻璃，不想别人看到我悲愤的泪水。一个穿着围裙的表情严肃的女人说我是个淘气的小男孩。就连我最喜

欢的特纳老师，都一脸严肃
地说我应该知道不可以这样。
我羞愧难当，退到角落，委
屈地看着毛德跟刚同我打过
架的对手翩翩起舞。那个晚
上就这样毁了，我很高兴终
于可以回家了。我钻进被窝，
就连玛莎问我那晚过得如何
我都没搭理。

"朝他一头冲过去"

　　西瑞尔非常同情我的不
幸遭遇。也许是他没有目击
整个过程，否则他很有可能会替我出头的，那就不公平了，二对
一，肯定会有更多玻璃杯遭殃。经过几个辗转反侧思念毛德的夜
晚，我终于醒悟了，真不值得为她伤心劳神。加上对圣诞节的期
待，我很快就忘掉了这次挫折。

　　我和西瑞尔的生日离圣诞节太近，我俩都深受其苦，因为人们
经常就合二为一了，我和西瑞尔都认为非常不公平。就说艾瑟儿
吧，她的生日在八月，就有利多了，尽管她从没得意地显摆过。不
过，西瑞尔也没太吃亏，我们收到了来自弗兰克·迪克西的意外惊
喜。那是一大块模型蜡。把它放在手心，一会儿就变得又软和又柔
韧。这件礼物让我俩安分了好几天。我们用它捏各种各样的小玩意
儿，包括一整座农庄的动物——当然是照着波拉农庄的那些小动
物做的！有奶牛、马、猪、公鸡、母鸡，甚至还有很多条面包，都
栩栩如生。可惜的是，模型蜡没法上色，水彩在蜡上留不下半点痕
迹。我们有一小瓶金色颜料，但试过之后，我们一致认为根本没有

"让我俩安分了好几天"

锦上添花的效果。

过了一阵子，玛莎开始抱怨了，因为整座房子到处出现了黏糊糊的碎渣渣。经过追踪，她发现这些东西来自我们小哥儿俩的鞋后跟。模型蜡手工活动就此告一段落，我们还得帮忙清理，这耽误了我们多少宝贵时间啊。

圣诞夜前一天，天阴沉沉的，我们花了大部分时间做最后的布置。我们没有圣诞树。在我短暂的一生中，我只见过一次圣诞树，那是在我们的朋友米林纳家的客厅里。那棵圣诞树装饰得五光十色，上面有很多纸旗和蜡烛。那次我求得母亲保证说以后有一天我家也装饰一棵圣诞树。

在餐厅和小客厅里，我们的装饰只限于冬青树枝，但在厨房，我和西瑞尔就能大显身手了。我们花了几便士，从柯尔布艺店买来彩色纸链，拉开后就像是六角风琴。我们把几段连在一起，刚好横挂在厨房天花板。我们把餐桌拖到这儿、拉到那儿，登高爬低，用钉子和大头针固定纸链，看着很不牢靠。完工以后，我们

142

欣赏自己的劳动成果，丽兹勉强同意厨房确实有了些节日气氛。但她不是很支持我们的手工活动，只想知道谁来清理我们留下的那一地狼藉。

喝过茶之后，我们三个孩子由玛莎带着再去最后买一些过节用的东西。帕克街上一派热闹的景象，所有店铺都开着门，小文具店在橱窗展示了很多贺卡、闪亮的纸带、雪景和知更鸟，加上应景的祝福话。鸡鸭栏前有一群人在买剩下的处理的廉价火鸡。火鸡很瘦，跟几天前挂在这儿的那些胸前插着五颜六色羽毛、肥嘟嘟的家伙不一样。

玛莎和艾瑟儿走进柯尔布艺店，我和西瑞尔盯着窗户看。就连怀特药房都摆出节庆的装饰，药瓶上围着冬青和白色棉花。玛莎跟我们说商店会很晚关门，我们磨磨蹭蹭不想回家。后来，我们终于回到家，正赶上看见肯特台门口有个提着大篮子的男孩。篮子里是一只火鸡，非常大的火鸡，丽兹正在说："这比我们预定的还要大呢，希望能塞得进烤箱。"后来父亲出来，给了男孩一个先令。

我的贺卡已经寄出：不很多，但姑妈们各有一张；然后当然是父亲和母亲（这个等到第二天给他们）；还有古丝阿姨、丽兹和她的姐妹。幸运的是，我不用花攒下的可怜巴巴的小金库里的钱去买这些贺卡。母亲总是留着去年没有写过字的卡片，或者只用铅笔写过的，可以再派上用场。我们用一块脏兮兮的橡皮把铅笔字擦掉，通常根本擦不干净。之后用重重的墨水在上面写上祝福的话，好遮盖那些铅笔印。整个过程危机四伏，只有母亲在背后帮我看着才能避免发生惨剧，母亲说："宝贝，你可不能把这张寄给阿莉西亚姑妈呀。这是去年她寄给我的。"

在圣诞夜要熬到很晚才吃晚餐，我们早早就被安排上床睡觉了。我不介意这个，因为躺在床上正好可以细细展望第二天的好事。我能听到教堂的钟声，远处传来鸡鸭栏老板大声叫卖火鸡的吆喝声。我和西瑞尔把圣诞袜挂在床脚，我尽量不睡着，想看看晚上会发生什么，但总是不成功。

　　童年时期，圣诞日清早醒来是很难忘却的记忆。首先，我心里明白那是不一样的一天，之后我会想起那是圣诞节，于是马上爬到床脚。果不其然！袜子鼓鼓的！我摸黑将手伸进袜子里翻找，拿出一样又一样好东西。有的礼物用纸包起来了。饼干、一个橙子，令人高兴的硬盒子，里面一准是巧克力。我去西瑞尔的房间，发现他也在黑灯瞎火中摸索袜子里的礼物。然后，他勇敢地跳下床，站到椅子上把灯点亮。这是不允许的，可我们觉得圣诞日就要跟平时不一样。我们将所有礼物在床上摊开，打开巧克力盒子。

　　这时我们听到楼下有响动，玛莎进来了。我们大声喊："圣诞快乐！"可是她看到灯点亮了，大惊失色，说："你们记不记得你们的父亲怎么说的！"我们连忙献上巧克力，想安抚一下玛莎，可结果是她让我们把巧克力放到一边，说不然会吃坏肚子。我们穿上了圣诞罩衣，下楼来到艾瑟儿的房间。她正在床上坐着，也跟我们一样为袜子里的礼物心花怒放。

　　后来，我们想起唱圣诞歌的事，就到母亲卧室门口站好，为她唱了一支圣诞颂歌。母亲走到门边，我们上前拥抱她，祝她圣诞快乐。穿好衣服，我和西瑞尔匆忙下楼，把送给父亲母亲的卡片和小礼物摆在他们的盘子上，然后满怀期待地注视着边桌上堆得跟小山似的包裹。我们又到厨房去跟丽兹问好，给黑猫桑波系上领结。我们没有逗留很久，因为丽兹已经在忙着准备圣诞大餐了。

　　早饭过后，我们一起打开礼物，我和西瑞尔都没有特别精彩的礼物，因为我俩都才过完生日。不过我从父亲那儿得到半克朗。接着我们又穿衣戴帽，因为那天上午外面有雾，树上和栏杆上都挂着白色的雾凇。我们走到马里波恩教堂做晨祷。那里的教区事务员留着大胡子，看着就像图片里的亚伯拉罕·林肯，头戴一顶神气的崭新的翘檐帽。

之后那个上午，我和西瑞尔就去给丽兹和她的姐妹们捣乱。她们在准备大餐，这顿饭我们小孩也可以上桌。我们一直往厨房跑，去看饭做得怎么样了，直到我们终于被送到楼上吃午餐。到了下午，我们必须躺下午休。下午茶，我们享用了有糖霜的圣诞蛋糕。

点灯人来得相当早，点亮了街上的路灯。这得花上一些时间，因为他要挨家挨户地敲门，在大雾中局促不安地笑着，祝这家人节日快乐。人家会赠给他一个圣诞盒[3]，他继续点灯。所有小贩在圣诞日和节礼日[4]似乎都这样，父亲抱怨说硬币都不够发了。

"厨房烟囱着火了"

我和西瑞尔望眼欲穿地等着圣诞大餐。我们希望一切顺利，不要重蹈前一年的悲剧。前一年厨房的炉头坏了。那真是悲惨的时刻，火鸡已经切成片，进了肚，就等着吃布丁了。而布丁正在外面烤着。此时我们听到什么东西掉下来的声音，紧跟着玛莎冲了进来："快，先生！丽兹说厨房烟囱着火了！"父亲冲出餐厅。我们几个孩子坐在那里，吓得一动不动，以为火苗会从地板下蹿上来。但什么都没发生，母亲安慰我们："不要担心。爸爸会处理好一切的。"父亲的确处理好了一切，只见他上楼来时衬衣前面都脏了。"我们往火苗上撒了很多盐。"他说，然后摸了摸墙壁。"挺烫的。"他说。这话听起来挺让我们担心的，并且吃布丁的欢喜也没有了。我盼着消防车开来的一线希望也落空了。只是几天之后来了几个水暖工，他们说起火是扫烟囱灰的过错。

然而，我们毫不怀疑这一年的圣诞夜晚餐会一切顺遂，我求大人们晚餐后让我在小客厅多待一会儿。母亲弹钢琴，给我们唱歌。所以，我穿着睡衣，披着睡袍，裹着披肩，和西瑞尔蹲在炉火前的地上。艾瑟儿的琴艺进步很大，也弹了一曲。她读谱很厉害，在我来说这简直是天方夜谭。我们听到楼下传来庆祝的声音，那是丽兹和她的姐妹们及玛莎正在一起"乐和乐和"。

圣诞过后几天，我们被邀请到肯特台的另一家参加儿童聚会。我们与那家人不太熟悉。他们家只有一个孩子，一个跟西瑞尔同岁的小女孩，叫缪丽尔。她曾经取笑过我最心爱的七公子，所以我从那时起就不喜欢她。虽然她人长得漂亮，可自以为是的态度让人厌烦，我们在过道脱大衣和手筒时，她就开始对我们盛气凌人起来。她的父亲和母亲管不了她，完全把她惯坏了；反过来，她对父母也很粗鲁，尤其是对她的父亲。

聚会上准备了魔术幻灯表演，小客厅前后拱顶之间挂了一张布单，后面是架好的幻灯仪。我们不得不坐在椅子上，看缪丽尔指手画脚，让我们一会儿这样，一会儿又那样。幻灯是她得到的圣诞礼物，她生怕谁忘记这事儿似的。她的父亲站在幕布后面，倾其所能摆弄仪器，我们就只得坐在那儿听她指挥她父亲如何使用那个仪器。终于，关灯了，一切就绪。在一侧布单上出现了一个淡淡的光圈，它缓缓地、摇摇晃晃地对准了正中。"光不够亮！"缪丽尔喊道。于是那个光圈变亮了，可又消失了。观众们满怀期待地看着。光圈又出现了，我们看到一张小图，像是什么动物，可头却是向下的。缪丽尔火急火燎地跑到幕布后面，我们听到她大声训斥着那个倒霉的放映员。当图片又出现时，方向对了，原来是两只戴着拳击手套的猫。观众们给了微弱的掌声，当伴随着隐约的咔咔声，两只猫开始打拳击的时候，掌声大了起来。这时，后座传来号啕大哭："我看不见！"声音的主人是一个小男孩，于是他被抱到了前座。观众们好不容易又安顿下来，看到了一组秀丽多彩的瑞士风光照片。缪丽尔不停地打断演出，给她父亲下命令："清楚一点儿"或者"光再亮一些"。接下来她又要求放一些滑稽的图片，停顿片刻，出来一张小狗敲大鼓的图片。狗狗的一条腿一上一下地挥舞，同样发出咔咔的声音。看到这儿，大家都发出一阵笑声。可缪丽尔坚持要把光调得更亮。只听后面传来闷声闷气的说话声："这已经是最亮了。"与此同时，我们闻到浓重的金属烧热的气味，看得出布单后也是一阵慌乱。转瞬间，一道亮光闪过，伴随着一声沮丧的叹息。布单扯开了，只见幻灯仪燃烧着火苗，缪丽尔的父亲正举着一杯水往火苗上浇。缪丽尔气得口齿不清，开始哭号，这对我和西瑞尔来说是最后一根稻草。不管怎么说，这场聚会是毁了，就连相当

"不停地打断演出"

美味的晚餐，有蛋白蛋糕的，都没能挽救这个夜晚。终于可以回家了，我们都松了一口气。

又过了一个星期，我们被邀请去另外一场非常不同的聚会，是在帕克街对面的科恩家。他们安排了小话剧，艾瑟儿演剧中小红帽的妈妈。她把台词记得滚瓜烂熟，一点儿都不怯场，真是让我既崇拜又嫉妒。

科恩家有一个很大的双客厅，搭建了一个正规的舞台，有地灯、大幕和一切，还有特别绘制的布景、合适的道具服装。音乐用了吉尔伯特与沙利文[5]作品中的曲子，歌词是他家一位叔叔写的。玛梅·科恩扮演小红帽，她哥哥莫里斯扮演伐木工兼王子，她弟弟杰夫演护林人。那时我偷偷地喜欢玛梅，当她穿着演出服站在舞台上，那迷人的模样让我更加神魂颠倒了。

剧开幕时，在小红帽妈妈的乡村小屋，艾瑟儿戴着帽子穿着围裙道开场白。故事跟通常的版本不大一样，灰狼在一口吞掉外婆前心生悔意，同小红帽一家成了朋友。不仅如此，伐木工原来就是王子，和小红帽一起过上了幸福快乐的生活。演出如行云流水一般，观众们都非常开心。当玛梅选我伴她就座吃晚餐，她的红嘴唇被果酱蛋糕弄乱时，我更是美得冒了泡儿。我唯一后悔的是自己太害羞，没敢亲她一下。

"太害羞，没敢亲她一下"

很多天以后，这部小话剧又上演了一遍，这次是在一所孤儿院真正的舞台上表演的。西瑞尔也被拉进剧组，扮演王子，因为莫里斯突然得了重感冒。艾瑟儿指导西瑞尔怎么演，虽然他紧张得不得了，但演得还不错。当西瑞尔穿着莫里斯那条又宽又大的绿色紧身裤上台时，我跟他一样紧张，觉得身上忽冷忽热的。演出过后，我来到演员化装间。男孩子们都忙着换衣服，门突然被推开了，吓了我们一跳：孤儿院所有的孩子都进来"看演员"。主演们全都嗖的一下钻到了桌底，不肯出来。

正值新年，一再推迟的玩具交响乐团演出终于上演了。我们在肯特台罗伊德家最后排演了一两次。爱琳·罗伊德是首席小提琴，艾瑟儿是第二小提琴。爱琳的弟弟皮克，一个高高的孩子，负责打鼓。我想他也是大器晚成的，他学习做一个士兵，还在什么地方上学，总是不在家。我有个小小的心愿：也许会有一场战争，他会去上战场，那么我就可以做鼓手了。可这个愿望没有实现——我的乐器是三角铁。

罗伊德夫人戴着帽子、身披旋涡花纹的披肩指导排练，她能马

玩具交响乐团

上看出不足。我发现很难跟上音乐，生怕失去自己的位置。我听到尖声喊叫："欧内斯特，该你了，三角铁！"我就猛然清醒，敲起来——叮！叮！叮！"停！够了够了！"我总也卡不到点儿上，除了结尾时，旋律达到高潮，所有乐器一起奏响，乒乒乒！乓乓乓！华丽的高潮，而西瑞尔的水哨却没声了，因为哨子里的水都已经被他吹光了。

1. 《潘趣和朱迪》（*Punch and Judy*），英国传统木偶戏，通常是情景短剧。托比是里面的小狗角色。

2. 克里斯蒂游唱乐队（Christy Minstrels），由白人扮成黑人的滑稽乐队。

3. 圣诞盒（Christmas box），从 17 世纪早期起，西方的学徒和送货员们就会在圣诞节带上一个盒子去见他们的师傅或老顾客，希望他们在盒子里放一些小费当作圣诞礼物。

4. 西方人把 12 月 26 日叫作节礼日（Boxing Day），意为圣诞节过后的第一天。

5. 吉尔伯特与沙利文（Gilbert and Sullivan），指维多利亚时代幽默作家威廉·吉尔伯特与英国作曲家亚瑟·沙利文的合作，他们共同创作了 14 部轻歌剧。

小话剧

　　艾瑟儿写了一部小话剧。我们都希望能够在圣诞假期排练出来，但因为有好几次外出做客、玩具交响乐团演出以及去其他人家表演小话剧，我们就几乎顾不上这台剧了。只有当新年过后，事情没那么多了，我们这才真正开始认真商量如何排练这部小话剧。

　　剧情围绕着一对年轻的情侣，一个是王子，另外一个是叫玛格丽特的年轻姑娘。这对情人深受一个恶魔（即本人）的迫害，恶魔经常且捉摸不定地捣乱他们的爱情。布景是缺乏的，因为我们没办法去制作，但是我们设计了详细的节目单，画了有装饰的封面，观众们看了无疑会知道剧情是在何种背景下发生的。如此便有了"国王的宫殿""恶魔的洞穴"等几幕场景。还有另外一些配角，这也是棘手的问题，因为我们也缺少演员，所以这些角色就不能以真人的面目出现。艾瑟儿想到了解决这个问题的办法，她每次都引用他们的话，比如这个人说了什么，那个人说了什么。小话剧的大致梗概是国王（只出现在剧本里）站在这对情侣（真人饰演）的对立面。剧情还设计了一个大臣，或是类似的权贵，原本以真人的形式出现，向国王献尽谗言，跟国王一个鼻孔出气，要拆散小情侣。可因为没有任何人可以演这个角色，而本人也拒绝为了无聊的区区一个大臣的角色放弃塑造恶魔的机会，于是乎这个人物最后也列入只在剧本上出现的人物名单中了。

　　我很高兴能释放全部天赋倾情演绎一个恶魔的灵魂。我们得到了一些绿色的油彩，来自父亲的一个受人误导而涉足戏剧的朋友。我没有错过任何一次全装彩排的机会。我们被允许去翻母亲的衣橱。西瑞尔的装束相当出彩，他在母亲的一顶旧帽上插上鸵鸟羽毛，让一些长袜变成紧身裤，用带流苏的丝绒椅背盖布做了一顶斗篷。剑的问题很容易解决，我们哥儿俩有个小兵刃库，我坚持恶魔应该可以带一把能打出玩具子弹的枪。我也很得意因为我的灵感迸发而成就的一幕精彩大戏：树林里小情侣正在互诉衷情（正如他俩在幕间休息时一样），千钧一发的时刻，恶魔冲进来，嘴里呜呜哇哇一通吼叫，并朝玛格丽特开了一枪。姑娘旋即晕倒在王子的怀里（大幕落下）。我忍不住想艾瑟儿一定是在读《洛娜·杜恩》[1]这本书，不然怎会如此轻易就接纳了小弟我的建议。然而，这还不是全剧的结尾。

演出那天，我们在客人到来之前花了很长时间布置剧场。我们把小一些的椅子在前面摆成半圆，大一些的吱吱作响的圈椅放在后面。印度铁树搬到台上营造绿葱葱的森林效果。煤气灯上的蓝色玻璃罩调成月光的效果，后面暖房的门打开，一块窗帘垂下，就成了"宫殿"的背景。软木假山花架抬到前面，做好准备，里面有夜灯，是为"恶魔的洞穴"。非常不幸，当观众们到来，他们挪动了我们精心摆放的座位，并且开始在壁炉前聊起天来。我们想将他们的注意力吸引到表演上来，而不是在看戏时一直天南海北地聊大天，但那很难。演出多次出现中断的情况，这也并不稀奇，因为要换布景或者服装。我们后面的小客厅，因为有暖房和蓝色的灯光，就成为很好的森林场景，受此启发，艾瑟儿真的演开了。她为此剧写了一首歌，可不巧的是没办法演唱，因为没有钢琴伴奏，不过，她是整台剧满场飞的台柱子。如此演到王子藏在印度铁树后，等待他的玛格

"一颗宝石划过空中"

丽特出现时，艾瑟儿走上场，叹息着。剧本上写："一颗宝石划过空中。"（此时，王子扔出一颗宝石，落在玛格丽特的脚边。）她蹲下来。"这是什么？"她叹了口气，"难道是他？"接着她又叹了口气，"啊，多么希望是我的心上人……"而心上人真的不远，并且从树后走出来，将玛格丽特搂在怀里，等待被击中的那一刻。

此时突然发生了延误，因为恶魔的枪出了故障，枪帽顶不开了。不过那颗致命的子弹还是按计划射了出去，玛格丽特应声晕厥，王子痛不欲生，观众席爆发雷鸣般的掌声，并且散场了！我们连忙解释说还没演完呢，可父亲介入了，他说时间已经很晚，早过

"致命的子弹还是按计划射了出去"

了恶魔要睡觉的时间。不过，他同意让我们唱完终场的合唱。必须承认，这首大结局之歌跟其他剧情没多少关系。

王子与玛格丽特合唱：

> 战争已成过往，
> 爱情必将得胜，
> 佳侣终成眷属，
> 恶人怎能得逞。

恶魔独唱：

> 恶魔如何是好，
> 他在宫殿里跑呀跑。

大幕落下（由玛莎非常及时地拉下）。

观众们又爆发出慷慨的掌声，只是没人喊我们返场。

在客人之中有我们的老朋友米林纳一家。我们搬到肯特台前，在斯普林菲尔德路住的时候，跟他们家是隔壁邻居。他家有三位千金——玛丽、贝丝和伊迪丝。玛丽已经成年，并且订了婚，将要成婚。贝丝和伊迪丝与我们年龄相仿，我们在一起玩得很开心。米林纳先生和夫人是最善解人意的父母，当我们下午在他们家玩的时候，他们会一直待在小客厅。天都黑了，还让我们跑上跑下地玩。最好玩的游戏是"鬼来了"。他们家的大宅子自带这个功能——两条大楼梯。所有灯都熄灭，贝丝头上蒙着白床单，偷偷溜进最黑的角落，然后突然间蹿出来，这时一群孩子便尖叫着跑回"家"。"家"就是餐厅。两条大楼梯的奥妙之处是，谁都预料不到鬼会从哪条楼梯追上来。

"鬼来了！"

西瑞尔和伊迪丝更是两小无猜。他们会将胳膊搭在彼此肩膀上，坐在一起。一天晚上，米林纳夫人被逗得乐不可支，因为发现他俩钻到桌底下，响亮的亲吻声暴露了两人的小秘密。

前一年的夏天，我们两家一起去了圣玛格丽特湾，住在悬崖上两座相邻的度假屋。玛丽也去度假，她的未婚夫，一个叫阿尔弗雷德·哈姆斯沃思的年轻记者也去了。阿尔弗雷德跟我们一起在木屋附近的场地打板球，教我和西瑞尔如何挥臂过肩投球。他跟另外两位年轻才俊一起创办了一份名为《答案》的报纸，赚了大钱。

"教我和西瑞尔如何挥臂过肩投球"

度假期间，我们一起去了多佛一日游。我们从马丁密尔站乘火车，然后爬上山顶来到城堡，由一名老兵领着参观整座城堡。很明显他把这事当成了义不容辞的工作，因为他将所有日期和史实都记得滚瓜烂熟，可如果我们打断他，向他提问的话，他就要从开头重新讲起，还说："啊，我刚才讲到哪儿了？"他带我们参观了军火库，天知道那里有多少马蒂尼步枪，全部都擦得锃光瓦亮，靠在长长的架子上，还有刺刀和模型大炮。那儿还有小的绞盘模型，会转动并且拉动绳索。然后是小型军务帐篷，杆子上面悬挂着真正的信号旗。他带我们看了一口井，有那么深：如果你扔一块石头进去，都听不到它落到井底的声音。（不过，我想如果每个参观者都往井里扔一块石头的话，那么有个六十年，这口井恐怕早就被填平了。）我们还看到了一挺很了不起的大炮，是雕铸精美装饰的铁炮，名为"伊

"一名老兵领着参观整座城堡"

丽莎白女王的小手枪"[2]，伫立在一个石头基座上，面对海峡。我们的导游说可以一炮打到加来，我一点不怀疑他是个乐观主义者。

离开城堡，我们下到码头，看到几艘德国船在卸木料。我站在那儿看了一会儿一艘叫"柏林"号的船。我特别记得她，是因为后来她在波罗的海失事了——父亲是这样告诉我的，他在报纸上看到了报道。我们在沃登勋爵酒店后面吃饭，看到了停泊在码头一侧的奇怪的海峡轮渡。从船的设计角度讲，她是很新奇的实验：一种孪生船。有两个完整的船体，中间部位连在一起，两套发动机和两条烟囱，两边各一套，还有两个巨大的明轮罩。一个水手告诉我们，她不光样式丑，还很难掌握方向，在海峡航行时跟其他船一样"活泼"，所以说她是最平稳安全的船根本没实现。她没有运行太长时间，再没有其他船建造得跟她一样了。我相信她的名字是"加来多佛"号。

在海边有一座堡，陈设着一些巨大的阿姆斯特朗大炮，我可以给母亲介绍它如何开炮，沉重的炮闩是如何旋转的。我总是能记得有关枪炮的任何知识，会如饥似渴地阅读《伦敦新闻画报》或百科全书里关于这方面的内容。父亲在这方面很理解我，他曾经在炮兵团服过短暂的义务兵役。但他唯一一次真正亲历的行动是萨里的一次野外演习，那次他被马踢了一脚，一整天都坐在前车[3]上了。

转年春天，玛丽·米林纳的婚礼在汉普斯特德[4]举行，艾瑟儿是伴娘之一。她和伊迪丝·米林纳的穿着一样——蓝色长裙，宽大的麦秆礼帽。婚礼那天上午，一辆出租马车接上盛装的艾瑟儿，我和西瑞尔跟母亲坐地铁去的。我们从圣约翰伍德站乘地铁到芬奇利路，然后走上山。在右侧有几幢房子，我们能看到田野对面的汉普斯特德。我们沿着小路，上坡到教堂。那是一场欢乐的婚礼，玛丽是个迷人的新娘。我们带了一些婚礼蛋糕回来，放到我们的枕头下面[5]。

回来时坐的是公交马车，路过瑞士木屋和艾尔纹章客栈，我们在那里换马车，我看着马在一座老酒馆前面的马槽饮水。炎热的天气里，这里总有备用马，是帮着爬坡的。它在前面拴着，照看它的马夫把燕麦撒到马喝水的水桶里。

我喜欢走芬奇利这段上坡路。在阿卡迪亚路后，有座房子叫摩尔客栈，是属于"矮马"摩尔[6]的。它坐落在路后面，房前有一条弯弯的甬道，两边装饰着石头基座，上面摆着瓮。每个瓮里都是五光十色的玻璃球，令人叹为观止。我经常琢磨那个叫"矮马"摩尔的人是什么做派。他的真名，我相信，是叫乔治·华盛顿·摩尔。据说他的生日跟乔治·华盛顿同一

"拉上百叶窗，威利已经去了"

天，不用说，他来自美国。他是"摩尔和伯吉斯游吟诗人"[7]的创始人，我可以想象他的脸像其他同伴一样涂黑后的样子……尤金·斯特顿[8]或者那位强壮的喜剧演员强尼·丹维斯[9]，以及后来在娱乐剧场舞台大放异彩的艺人。在他们声望最高的时候，我曾经被带去小小的圣詹姆斯音乐堂看游吟诗人。我似乎还记得听到一个黑脸的人唱"拉上百叶窗，威利已经去了"时那种失落的感觉。

开学之前，还给我们留着一件好事儿，那就是一年一度去最喜欢的伯父家做客。伯父家在西肯辛顿，他有一女四子。堂兄堂姐都比我们哥儿俩大多了，实际上几乎都已成年。其中一个堂兄法兰克，想成为画家，已经在巴黎求学有成。每年我们都被邀请去晚餐，然后去参观奥林匹亚展览中心[10]。那座房子在肯辛顿大道，现在奥林匹亚小剧场的位置，离阿迪森路地铁站很近。从后窗可以看

"给我们每人两枚闪闪发光的新的半克朗"

160

到灯火通明、演出即将开始的奥林匹亚。晚餐之后，威利伯父会领我们几个孩子去他的书房，给我们每人两枚闪闪发光的新的半克朗——在那个年代这算是一笔巨款了。然后我们一群人走过那栋联排屋，到了拐角，转到灯光明亮的奥林匹亚展览中心入口。那儿像是"伦敦的威尼斯"或"君士坦丁堡"，不论怎样，水径悠悠，可以坐着贡多拉泛舟在令人心潮澎湃的小运河上，从拱桥下穿过，抬头看到镂空窗棂，一切有身临其境之感。

大剧场里有宏大的舞台，我们看了一场历史场景重现的剧。大结局时，有一排姑娘在舞台上排成一列，一起高高踢腿。与此同时，剧院经理伊姆雷·奇拉菲[11]穿着家居袍到处跑，确保演出顺利。舞台上炫目耀眼，我如痴如醉地盯着看那些姑娘跳舞，期待以后还能再看一次。

威利伯父是圣保罗公学的校长，也是牧师。他儿时在圣保罗大教堂院子里的学校旧址上学，当时还未迁校到哈默史密斯。他给我们讲过住在塔维斯托克广场的房子里，从那儿去城里上学遇见的各种麻烦事。他记得有天早上见到一个人被吊在纽盖特监狱外，说人们都一边围观一边野餐，很多人用篮子提着吃的喝的。他大笑着说，希望等我们哥儿俩上圣保罗的时候，不会遇到如此不愉快的场面。

之后，他还告诉我们，他跟父亲商议了等我们再长大一些去圣保罗公学上学的可能性。对我们来说这是好消息，想起来就觉得很骄傲，有一天，我们也许会去上真正的公学。这稍稍调和了我们不愿返校上学的抵触情绪。圣诞节假期将尽，眼看又要回学校面对功课，真是令人开心不起来。

1. 《洛娜·杜恩》(*Lorna Doone*)，英国作家理查德·布莱克莫尔写的一部畅销小说，于 1869 年出版。该书以英国动荡年代的历史人物为背景，讲述了男女主人公历经磨难而终成眷属的爱情故事。

2. 伊丽莎白女王的大炮，造于 1544 年，是赠予亨利八世的小女儿伊丽莎白的，全长超过 7 米，可以将 5 千克的炮弹发射到 11.2 千米之外的地方。

3. 前车(limber)，指用来拖野战炮的马拉的两轮车。

4. 汉普斯特德(Hampstead)，伦敦西北部的一个区域。该区以知识分子、艺术家和文学家居住区闻名。

5. 西方民俗，认为将婚礼蛋糕用纸包了放在枕头下，能带来好运。

6. 乔治·华盛顿·摩尔(George Washington Moore，1820 — 1909)，美国纽约出生，英国娱乐剧场经理人，身材矮小，绰号"矮马"。

7. 摩尔和伯吉斯游吟诗人(Moore and Burgess Minstrels)，摩尔与弗雷德里克·伯吉斯组成的游吟诗人演出团体。

8. 尤金·斯特顿(Eugene Stratton，1861 — 1918)，美国出生，舞者、歌唱演员，职业生涯主要在英国娱乐剧场发展。

9. 强尼·丹维斯(Johnnie Danvers，1860 — 1939)，喜剧演员、娱乐剧场艺人，多次参演德鲁里巷剧院每年一度的圣诞趣剧。通常与外甥丹·莱诺搭档。

10. 奥林匹亚展览中心(Olympia London)，位于伦敦肯辛顿的会展中心，初为国家农业展览厅。

11. 伊姆雷·奇拉菲(Imre Kiralfy，1845 — 1919)与其弟波罗希·奇拉菲(Bolossy Kiralfy，1848 — 1932)，是 19 世纪末对欧美大型舞台剧和歌舞表演有巨大影响力的经理人。

圣诞趣剧 [1]

　　圣诞假期过后，我们又开学了。我和西瑞尔都发现自己很难安下心上课。而另一方面，艾瑟儿很喜欢学习，似乎很开心又回到课堂，就连作业对她来说都挺有吸引力。虽然没有"预科"那么大的负担，可我总是拖延要做的功课，能拖多久就多久，"欧内斯特，你的功课做完没有呀？"这样的叫声总是在我耳边回荡。

　　星期六我们不去上学。上午是属于我们自己的时光。如果天气好的话，我可以骑着七公子驰骋好一阵子。我不能超过肯特台拐角，但有时我会不管这个规矩，在人行道上拼命蹬车，跟帕克街上小跑着的出租马车比赛谁跑得快。这太好玩了。驾车的车夫也是越跑越来劲儿，他使劲扬起马鞭，嘚儿！驾！我勉强能跟四轮马车并驾齐驱，可总是输给两轮马车。一天，我差一点就闯了祸，一位老先生从出租马车上探出头，威胁说要告车夫疯狂驾驶，我自然也没

"跟出租马车比赛谁跑得快"

逃过几句责骂。

这以后的日子不好过，白天短，雾也大。如果天气真的变得很冷还好，那就可以打雪仗或者滑冰了。我还记得第一次冬天游戏的场景，在两三年前吧，我们遇到了旷日持久的霜天冻。可是书里写的这一年很少下雪，摄政公园湖面的冰也总不够厚，不能滑冰。

但转过年来的第二年，遇到了百年不遇的冰冻，我们有整整六个星期可以滑冰和坐冰车。那时候我们从早到晚在公园的冰上玩，而父亲和母亲则滑冰。那里竖起很多小摊位，卖热饮、烤土豆和热乎乎的烤栗子，租冰鞋的小贩生意火得不得了。一天，父亲带我们到城里看泰晤士河上的浮冰。我们站在亨格福德桥[2]上，看到很多浮冰缓缓漂向下游，在滑铁卢桥那里堆积起来，还听说有人在冰上从南岸走到堤坝上去。很多水管都冻住了，甚至连一些主水管也受到了影响。大街上立了很多直立的水管，人们用罐子和水桶去打水。如果自来水冻住的话，要用火盆盛着通红的焦炭去融化，或者

"大街上立了很多直立的水管"

整壶整壶的开水泼上去。

　　总有很多成群结伙的孩子在火盆边取暖。我们都来帮忙，提着罐子和桶，把水提到楼上浴室，倒进浴缸。浴缸成了蓄水池，也就是说我们不能正常洗澡了。不过我和西瑞尔都不为此担心。

　　可是，我这本书里写的冬天没有那么有趣。我和西瑞尔大部分时间待在游戏房，鼓捣我们的玩具兵团，趴在地板上玩大会战的游戏。父亲给我们的浮桥火车做了一条"河"，是在纸板上画出来的，用绿粗呢做成两侧河岸，效果非常逼真。父亲在绿粗呢上剪开一些豁口，平底船刚好卡在那里，这样我们就搭起一座完整的浮桥来。

我们那些身穿蓝色制服的小小士兵戴着尖尖的头盔，身手矫健地过河，顶着对岸来复枪冰雹般的扫射。每次算伤亡人数的时候，就会起争执，恐怕我们从来没解决好这个问题。因为总是大人喊我们该吃饭了，或是该上床睡觉了——这是停战的最好办法了！

我们在阁楼翻出了艾瑟儿的娃娃屋。这曾是我们的快乐源泉。我们帮艾瑟儿把家具布置来布置去，对住在里面的娃娃们嘘寒问暖。但那是在玩具士兵时代到来之前。这会儿我们将娃娃屋抬到楼下，放在游戏房的桌上，然后开始清理里面的东西。这件玩具被束之高阁有些年头了，里面的东西乱七八糟，但我和西瑞尔忙得不亦乐乎，做了一些深入的修缮工作。我们增添了很多有用的东西，小心翼翼地使用上了被禁止玩的模型蜡，娃娃屋里的家具这才得以都固定在一定的位置了。例如，住在娃娃屋里的一家人，可以用一小团模型蜡固定到椅子上，这样一来，那几个可怜的人（几个瓷娃娃）就不得不用一种僵硬的姿势坐在那里，而不是总出溜到地板上了。我们还试着把真的夜灯放进去做台灯，结果它太大了，桌子上放不下，掉了下来，燃着了一些蕾丝窗帘。于是娃娃屋就被禁止，又请回到阁楼上去了。

那年有很多雾天，冬天显得更加难挨。西瑞尔开始流鼻涕，他得了感冒，要在家休息两天，不过后来很快好了。复活节学期结束，他就要从小学毕业，去阿卡迪亚路的一所全日制学校。我们叫它奥利弗学校。这对他来说是未知的挑战和冒险，我觉得他并不那么憧憬——因为那里是很可怕的地方，低年级的男生会被欺负，有些孩子在那儿的日子很不好过。两年之后，当我也去了那里就知道了。

接近一月底，在一个特别雾蒙蒙的上午，天还很黑，教室里不得不点着煤气灯，我正愁眉苦脸地对着作业发呆，被加德纳小姐叫了出来。她说有人来接我们了。我赶忙跑出教室，看到玛莎在下面等着。西瑞尔从他的教室出来。玛莎说我们要马上回家，有要紧的事。我们急匆匆地套上大衣和手套，并且要玛莎告诉我们是什么事。她只是说："等等，到高中接了艾瑟儿小姐再告诉你们。"当我们姐弟三人集合在一起了，玛莎才告诉我们，那天下午，我们要去德鲁里巷的皇家剧院看圣诞趣剧！

很难形容我们当时的心情，我和西瑞尔走在帕克街上，又是叫又是唱，卖海鲜的小贩都纳闷我们是怎么了。我们到了家，母亲已经在等着。她告诉我们，邦德街一家剧院经纪所的奥利维尔先生，把那天下午德鲁里巷圣诞趣剧演出的包厢座位借给了我们。我和西瑞尔欣喜若狂，围着餐厅的桌子翻起了跟头，然后我们被送去小憩。"睡一会儿，听话！"——他们告诉我们待会儿简单吃一顿午餐，然后就坐出租马车去德鲁里巷剧院。虽然听话地躺下了，可我和西瑞尔都睡不着。我们只是躺在那儿，聊着彼此对精彩演出的憧憬。我们还从来没去看过圣诞趣剧。前一年，我们看了一场亨格勒马戏团的表演以及游吟诗人演出，但圣诞趣剧更加令人神往。

到了中午，我们可以起床了，穿上了最好的丝绒礼服。这通常是烦人事儿，总会遭到我们强烈的抗议，但这次却以前所未有的速度完成了。我们很快准备好了，坐在餐桌边。我兴奋得失去了胃口，可大人们还是逼着我吃了一些。丽兹摇着头，怀疑我们是否能按时抵达剧院。她回忆起多年前，也是一样的大雾天，外祖母没有赶上要演出的音乐会。父亲从办公室回家了，我们都很高兴。他也跟我们一样兴高采烈，他说我们要多留些富余的时间，因为西区那边的雾更大。父亲从肯特台尽头那儿唤来了跑腿的老头儿，派他去

"围着餐厅的桌子翻起了跟头"

叫一辆四轮马车。他去叫车的时候，我们都心急如焚地等待着，还好他坐着一辆马车回来了。马在阴冷的雾中浑身冒着热气。我们出发了，雾越来越大，马车走得越来越慢，到了马里波恩路段就更糟糕了。托特纳姆宫路上，煤气灯的火苗在燃烧，交通就像蜗牛一样慢。有两三次我们差点儿下车去马路上了，那情形仿佛我们永远也到不了剧院了。有些举着燃烧的火把的少年在街上给人们引路。哦，天！真的迟到可怎么办！终于，我们到了隆阿克里街[3]，拐进德鲁里巷，看到剧院宏伟的前廊下燃烧的煤气火把。马车和出租马车在街上挤成一团，其间有很多闲散的人跑来跑去地给人们带路，

"终于走上了剧院台阶"

好赚上几个便士。我们下了出租马车，艰难地挤过拥挤的人群，紧紧牵着彼此，终于走上了剧院台阶。

两个穿大衣、戴熊皮鸟缨高顶帽的近卫兵以立正的姿势在站岗，跟摩肩接踵的人群形成奇怪的对比。人群中有些学徒打扮的少年钻来钻去，穿着天蓝色的有纽扣的制服，戴着药盒帽，在派发小罐的鼻烟。我也拿了一个，只闻了一下就觉得很恶心，随手便扔掉了。等待父亲笨手笨脚地在口袋里找票真是令人心焦……要是父亲把票丢了呢！或者不是那天的票！幸好一切顺利，我们随着人群走入剧院，走过过道，一个穿着围裙的女子打开小门，引我们进入了自己的包厢。包厢里金碧辉煌，我们都被震撼了。我站在那儿看下面很快就座无虚席的剧院，想把一切都看进眼睛里。包厢后面有挂衣钩，刚才那个女子帮我们挂好了大衣和手筒。包厢里只有四个座位。但这不碍事，我太兴奋了，根本坐不住，一直跳上跳下的。有人送来节目单，乐队开始调音，舞台顶上一大圈煤气灯全都点亮了，侧翼的聚光灯渐渐暗淡，观众席逐渐鸦雀无声，乐队指挥大步穿过乐队走上指挥台。

"想把一切都看进眼睛里"

可就在这个时候，西瑞尔吐了。他一激动过头就会这样，总是发生在不方便的时刻。然而，穿着围裙的女子非常同情他，清理了一切。我最主要的担心是西瑞尔会错过什么。不过他吐过之后，似乎就没事了。大幕升起来，我一下子忘记了周围的一切，仿佛踏上另外一片土地，张开魔法翅膀，飞进了另一个世界。

故事一定是《森林里的婴儿》，不然为什么哈利·尼克尔斯[4]跟赫伯特·坎贝尔[5]都扮作巨婴，两人肩并肩坐在一辆巨大的双人婴儿车里上场，开始了二重唱？

虽然被雇用的两个强盗是为了绑走那一对天真无邪的婴儿，不过大部分时间他们都在没头没脑地上演武打闹剧。他们是格里菲斯兄弟吗，发明著名的坡哥马[6]的人？在邪恶男爵家厨房的场景，是楼梯下的一场混战：一只猫跳到了厨房宽大的餐桌上，而桌上已经摆好了大餐。演员跳上桌的时候，像真的动物那样前腿着地，除了查尔斯·劳瑞没人能做到。这是在丹·莱诺[7]的时代之前，一两年之后他才到德鲁里巷剧院来的。可是我记得一个活泼的姑娘，龅牙、亚麻色假发，唱歌跳舞的样子特别迷人。她只能是玛丽·罗伊德[8]，令人难忘，芳龄十七，那是她在德鲁里巷剧院的首场演出。在滑稽表演时，小丑的扮演者是一直受人喜欢的演员哈利·佩恩[9]，父亲告诉我们，他扮演小丑已经很多年了，最近才让位给另一个著名的小丑，狡黠的沃克尔[10]。

这真是一场色彩、音乐和欢乐的盛宴，很难描述一个小男孩心中涌起的所有情绪。我只知道自己一直抓着丝绒包裹的包厢边缘站着，沉醉在美好的梦境里。当第一幕演出结束，大幕落下，观众席灯光亮起时，我叹了一口气，坐回到母亲的腿上。母亲问我是不是爱看，我说不出话，只一个劲儿地点头。我想不明白，在主角男孩[11]这样一个角色身上，怎么能蕴藏着那么柔媚的内在。丰满的胸部、细细的蜂腰和大腿——哇，那双长腿——光滑、闪亮，她每次出场变换不同颜色的丝袜。她是如何在舞台上走过，骄傲霸气，用短马鞭抽打那些圆滚滚的四肢！她每甩一下鞭子，就有一只新的飞镖射中至少一个年轻的艳慕者的心房。我心中生出一种狂放的感觉，这一切都是给我的特别款待：整场演出都是为了我。所有演员都被告知要拿出最好的表演，因为我在那儿。没有别人，甚至连母亲都不会跟我有完全相同的感受。

当我喜欢的演员唱歌的时候，我不经意地环顾四下，真是可怕的时刻，因为我看到……父亲，坐在包厢后面，正在看报。我简直不愿相信自己的眼睛。父亲是太为演出倾倒，所以要用冷漠来掩饰自己的情绪吗？是的，毫无疑问是这样的。可那之后我又想不通自己是不是对的。

盛大的演出到了高潮时刻，场景变换了。一个个光怪陆离的场

"奥古斯塔斯·哈里斯也亲自走上舞台"

景依次出现，树冠一样闪亮的丝带在头顶散开，背景中，一个真正的喷泉喷出水柱。侧翼两边的金色支架展开了，每个支架上斜倚一位仙女，曼妙、闪光，身姿优雅。还有空中飞起来的仙女，恬静轻柔地摇曳着，掠过半空，组成一道凯旋门。在这下面，演员们聚拢起来。善良仙女走上前，念出一些有韵律的诗句，赞美圣诞趣剧的精妙，小丑乔伊、傻老头、小鸽子和哈利根[12]从侧翼跳出来，组成了完整的谢幕场景。还不只如此，由主角男孩领路，奥古斯塔斯·哈里斯[13]也亲自走上舞台，身着完美无瑕的晚装，内有白色马甲，接受来自沸腾的观众们的喝彩。

结尾的小丑也上场了，他是此时的主角，一手是一串香肠，一手是偷来的鹅。还有总是有麻烦的傻老头和警察，他们一下散开，一下又聚拢。哦，我多希望这一幕一直演下去啊！然后是挥舞拐杖的小丑，带着他的小鸽子仙女。小鸽子优雅又神圣，但不那么可爱，因为她是偷心贼，尽管她帮助乔伊抢了店主。又上来一个又瘦又高的男人，唱啊，唱啊，被乔伊和傻老头责骂。然后就——全剧终！

这次真的结束了。盯着落下的大幕、昏暗的灯光或者观众渐渐散场的剧院也无济于事。我一言不发，穿戴起来准备回家。我们坐在公共马车上也没有说话，马车在不变的大雾里慢慢行走，天比来的时候黑多了。我试着吃不想吃的晚饭时也不说话，别人都在聊刚才演出里可爱的片段。"你还记得那只猫吗？"还有"你看见那两个男人打架，他们的剑都断了吗？”而我眼前只看到一个景象：她在我面前飘浮，神圣又充满女性的光辉。

我终于能讲话了，母亲来吻我说晚安。“宝贝，”她问，“你真的喜欢吗？”

“哦，是的，”然后，我突然屏住呼吸，说，“她是不是非常可爱！”

我不想让母亲离开，于是我拉着她的手，她坐在我床边。我问母亲，她小时候是否去看过圣诞趣剧。“我像你这么大的时候，趣剧还很少有呢，”她回答，“更没有像今天这样大场面的。我记得一个小丑和滑稽演员，而所有女孩都穿着到膝盖的裙子。”说到这儿，她笑吟吟地看着我，然后说，“那时我一定有十二岁了，你外婆带我去看的，但没坐在包厢，我们的座位很便宜。”

我想了一会儿母亲的话，然后说：“您觉得明年圣诞节我们还能再去看一次吗？”

母亲笑了，答道：“好啊，还有好久呢。可是也许我们能去的。”说完她亲亲我，跟我说晚安，下楼去了。

我躺在床上，下决心要用新的彩色粉笔画出所有我看到的，红色、蓝色和黄色画小丑和傻老头，天蓝色画我最心爱的演员在谢幕时穿的演出服上亮晶晶的束胸。是的，嫩黄的报春花黄色画她的短斗篷和闪亮的腿。那顶帽子，插满鸵鸟羽毛的，应该是粉色的。可是，哦！我真的能画出她的样子吗？我困了，枕在枕头上思来想去，想决定是否应该开始画。不抵阵阵袭来的困意，我躺在床上，看着楼梯上昏暗的煤气灯光。门是开着的，我听到水箱里照旧滴水的声音。母亲的声音从下面传上来。她在小客厅唱歌，《罗宾借我你的弓》。我想母亲知道，那是我最爱听的歌。

1. 趣剧（Pantomime），英国圣诞期间的传统，一台集歌舞、滑稽小丑表演等于一体的节目，源自意大利的喜剧表演。

2. 亨格福德桥（Hungerford Bridge），位于伦敦中心地区泰晤士河上，在滑铁卢桥和威斯敏斯特桥之间，是一座铁路桥。

3. 隆阿克里街（Long Acre），伦敦市中心的一条街道，东西走向，西至德鲁里巷。

4. 哈利·尼克尔斯（Harry Nicholls，1852—1926），英国演员、喜剧家、歌词作家、剧作家。

5. 赫伯特·坎贝尔（Herbert Campbell，1844—1904），英国喜剧家。

6. 坡哥马，趣剧舞台表演的一种形式，由格里菲斯兄弟发明。他们穿一件马的道具服，一个人直立演马的前半身，另外一个人弯腰演马的后半身，类似中国的舞狮。

7. 丹·莱诺（Dan Leno，1860—1904），英国著名娱乐剧场艺人、喜剧家。娱乐剧场（Music Hall）演出是维多利亚时代 1850 年前后英国产生的一种娱乐方式，参演人员除了歌唱演员，还有喜剧演员、舞者等，为各个阶层的人提供通俗的娱乐。

8. 玛丽·罗伊德（Marie Lloyd，1870—1922），英国娱乐剧场艺人、喜剧家。

9. 哈利·佩恩（Harry Payne，1833—1895），维多利亚时代著名的哑剧艺人，与弗雷德里克·佩恩被合称为佩恩兄弟。作者观看演出那年，弗雷德里克·佩恩已经去世。

10. 狡黠的沃克尔（Whimsical Walker），本名汤姆·沃克尔（Tom Walker，1851—1934），曾在亨格勒马戏团表演 14 年，并且在德鲁里巷剧院连续 21 年参演圣诞趣剧。

11. 主角男孩（Principal Boy），圣诞趣剧中，通常由年轻女性演员扮演的小男孩或者少年的主要角色。

12. 傻老头（Pantaloon），指从意大利喜剧中演变来的戴眼镜、穿窄裤的老角；小鸽子（Columbine），意大利传统喜剧里的女主角；哈利根（Harlequin），喜剧里的小丑，通常穿五颜六色的紧身衣，戴奇异的面具。

13. 奥古斯塔斯·哈里斯（Augustus Harris，1852 — 1896），英国演员、演出经理人、戏剧家。

Drawn from Life
人生的画

送给我的女儿玛丽

前言

我写了《记忆的画》，因为一直跟我的孩子们有个约定，有一天会将童年往事诉诸笔端。我曾常常把那些故事讲给他们听。上部书的写作和插图绘制，带给我内心极大的愉悦。但我没有预料到出版后能收到那么多鼓励，希望我能续写之后的人生阶段。那些鼓励是意外收获，再加之朋友们的美好祝愿以及我的出版社的惠助，我重新提起笔来。

在上本书里，讲述的大致是我幼童生活中的一年。对谢泼德家族来说，那是重要的一年——一八八七年，维多利亚女王登基五十周年庆。在我家，暴风雨前的一段静好日月。我们住在摄政公园旁自己的房子里，我依稀看到那时的自己蹬着小马三轮脚踏车，在联排公寓前的人行道来回驰骋，无忧无虑，天真无邪。

第二本书起自一八九〇年，那年母亲病重并离开了我们。我十岁，一场变故彻底改变了我家的生活。这本书跨越了我的青春期和青年期，直到一九〇四年，我步入婚姻的殿堂。那些岁月我收获的友谊延续至今，另外，令我惊讶的是，我发现一些信件还完整地保留着。我尤其感谢恰缇·萨拉曼（即恰缇·维克），她借给我这些信件，包括我复制的一些画；我还要感谢艾伦·怀特在构架本书时给予的帮助和建议；最重要的是，我深深感谢我的太太诺拉，感谢她从不缺席的帮助和鼓励。

在我结婚的年月，我和妻子仅靠每周二十一先令就将生活安排得很舒适，其中只有两先令零三个半便士用于支付萨里的乡村小屋房租，读者们看到这里会感到惊讶吧。事实上，虽然生活条件同现今相比反差巨大，但这些记录承载了世纪之交时的一种生活，我心泰然。

E. H. 谢泼德

住在姑妈家的日子

　　一八九〇年四月中旬的一天，我们三个孩子——大姐艾瑟儿、二哥西瑞尔和我，从肯特台的家中被送走了。我们不知道为什么。更没想到的是，我们再没回去过。我的母亲躺在床上，与我们道别，样子相当愉悦，仿佛我们只是短暂离开，到什么地方做客去。从她的外表，我们未曾看出任何再也见不到她的感觉。那时她已经抱病在床一年多了，每天把饭菜端到楼上送进她的卧室，推着轮椅去公园散步，已经成为我们日常生活的一部分。晚上，我们围坐在她的床边，告诉她那天做了什么淘气的事，艾瑟儿有时还会为她代笔写信。我们不知道她的病情在那时急转直下，医生已经告诉父亲，母亲来日不多。对父亲来说，一定很难下决心将我们送走，但那却是明智的，因为于母亲或我们，这减轻了生离死别的悲痛。他知道我们在姑妈家会得到很好的照顾，离家也不是太远。

我们来到戈登广场，受到了热情的欢迎。就连腿脚不方便的安妮姑妈也容光焕发，让我们跟她一起坐在沙发上，陪我们东聊西扯。姑妈们的房子跟三年前复活节我们小住两周时一样。走廊里那个气派堂堂的衣帽架上挂着父亲不用的帽子。信天翁的头在墙上，恐怕都被蛾子蛀空了。手铃擦得很亮，还是放在架子上，准备宣告正餐的开始。最后但最要紧的是，屋子里依旧弥漫着食物的香味。

餐厅新添了一个蕨类植物暖房，它是一个用铸铁做成的架子，半圆形的顶，宛如一座迷你水晶宫殿。其实它更像有轮子的小茶桌。四周是玻璃罩，里面养了很多蕨类植物，范妮姑妈和艾米莉姑妈很精心地照顾着，这些都是她们去乡间度假时收集回来的。艾米莉姑妈的花草似乎从来没生机勃勃过，我猜是因为对它们的照顾过于精细了，因为她总是打搅它们，去看看它们"生根"了没有。不仅如此，几位姑妈还经常就顶上的通风口是否应该开着这样的养花智慧产生分歧。蕨类植物暖房的玻璃顶上总是水汽蒙蒙，挺难看到植物在里面究竟发生了什么变化。

说到另外两位年长的姑妈——阿莉西亚姑妈，她大部分时间都在跟每周收支势不均力不敌的斗争；安妮姑妈，整日面无血色，病恹恹地躺在沙发上。

姑妈们家里总共有五个女佣，跟以前一样——艾德琳是厨娘，简是负责上菜的，爱丽丝和玛丽负责打扫房子，还有最小的一个，她的名字我怎么也记不住，就没法写出她的名字了。之前那个生火的女佣已经离开了，听说是她要把几磅黄油藏在篮子里顺走。打杂的亨利变得愈加古怪。上午十点钟祷告的时候，女佣们会列队走进来；晚上的祈祷九点开始，在小客厅。现在姑妈们认为我已经够大了，得参加祷告，完后，我们举着蜡烛上楼去顶层我的房间，要在昏暗中走好长一段路。在那里，我被要求一个人睡觉，西瑞尔在楼下有一个自己的小房间。

我们住到姑妈家不久，就得知母亲的病情恶化了。我们非常担心，但即便如此，也没意识到她病情的严重性。我从来没想过母亲会去世。几天后，阿莉西亚姑妈把我们都叫到她的书房，跟我们说那天清晨我们的母亲离开了人世。对姑妈们来说，照顾三个心碎彷徨的孩子一定是种煎熬，言语无法形容她们的善举。三日之后，父亲来找我们，我们见到他觉得非常安慰，我相信于他也是如此。

当伤痛渐渐平复，我和西瑞尔每天会花好几个小时谈论以后的日子会是怎样。我们庄重地一言为定，不再流眼泪，因为我们知道，母亲不会希望看到我们这样。我们也不会抱怨必须穿黑色

的衣服、打黑色的领带。因为穿惯了开领的水手套服，我发现伊顿领尤其烦人。百叶窗拉开来，我们的心情也随之明亮，阳光洒进了阴霾的生活。

然而母亲去世对我的打击之深，是我当时并未意识到的。从天性来说，我是一个适应力比较强的快乐的孩子，可母亲的去世给我留下的伤痕延续了许多年。我是母亲最小的孩子，这种情况让我们彼此非常亲近。西瑞尔和艾瑟儿上学去了，我在家"帮"母亲，当然通常是给她添乱。她会带我去买东西，有时会向我倾诉她的烦心事。我喜欢出门。我们总是很快乐，这样的采购之旅经常以在茶舍爱芬斯通分享一份冰激凌作为结束。那里六便士一份的草莓冰激凌好大一盘，一个小男孩根本吃不完，母亲会拿一把小勺来抢我的冰激凌。我们的笑声和嬉闹让那些年纪大的顾客侧目：一位年轻的母亲跟个女学生似的，真是成何体统。

恐怕我还是个火暴脾气的孩子，发起脾气来经常令母亲很苦恼。之后，我会满脸羞愧地偷偷下楼，坐到她身边。她会拉起我的手，在我的前额擦一些古龙水，还在我的眼皮上点一下。然后我就静静地坐在她身边，听她讲小时候的故事，还有那些经常造访托灵顿宅子的演员和歌唱家。她的父亲，威廉·李，是一位水彩画家，在她很小的时候就去世了。他认识一些艺术家，这些人去拜访我的外祖母（她只比我的母亲大十七岁），所以那座宅子里充满波希米亚气息。我喜欢听这些陈年往事，因为跟父亲家的保守气氛是鲜明的对比。

母亲总是鼓励我画画，尽管她自己没有画画天赋，可她会告诉我如何使用颜料。母亲和我一起计划，我长大了要成为画家。她几乎比父亲更懂得激励我坚持下去。她去世之后，我异常思念有她陪伴的日子，她相信我的天赋，所以我决心让她的愿望成真。当父亲告诉我他租了工作室时，我特别高兴，因为我可以去那儿练画了。

父亲是一位建筑师，兼伦敦大学学院医院[1]顾问，为了方便，他在高尔街[2]上租了一间工作室。那是在二楼，下面是绘画用品商店。斯莱德美术学院[3]的学生都在那儿买颜料。我养成了去那儿做功课的习惯，带着素描本，一待就是几个小时。父亲有一个"米洛斯的维纳斯"石膏像：我从各个角度给她画素描，这是我最初尝试临摹石膏像。

六个月前，我和西瑞尔离开了贝克街小学，他去上走读日校——阿卡迪亚路上的圣约翰伍德预备学校[4]。后来我也去了那所学校。我并不向往那里，根据西瑞尔对那里校园生活的描述，至少可以说，是悲惨的。父亲决定我应该在他的工作室上课，直到过完暑假，我很高兴。

在戈登广场住的时候，艾瑟儿的音乐课也得以继续。后面的小客厅里有一架钢琴，这个小客厅其实很大，有三扇窗子、大理石阳台，能俯瞰塔维斯托克街。她可以练琴，我则扛着小提琴"锯木头"。艾瑟儿和我开始跟圣约翰伍德的赫尔·卡滕豪森学小提琴。他人高马大的，一脸浓密的络腮胡，以至于拉琴的时候胡子都很碍事。他家人丁兴旺，我从来没搞清楚他到底有多少个孩子，每次

我们去他家上课，总有几个新面孔出现。他的夫人总是在照顾婴儿。大体上说，那是一个充满欢声笑语的家庭，尽管实在很吵闹，音乐课常常被打断。可尽管如此，我也不太在意，毕竟"赫尔博士"——他这样称呼自己——也没有教我们什么，很快我们就不去那儿上课了。有一天下午，艾瑟儿和我同他们一家人喝下午茶。因为所有蛋糕，甚至面包里都有葛缕子，对我来说那顿饭就全毁了。他的长女，简直就是一个小号的家庭主妇，她一直在餐桌上维持秩序，不停地让弟弟妹妹们"小心！艾尔莎，沃特，不要打……

打架了！"赫尔博士喝咖啡的时候，杯子上有个装置，可以不弄湿胡子。这时我已经可以用成人用的小提琴了。我的琴是教父送给我的礼物，对我的小手指来说，指法太难了。接下来的那年秋天，我将在莫蒂默街的伦敦音乐学院继续上小提琴课。

我们在姑妈家住了将近一年。她们用了全力来安慰我们几个失去母亲的孩子，让我们开心。尽管我们把晨间起居室当作自己的房间，但日子还是跟自己家不一样。例如，每天晚上我们必须收拾好，把东西放到柜橱里。还有，对我来说，与心爱的小马三轮脚踏车七公子分别也很痛苦。它的尾巴掉了不假，而且我也长大坐不下它了，但眼睁睁地看它被包起来送去了一家儿童医院，我心里还是非常难过。艾瑟儿也经历了这样的悲伤，她的娃娃屋和里面所有的居民被送去了同样的地方。似乎留给我们的所有玩具只有玩具兵团了。可当我们想让它们在晨间起居室地板上行军的时候，也遇到了挫折，因为地毯太厚，它们根本立不住。

夏天临近了，我们的假期也有了计划，是跟姑妈们一起去度假。我的教母阿莉西亚姑妈和腿脚不方便的安妮姑妈都不能忍受火车旅行，她们的做法是在乡间，距伦敦马车轻松抵达的里程之内，租一座房子。这年她们选择了温布尔登。彼时那里还是乡下地方。我还记得三年前父亲关于姑妈们如何去高门旅行的描述，马车在高门的山坡停下来遇到的窘事。对此次旅行，我有了一种探险的感觉。然而，那一路风平浪静。

当马车来到戈登广场接大家的时候，大包小包、满篮的床单一直堆到车顶，姑妈们和几笼金丝雀也挤进了车里，我和西瑞尔可以坐在车顶。马在前面小跑着，这跟坐"擎天神"[5]感觉一样好。我们穿过了帕特尼桥，上山坡，到了后面的开阔地。有一座风车孤零零地立在那里，马车夫告诉我们那里是温布尔登广场。我们要去的房子在里奇韦附近的小道上，它看起来相当新，很大的平开式窗户，墙上布满五叶地锦。

一定有几个女佣先于我们抵达，因为在有一架三角钢琴和拥挤家具的小客厅里，已经摆好了下午茶点。花园有些令人失望——很多灌木，没有网球场。

在温布尔登没待几天，有一天晚上，大约六点钟的时候，我们听到大路上传来叫喊声。我和西瑞尔跑出去一探究竟，原来是广场上有个稻草堆起火了。我们跟着一小群人围观，躲闪进溅的火星和路对面飘过来的白烟。有人说已经叫了当地义务消防队。等了很久，消防车终于来了，由两匹不般配的马拉着，消防员们一身农夫

打扮，只有通过铜头盔才能辨出他们的身份。三年前，我目睹了怀特利氏商场那场火灾，我不满这里消防员的形象和表现。人工的灭火枪准备好了，泵的把手也解开了，然后开始寻找水源，附近有一个池塘，义务消防员们被叫去压水。我也想帮忙，可是他们说我的胳膊太短，于是我只好站在一旁看着。压水的人在周围人群的鼓励中干了起来，"起，压，起，压"，一股水柱从水管喷出。与此同时，有些消防员用草叉把稻草垛扒散开。我们没能看到结束，父亲前来叫我们回去吃傍晚的茶点，我们习惯在七点吃，大人们那时吃他们的晚餐。

从楼上的窗子，我们能看到绵延几英里的辽阔乡间，田野和星星点点的房子。一片很大的草甸，周围有栏杆，标志着当地板球俱乐部的地界。我们住着的时候，那里举行了一场很重要的赛事。是否为慈善比赛我不知道，但是支起了一些帐篷和一个很大的营帐，场内飘舞着五颜六色的旗子。门票是一先令，儿童半价。父亲带着我们兄弟俩去看了比赛。我们坐在草地上，看我人生中第一场板球比赛。在选手中有强劲的 Dr. W. G.[6] 以及里德兄弟——W. W. 和莫里斯。坐在草地上看比赛很惬意，看着看着，我差点儿睡着了。

住在温布尔登，我最享受的事是穿过广场去靶场。星期六下午，那边立起了红色旗帜，我就偷偷地尽可能地走到我敢待的距离看射击。一些来复枪手穿着义务兵制服，用的是马蒂尼–亨利步枪。（读过《记忆的画》的读者，会记得我对枪有很多了解。）听到子弹击中铁靶的声音很有趣——"乓！"在没有射击的时候，我就到靶场里转悠，看留在靶上的那些弹坑，或许还能拾到一个扁的铅弹，甚至是铜的子弹夹。

一周一次，我们全家在吃过晚餐后，散步去花园的尽头。姑妈们从头裹到脚，我们在渐渐浓重的夜幕下等待水晶宫的焰火表

演。虽然只能远远地望，但还是觉得非常震撼，我也能被特准晚些睡觉。

八月底，我没有随家人回伦敦，父亲的一个住在吉尔福德的堂兄弟邀请我去那儿小住。理查德伯父在吉尔顿建了一座房子，他的女儿，我的表姐玛丽恩，以及她的姑妈住在那里。这位叫乔治娜·沃伦的姑妈，实在是个老古董，她总是竭尽全力地保密自己的年龄。当人口普查员来的时候，她会收拾好东西，去一个年龄跟她相仿的朋友家里。只有这个朋友知道她年龄的秘密。这位乔治娜姑妈在吉尔顿负责照顾鸡鸭，但她从来不承认鸡是会长大的。她有一个方形大筐，旁边有小门，鸡可以从这里进出。小鸡很小的时候，就把这里当作鸡窝，会进去趴着，可它们长大以后还是如此。园丁指出这样太拥挤了，但乔治娜姑妈立场非常坚定。"它们一直住在这儿。"她争辩道。最后，篮子的盖当着她的面被顶开了，那么多只鸡叠在一起，压在下面不走运的鸡几乎被闷死了。

然后还有酒的问题。老太太说她根本忍受不了酒的味道。但

似乎总是愿意来两口尝尝。她会摇头说："不！你知道我不喜欢喝酒。"然后又说，"嗯，不然我就尝一口吧。"杯里倒满酒，她抿一口，又摇摇头，说："不，我不喜欢。"停一会儿，就会发现玻璃杯里的酒没有了。然后有人说："再尝一口，乔治娜姑妈。"于是她就又来上一口。

她还是永不停歇的园丁，我很大一部分时间都跟着她转来转去，知道了很多花草的名字，什么时候适合或不适合播种。她有只猫，叫阿格尼斯。晚上吃过饭，乔治娜姑妈会坐在专属椅子上，阿格尼斯趴在她的大腿上，她会迷迷瞪瞪地用发卡给猫掏耳朵。

暑假眼看就要结束了，去奥利弗学校，也就是圣约翰伍德预备学校上学的想法压在我的心头。穿上一点都不合身的黑色衣服让我有了自我意识。灯笼裤太长了，在学校被唤作"谢泼德家老二的七分长口袋"。我还觉得帽子也挺丢人,一个可怕的、圆圆的、有个小尖嘴的东西扣在头上。可怕的一天来到了,我和西瑞尔小跑着去高尔街车站坐地铁,到贝克街换车。从月台上我放眼望去,看到曾经度过了四年快乐时光的小学的围墙。

1. 伦敦大学学院医院（University College Hospital），是一所基于医学教学建立的医院。

2. 高尔街（Gower Street），位于伦敦市中心，知名学府伦敦大学学院和皇家戏剧艺术学院坐落于此。

3. 斯莱德美术学院（Slade School of Fine Art），伦敦大学学院下属的美术学院，是英国最好的艺术学院之一，创建于 1871 年。

4. 圣约翰伍德预备学校，即下章所写的奥利弗学校，详见该章译注。

5. "擎天神"，伦敦公共马车，见上部《金禧庆》一章。

6. Dr. W. G.，原名威廉·吉尔伯特·格雷斯（William Gilbert Grace，1848 — 1915），英国板球运动员，对这项运动的发展有很大贡献，是最伟大的板球手之一。

奥利弗预备学校

奥利弗预备学校[1]位于阿卡迪亚路中段路北。门口有两根石门柱，里面一条杂草丛生的甬道，通往铺着石子的操场。操场拐角对面是一座方方正正、外表森严的校舍，不知它是否曾经是一座监狱。这里只缺门上贴个告示——"进来者，弃希望"。这是一所男校，有两个校长：奥利弗先生，头上的学位帽往前倾着，一根永不离手的拐杖；另一位是琼斯先生，少言、留胡子的家伙，有时候教高年级。还有两个助理校长：一位叫塔克尔，大家都叫他汤米，很和善，与另一位形成对比；另外那个叫佩恩的年轻人，远未参透激励学生自信的师道。

我们每天都在躲避惩罚中度过。如果奥利弗或者佩恩没有惩罚我们，那我们就一定是全力以赴在操场上抗争。在这里，追击低年级小不点儿已成家常便饭。小男生被赶到一块儿，然后在大个头男生用橡皮筋做的致命武器的夹击下疯狂逃命。他们有时拿弹弓瞄准我们，有时甚至还用气枪打我们的腿。回家的路上也是危机四伏，因为永远有学校和当地跑差的孩子之间的战争。我们养成了习惯，走路的时候能绕多远就多远。如果小孩子被单独捉住，那就太糟糕了！他会被用石头或者泥巴不断地击打，最后只能拿书包保护自己，还经常要躲进大路上的商店里。

除了自我保护，我不记得在奥利弗学到了什么。有天在操场上，一个有一半西班牙血统的叫普恩特的男孩，在经历过一场异乎寻常的野蛮霸凌后，变得有些歇斯底里了。我想他这样反倒吓跑了那些欺负他的人，因为他们立即消失得无影无踪。我义愤填膺，普恩特是我的好朋友，我下决心一定要做点什么。我把一个欺负他的人堵在拐角，几乎不知道自己在干什么。我眼泪哗哗地流着，一股脑儿地喊出了所有不满。那孩子大吃一惊，不知道这一切是为何原因。他倒是一个体面的家伙，没有照我的头来一拳，只是让我别管闲事。不过在我的话变得更连贯之后，他仔细地听了我为弱者发声的诉求。"你叫什么？"他问。我告诉了他。让我吃惊的是，他说："你们小屁孩要让人知道你们

会打架，用你们的拳头。看这儿，我告诉你怎么出拳。"他在那时那地给我上了一堂拳击课，告诉我如何把拇指蜷起来。我立刻颇为得意地将这些招数传授给我的那帮难兄难弟。我多想说从那天之后所有霸凌都停止了，但那几乎是不可能的。

我不知道学校的楼是什么时候建成的，或者出于什么目的。旁边有一座老的白房子，校长住在里面，房子一定曾经有甬道和很大的院子。学校礼堂是一个大空间，里面有很大的铁炉，窗户极高，传说这里曾经是教堂。在远处有个平台，后面是木头的隔断，墙壁下面是企口板，上面刷了白灰，一侧是衣帽柜。低年级班的教室在走廊两端，奥利弗先生在后面的小教室教高年级班。我在那里读书的时候，一直都属于低年级的小豆包，就养成了几乎每个小男生都有的那种尽量让自己显得不起眼的习惯。学校有个足球队，我想偶尔他们会踢一场比赛。但我们的操场是石子铺的，几乎不能踢，比赛通常在尼斯登举行。我是直到去了圣保罗公学，才开始对足球产生兴趣。

秋季学期似乎离结束遥遥无期，但是接近结尾时，我看到了曙光，因为学校宣布在圣诞节前要排演话剧《匹克威克外传》的选段。排演话剧意味着担任角色的大孩子们将忙碌起来。我小小地期待着能混进去扮演陪审团的一员，可我年纪太小了。西瑞尔比我幸运，我总是想跟在他后面留在学校看排演。这样的好处是可以避免独自回家。虽然我认为学校里的学生没有超过十四岁的，但在我这样的小不点儿看来，他们说台词的时候，形象特别高大。扮演温克尔的男孩获得了巨大成功。他天生有些结巴，加上面无表情的表演，费劲地在法庭上报上自己的名字，"温……温……温……温克尔"，把全场观众都笑翻了。演出没有布景，也没有任何道具服装，我觉得这削弱了演出效果。

我们在戈登广场姑妈家排演的剧就好多了，那是一部圣诞趣剧，剧里有灰姑娘和其他一些家喻户晓的角色。艾瑟儿是整部剧的编剧兼导演，在写作和讲故事方面她可真是很有天赋。我们的表姐维奥莱特和表哥斯坦利，以及另外两三个小孩也被拉了进来，虽然他们参加排演的机会很少，因为住在很远的肯辛顿，不过他们需要扮演的角色是有剧本的，我们希望他们能背诵下来。在演出的时候，剧本是拿到台上的，可以随时看一下。姑妈们也允许我们在后面的小客厅用屏风和窗帘临时搭建一些布景。灯光是很需要的，我们用房间天花板正中的煤气吊灯。我们也没有大幕，由那扇很大的双开的门充当。因为是冬天，我们不能打开阳台上的纱窗，这样就没有树林的背景了，但我们把一个很大的台灯放在一个红彤彤的草莓似的红色玻璃罩里，达到了最逼真的炉火效果。

在第二幕中，灰姑娘坐在炉光前，热切地期待去参加舞会。西瑞尔扮演的是王子，我跑若干龙套，大部分时间都花在换服装和整理布景上了。艾瑟儿自己知道台词。实际上，她也知道我们每个人的台词，可以给我们提词。我们都或早或晚地卡壳了，很多时候都是她来救场。维奥莱特，扮演的是教母，她怯场了，刚说了句开场白"灰姑娘，你为什么哭？"就马上逃到幕布后，连回答都没有等。观众是我们的几位姑妈，还有吉尔福德来的堂兄弟姐妹——他们也住在姑妈家里，以及坐在后面高凳上的女佣们。父亲已经见识过我们的戏剧功底，早就给自己准备好了晚报。然而，我们几个孩子都演得非常卖力，享受极了，之后还在楼下的餐厅美美地饱餐了一顿。

我和西瑞尔的生日都在十二月——离圣诞节非常近，我们都不喜欢，因为经常只能得到一份礼物。"爱你们的……祝生日快乐，并贺圣诞"，这样的话在我们眼里是不合规则的。但我们也不是完全这么惨，因为住在姑妈家里时，哪个姑妈都没有忽略这两个祝贺的机会。我的教母阿莉西亚姑妈，在生日时给了我一套魔术玩具。那是很讲究的一套东西，包括极其巧妙的小魔术，我们觉得可以考虑举办一场特别的魔术晚会。这套魔术的说明里写了如何安排魔术表演，让观众看不到魔术助手。我们借了一张小桌，魔术师可以用到它，在上面蒙一块颜色欢快的桌布。因为我是最小的，就藏在桌布下面，我必须一直藏在那儿，直到推拉门关上。艾瑟儿是魔术师，手拿魔杖（套装附赠的）和高帽（由父亲提供）。她先让观众看到帽子里空无一物，然后就把帽子边朝下放在桌上。接着她挥舞魔杖，说："嘿！见证奇迹的时刻！"只见她拿起帽子，桌上便出现了一只银表（跟安妮姑妈的护理借的）。秘密是：艾瑟儿在前面老练地表演，分散观众的注意力，

而我的小手摸索着从桌后伸出来，将银表放在帽子底下。我在黑乎乎的桌下守着很多宝贝：硬币、扑克牌、旧鼻烟壶……艾瑟儿只要说："接下来出现的是什么宝贝呢？我认为是神奇国度的硬币！"看！硬币就出现了！她跟西瑞尔配合表演的是读心术，可惜这个魔术要很细致地排演，我肯定演不了。

我们怀着复杂的心情期待圣诞节。这是我们失去母亲后过的第一个圣诞节，父亲和姑妈们做了最大努力让我们在圣诞节感到开心。范妮姑妈带我们去托特纳姆宫路的舒布莱德百货商店购物，我们在托灵顿街上的文具店买了贺卡。后街上有流动手推车，我们买了冬青和槲寄生。我已经攒了差不多十先令，决定给父亲买一件真正好的礼物。我花了很长时间犹豫买什么，不断地打扰艾瑟儿和西瑞尔，问他们的意见。最后我买了一根银制的牙签，花了四先令六便士。那是个精巧的小玩意儿，可以像铅笔套那样打开观赏，但我觉得对父亲用处不大，因为我从没见他用过。

圣诞到，我们心情澎湃，还伴着拆看礼物的喜悦。我们早上一起去了圣潘克拉斯教堂，并且还能晚点睡觉，吃晚上的圣诞大餐。那真是一场盛宴，有饼干和糖渍的水果、扁桃仁和葡萄干。有一只硕大的火鸡，父亲亲手把肉片下来。还有亮晶晶的梅子布丁蛋糕[2]，布丁里面有几枚崭新的六便士银币，每个孩子都能在分给自己那块里找到一枚。大餐之前，我们坐在后面的小客厅里，唱了圣诞颂歌，是艾瑟儿为我们钢琴伴奏的。那天唯一不开心的，是如此丰盛的晚餐竟会以药片为结尾。到了睡觉的时候，我不得不坐起来，因为范妮姑妈给了我两粒小药片。我假装费力地吞药片，不过在姑妈转身时，恐怕那两片药就滑到了床下。第二天我问西瑞尔，发现他也耍了同样的把戏。我们哥儿俩，真是半斤八两。

　　返校之前的几天，父亲告诉我们，他决定我们要有一个自己的家。他在找房子，可以付得起租金的地方，已经在哈默史密斯找到了。那里对我来说似乎非常偏远，但吸引人的是房子坐落在河边，也就是说离大学的赛艇对抗赛很近。他没有告诉我们的是，他已经问了威利伯父，父亲的大哥，也是圣保罗公学的校长，我们可以去那里上学。以前他们聊过这个话题，但因为生活发生了变故，我们已经放弃了这个念头。我们很高兴又一次可以拥有自己的家，迫不及待地让父亲带我们去看房子。于是一天下午，我们坐车出发去哈默史密斯。我们在布劳德街上了马拉有轨车，在瑞文宫公园站下了车。

　　特蕾莎台在公园的路对面，挨着比弗巷。那片联排公寓是乔治王时代风格的建筑，两座并在一起，用的是实心砖，建于约一百六十年前。房前有窄窄一条绿植，由柱子和铁链围着，这个风格在奇西克和摩尔还能见到。父亲找的房子是二号，有三层和地下室，前面是栏杆。前门有门廊，再上面是有铁栏杆的阳台。前门又宽又大，上方有扇形窗，里面是铺了石板的走廊。那是一座最吸引人的房子，那片联排公寓的房子都是。父亲告诉我们后面还有个很美丽的花园，以及一间工作室。更好的是，房租只要每年五十五英镑，这点很重要，因为父亲的收入状况不太好。当时的住户，一位老画家和他的太太，带我们参观了房子。我看出要离开让他们很伤心，因为他们在那儿住了很多年。老画家告诉我们，隔壁邻居是雕版画家斯塔克普尔[3]，在这座联排公寓前面几家，是画家乔治·梅森[4]的故居，尽头住的是格利森·怀特[5]。不太远的地方是比弗山庄，皇家艺术研究院院士W. B. 里士满[6]的家。

从我们楼上房间放眼望去是乡村景色。毗邻瑞文宫公园[7]的，是哈姆雷宅邸，大片的蔬果园，种满了果树，一直延伸到扬宅的拐角和后面。

父亲告诉我们还需要些日子才能搬进来，因为就算画家夫妻搬走，也还要装修一番。他计划在旁边加建一个卫生间和小卧室。所有房间都需要修葺，给木头刷漆。他特别喜欢小客厅的壁炉，虽然上面有难看的带木架的饰架。壁炉架本身和侧板是白色凹槽大理石的，每个角都有徽章，中间是荷花图案。父亲说这是乔治亚晚期风格很好的范例。另外一个让他满意的是一对很高的桃花心木书架，在壁炉两侧。作为一名建筑师，父亲不由自主地珍惜这样的物件。多年之后，我也懂得了欣赏它们。这些书架，在当时拆除房子的时候从工人手下挽救出来，如今也令我自己的小客厅生辉。

姑妈们听闻我们搬家到那么远的地方，很担心，但是她们明白这意味着我们有了自己的家，就尽力帮助我们。她们知道了我和西瑞尔去圣保罗上学的安排，知道了我俩能离学校很近，因而感到欣慰。与此同时，我们哥儿俩的日子还是暗无天日，还要在奥利弗预备学校熬过好几个沉闷的学期。不过，解脱却比我们预想的来得更快一些。

1. 预备学校（Preparatory School），在英国，通常为独立的（私立）学校，面对 8～13 岁儿童。之后进入收费的公学，即 Public School，传统上指面向 13～18 岁男生的私立男校。

2. 梅子布丁蛋糕（plum pudding），在里面放上钱币，吃到的人就会幸运。

3. 弗雷德里克·斯塔克普尔（Frederick Stacpoole，1813—1907），英国维多利亚时代的雕版画家。

4. 乔治·梅森（George Mason，1818—1872），英国乡村风景油画家。

5. 格利森·怀特（Gleeson White，1851—1898），英国艺术评论家。

6. 威廉·布莱克·里士满（William Blake Richmond，1842—1921），英国肖像画家，雕塑家，花窗玻璃、镶嵌艺术设计家。

7. 瑞文宫公园（Ravenscourt Park），坐落在伦敦哈默史密斯的公共花园。

特蕾莎台

　　或许我和西瑞尔都已经习惯了这样的生活，并未觉得在奥利弗预备学校的复活节学期太糟糕。我们将搬去自己的家了，还有花园，这带给我们很多聊天的话题，让我们生出了很多五花八门的打算。最令我们高兴的是知道我们哥儿俩可以在楼上同一间卧室睡觉，可以一起眺望公路，看那些马拉有轨车经过。西瑞尔现在比我高将近一头了，再不是被欺负的对象。我也是沾光的，因为可算有二哥来帮我出头了。我们吹牛自己是"谢泼德家的老大"和"谢泼德家的老二"，当老大来帮老二的时候，就没人敢找麻烦了。

　　艾米莉姑妈泄露了我们将要去圣保罗公学上学的事。一个星期天，威利伯父来戈登广场喝茶，虽然姐妹们直拿胳膊肘拱她，可艾米莉姑妈还是在茶桌前问威利伯父，我们哥儿俩是否会在他的班级里。父亲连忙来打圆场，说："哈，孩子们，秘密公开了，你们高兴吗？"不用说，看我们的表情就知道答案了，不过直到只有我俩单独在书房的时候，我俩才真正欢天喜地了起来。威利伯父临走之前，进来跟我们说了一些学校的事，给我们打了预防针，我们将要去圣保罗公学的预备学校——柯莱庭预备学校，先上几个学期的课，之后才升到大校去上课。这当然不会浇灭我们的热情。因为后来知道了父亲当时的经济状况，我肯定威利伯父已经帮我们做了减少学费的安排，否则父亲是无力支付学费的。现在没有问题了。将要成为真正的公学的学生了，我们能不让奥利弗的同学知道吗？我们成了低年级男生羡慕的对象，而那些高年级的男生则说我们是"幸运的猪崽"。

我不知道在我们离开之后，奥利弗预备学校又开设了多久。于

我，它很快便成了一段不愉快的记忆而已。但是，很多年后，当我进入皇家艺术研究院时，在我旁边画板的学生是丹尼斯·伊顿，曾跟我同在奥利弗的同学，我们有时谈起那所学校。有一天他找到我，小声对我说："谢泼德，早上醒来，你是否有一种回到那个地方的感觉？"我肯定，那段经历对我们两个年轻的生命来说，都是一个阴影。

能够敞开心扉谈论未来，对我俩来说就是一种大大的释然，我想对成人来说也是如此。我觉得自己应该可以穿长裤了，西瑞尔已经这样穿了。七分灯笼裤总会给我带来羞辱。但我的要求被驳回了，不得不再穿几学期这倒霉的裤子。

这段时期，我们最愿意做的事就是由父亲带着去哈默史密斯，去特蕾莎台的房子看工人们的装修进度。那儿外面堆了一堆石板，走廊里放满了木料。楼上的墙纸已经撕了下来，所有木质材料都重新油漆了。我和西瑞尔在楼梯叮叮咣咣地跑上跑下，每个房间都视

察一遍，还跑到地下室，那里在重新铺洗碗间的地板。花园的花草长野了，我们一起去除草，留下了鸢尾花的球茎和其他植物。房子墙壁爬了一株葡萄藤，花园尽头有一棵眼看就要盛开的可爱的酸樱桃树。工作室曾经是马棚，地面也铺好了，北边加了一扇窗。后面的小门，出去是一条巷子。老炉子换成了从莫蒂默街皮瑟家的店买的无烟煤火炉。我们可以挑选自己卧室的墙纸。艾瑟儿选了蓝色。我们哥儿俩花了很长时间才拿定主意，选了一种小波点的墙纸，不过我从来拿不准那算不算好看。装修过程慢得令人心焦，可终于还是完工了。复活节假期时，我们能带两位年轻的姑妈来参观我们

"酸樱桃繁花满树"

207

的新家了。范妮姑妈是很会过日子的，她仔细地检查了厨房的壁火，并且没怎么恭维我们选择的卧室墙纸。艾米莉姑妈抱怨楼梯太陡了。实际上，她爬上楼梯以后，累得上气不接下气，都没看到我们窗外马拉有轨车那么精彩的风景。不管怎么说，那是晴朗的一天，阳光明媚，酸樱桃繁花满树。对此，她们都认可了是非常可爱的景致。

家具运到的那天是个大日子。我们的家具暂存在一个仓库，落满了灰尘。我们三个孩子都上阵帮忙搬小件家具，父亲指挥放在哪里。我不知道他们是怎么把钢琴搬上狭窄的楼梯的，不过不管怎么说，小客厅的地毯铺好之后，钢琴就搬了进去。第一天晚上，我们

吃了一顿面包、果酱和可可奶的野餐，然后打地铺，睡在床垫上。第二天，我们更开心了，因为我们亲爱的丽兹坐着四轮马车来了。从我记事起，她就在我家工作，之前也是，她是母亲的保姆，父亲和母亲结婚后，她就成了家里的厨娘。她用篮子带来她的那只猫，猫在室内待了好几天，才习惯了新家。丽兹马不停蹄地带我们去找最能让人满意的当地商贩。在主街上有很多选择。邮差送信来了，我们都欣喜若狂，其中一封是姑妈们寄来的，带着爱和美好祝愿，祝我们乔迁顺利，开心快乐。

我和西瑞尔还要在奥利弗再上一学期的课，但是曙光就在前方。我们知道要在九月去上柯莱庭预备学校。那年暑假，我们也不大想去什么地方，但姑妈们在圣伦纳兹租了一座房子，希望我们能跟她们一起小住。父亲说如果我们不去她们会特别失望。于是我们就定下来去那里跟姑妈们住四周。与此同时，父亲要去诺曼底绘画采风。水彩一直是他的爱好。他会支起画板，撑起白色阳伞，画上一幅"美美的小画"。他的画里通常有教堂或一些美若画卷的乡村小屋。我们看到他背着画板出发了。

圣伦纳兹的房子叫玫瑰山庄，在射箭花园的北边。我和西瑞尔在海边找到了很多乐趣。那时我们的年纪够大，可以自己出去玩了。有时我们玩得忘了时间，会错过午餐。我们不能单独去游泳，游泳需要很正规的程序。范妮姑妈和艾米莉姑妈会陪我们去，把她们硕大的泳装用浴巾裹起来捆上。她们会选择一个游泳机，跟艾瑟儿一起用。我和西瑞尔挤进另外一个。我们不会游泳，被带到黑斯廷斯码头上游泳课。教练把一根绳子系在我们腰间，让我们从跳板跳下去。这对艾瑟儿来说是小菜一碟，但我会站在板子上瑟瑟发抖，周围是两位姑妈和教练在鼓励我——直到教练拉紧绳子，将

"站在板子上瑟瑟发抖"

我拉入水中。我将头冒出水面，手忙脚乱、惊慌失措地爬上台阶，哪儿还顾得上旁边的人喊的"慢点儿！别慌！"

父亲在诺曼底待了两周，他带回了在利雪、翁弗勒尔和鲁昂创作的速写。他给我们描述了那里的大教堂和诺曼底一些可爱的小教堂，还有他是如何在地面铺着沙子的小客栈度过了两晚，那儿的红酒不到一法郎一瓶。他保证，如果有一天他存够了钱，一定带我们一起去。

艾瑟儿现在是哈利街上女王学院的学生了，在功课上把我们哥儿俩远远地甩在后头。她已经在读罗斯金[1]，各种场合都引用他的话，我们的耳朵都听出茧子了。她在伦敦音乐学院上钢琴课，我每周也带着小提琴去那里上一次课。我要站在赫尔·波利策面前拉一段琴，然后再跟萨蒙德小姐学习。她非常有耐心，对我更重要的是，人很漂亮。我在那里学习了三年，但我总是没有时间练琴，进步很慢。在离开圣保罗公学之前，我就永远地放弃学习音乐了。

在我们的新家里头有很多事情可做，但我和西瑞尔还是一有时间就跑到周围去探险。我们从后面工作室的门溜出去，到巷子里。那里的路没有铺金属支架，泥泞至极，我们要挑能走的地方走，途中经过海狸客栈的高墙。巷子尽头，在河边有一座工厂，从这儿我们往左或往右。我们更喜欢往右走，因为那里通往奇西克和驳船，驳船的红帆卷起，停泊在河心岛对面的泥滩上。我们喜欢研究那些老房子，尤其是草莓山庄[2]。我们最远会走到老奇西克教堂，那里的路边有一间小客栈和桑尼克罗夫特造船厂。有一艘新建造的叫"毁灭者"号的鱼雷艇正好停在河上。我们推测她的大炮的尺寸，结论是前甲板上的那架大炮应该能发射十二磅重的炸弹。一个水手告诉我们，她的航速几乎有二十节[3]。后来，我们看到了"速度"

"我们推测她的大炮的尺寸"

号鱼雷炮舰，在河上算是庞然大物。

父亲每周日带我们去奇西克的教堂。我很愿意去，因为我知道我能在桑尼克罗夫特造船厂看到有趣的东西。教堂的活动结束后，我们会跟卡尔特普一家往回走，他们是父亲的故交。克劳德·卡尔特普[4]是一位出色的油画家，那时才刚去世，还没到中年，留下太太和两个孩子，埃弗拉德和霍普。

埃弗拉德比我们年长几岁。他上的也是圣保罗公学，但在我们进去之前就毕业了。当时他是伍尔维奇的海陆军官学员，在"绍普"号学习做一名炮手。他是非常聪颖的制图员，当然可以成为一名画家。他在炮兵部队的职业生涯很璀璨，对东方战略颇有研究，学习了中文和日文，成为驻东京的武官。卡尔特普一家在摩尔，离哈默史密斯桥很近。那是一座迷人而古老的房子，一层有玻璃走廊。次年，我就是从这里第一次观看赛艇对抗赛的。我们走到他们家费了很大力气，因为桥边的人群特别拥挤，附近酒馆里也是人满为患。在人群中，小贩们售卖为对抗赛助威的商品，有浅蓝和深蓝两种，有的是用纸做的，有的是用染色的稻草做的，每个一便士。有些更贵的，做成了鸟的形状。每个人似乎都穿戴着自己支持的校队的颜色。对抗赛开始后，欢呼呐喊声响彻沿河两岸，赛艇逐

渐靠近，从哈默史密斯桥下箭一般地划过，进入我们的视线。那次我的内心是欢喜雀跃的，因为深蓝色的赛艇一舟当先。

　　埃弗拉德的堂兄戴恩·克莱顿·卡尔特普，也经常在他们家。他是演员约翰·克莱顿和妮娜·布西科的儿子，也是圣保罗公学毕业的，现在在圣约翰伍德美术学院学习。他问我是否想成为一名画家。当听到我肯定的答复后，他说，那会是不稳定的生活，挣钱很少。但同时，他还是支持我的理想，因为那相当值得。

我们经常去卡尔特普家做客，如果埃弗拉德在的话，他会给我讲艺术和画家。他一直在研究法国印象派画家。那时，我已经从父亲的一些画家朋友那里听说了印象派画家。父亲的画家朋友是画水彩的，他们会坐在一起，抱怨他们所称的"偷懒的画儿"。他们画一幅画要付出艰辛的努力，年复一年，同样的主题，同样的颜色，但作品可以马上售出。画廊全都是画作，在开幕那天，经纪人彼此竞争，有时候会买下一整墙的画，好赖一把抓。

我会听到这样的评论："不如画一双靴子了"，或者"那个家伙画了一摊芥末酱——芥末酱！——还有脸称那是画"。我只是听着，心下琢磨。父亲最好的朋友弗兰克·迪克西，他受的是学院派训练，而且身份是皇家艺术研究员，他从来不说这样的话，品味上也更接近天主教。很多年后，我结识了一些印象派画家，并经过多年刻苦学习素描，走上了一条中规中矩的绘画之路。弗兰克鼓励我学习绘画，让我试着画油画。有很多次，我在他位于皮尔街的画室给他当模特，他还给我调色板和画笔，摆上花瓶或者其他瓶瓶罐罐让我画。我在帆布画板上画画，很快就遇到麻烦，但那寥寥几笔，就能让我找到做一个真正的画家的感觉。周日下午和晚上，我们总是和迪克西一家在菲茨罗伊广场的宅子度过。弗兰克的姐姐玛格丽特，我们叫她明妮，也是一位画家和插图作者。她有画室，在家里的一楼。他们的父亲，托马斯·迪克西，那时刚过世了，所以他们在找离伦敦远一些的住所。我已经够大了，可以留下吃晚餐。能遇到那么多音乐和艺术界的名人，听他们说了不起的世界上正在发生的事，这真是莫大的款待。

在菲茨罗伊广场一侧，是步兵团义务兵总部。在星期天的下午，从迪克西家的窗口，我们能看到他们集合，从房子里涌出来，调整头上高帽和身上的装备。接着乐队会出现，并且开始演奏。他们正步走，后面跟随着一群观光客，直到鼓乐声渐渐消失在远方。我决定了，假如我不能做士兵，那至少要做一名义务兵。

我们回家是从波特兰路坐地铁到哈默史密斯。星期六和星期天晚上走在国王街上不是很好的经历，那里有太多醉汉。酒馆营业到午夜，每家店前都有吵闹的人群，连人行道上都挤满了人。可悲的是看到那些妇女，经常怀抱着幼儿，耐心地等在外面，为了接自己的男人回家。打架也不少见，我们要躲着他们走。星期天在伦敦是阴郁的日子，难怪那么多人到酒馆寻找慰藉。星期六晚上就很不同了。商店开门直到很晚，生意火爆。吉姆·伯罗斯，自称为"屠夫之王"的，站在商店外面卖肉。他的嗓音洪亮，头脑机智，不停地吆喝自己家的商品。他家对面也有个肉铺，是他的死对头，两家比着减价。顾客就会从中选择更便宜的一家。

日子久了我才明白，原来这两家店都是精明的伯罗斯先生的，他设了假对手，真是十拿九稳的生意。

吉姆·伯罗斯，"屠夫之王"

1. 约翰·罗斯金（John Ruskin，1819—1900），英国作家和美术评论家，他对社会的评论使他被视为道德领路人或预言家。——编者注

2. 草莓山庄（Walpole House），又名 Strawberry Hill，是收藏家霍勒斯·沃波尔（Horace Walpole）的宅邸，位于泰晤士河岸边，为哥特复兴式风格。

3. 船的航速 1 节即 1 海里/小时。——编者注

4. 克劳德·卡尔特普（Claude Calthrop，1845—1893），英国画家。

布舍尔预备学校

开学第一天，我和西瑞尔兴高采烈地出发去柯莱庭预备学校[1]。我们是步行去的：沿着国王街、布劳德街，经过医院，就看到路边矗立着一座巨大的红砖校园。学校的大钟表面是金色的，我们看表就能知道是有足够的时间，还是必须快一点。柯莱庭之前也叫布舍尔预备学校，它在圣保罗公学的对面，像它的大哥一样也是红色的建筑，但不那么显眼。我们跟另外几个新生站成一列，接受吉米·布舍尔校长的检查。我们被分了班，在课间被叫到办公室，试戴学校的帽子。学校没有校服，但我们不能戴颜色鲜艳的领带。我觉得自己很小，因此遵循尽量让自己显得不起眼的黄金准则。课间时我们得到了帽子。校帽是深蓝色的，上面有白色的马耳他十字[2]。我发现我们成了几个大男生感兴趣的对象。"你叫什么？""多大了？""你爸干什么的？""你上过哪所学校？"似乎没人知道奥利弗。这里看不到霸凌的迹象，所有老师也跟我们习惯了的那些老师不一样。

放学后，我们跟一个叫布劳德的男孩一起走回家。他已经在布舍尔预备学校上了几个学期的课，相当高傲，不过他给了我们很多有用的建议。他住在斯坦福德溪，后来我就对他相当熟悉了。他是一个大家庭的长子，有很多兄弟姐妹，他的父母拥有一座叫"溪边小筑"的舒适的白色房子，有一座花园面朝绿坪。他跟我同龄，但是身量已经差不多跟西瑞尔一样了，他告诉我应该穿长裤，这对我来说就仿佛往伤口上撒盐。

　　我觉得自己的教名非常丢人，他问我的时候，我脱口而出。他说，这就是个根本错误嘛，不被嘲弄才怪。"'欧内斯特'，什么鬼名字！"说完他大笑起来。我多么希望我的名字是乔治、威廉什么的，或者像他那样叫约翰也成啊。

　　我们到家时，丽兹已经准备好了下午茶，急切地想知道我们对新学校的感觉如何。我们就告诉她看起来还不错，学校的操场很大很好。我画了一幅地图给她，告诉她洗涤室在哪里，学校尽头的沥青地上立着的转伞 [3] 在哪里。我还告诉她，我发现有几个男生也穿着灯笼裤，我就不那么担心了。我们给她看校帽，告诉她我们被分到了哪个班。那天我们带了三明治做午餐，后来父亲问我们是否愿意每天都这样带午饭，因为在学校餐厅买饭有点贵。

　　每天到了学校，一开始先是在大礼堂做晨祷和唱圣歌。因为我高音还不错，不久就加入了学校的合唱团。冬天的体育项目是足球，我爱上了这项运动，和其他低年级的男生在午餐时间踢踢球。我没觉得学习太难，可拉丁语或希腊文总也没排到前头，后来，我升到高年级班，这两门课成了我的弱项。美术课很无聊，给我们正方体和圆柱体来画素描和阴影。直到我到了圣保罗公学，才真的愿意去美术学校学习。

我们在布舍尔上了没多久，布劳德就邀请我们在一个半日假期去他家喝茶。他家的花园很大，兄弟姐妹也多，我们能玩得热火朝天。我们创建了一个类似俱乐部的团体，宗旨主要是吃。我们用零花钱来买各种喜欢的食物，然后到布劳德家的凉亭碰头，把买到的东西放在一起，大快朵颐。这一切进行得很好，但也不总是顺利。

"到布劳德家的凉亭碰头"

有时经费非常不足，布劳德的弟弟妹妹们就去他们母亲的储藏柜里东翻西找，这样就跟厨子有了摩擦。有一次，我们在国王街发现了一家商店，有论堆卖的处理的沙丁鱼罐头。我们花两个先令买了十二罐，到凉亭里打开吃。我们吃出味道有些奇怪，果不其然，全体肚子疼，布劳德夫人给我们吃了泻药才好。我们成了园丁的眼中钉，这不稀奇，因为我们总是不爱惜花床，在灌木丛中间搭窝棚，在工具棚乱翻，寻找各种尺寸的木板。马棚和马车房有阁楼，上面储藏着苹果。一个小弟弟找到了钥匙，但是没有声张，直到他的哥哥发现他的口袋里有苹果。于是我们叫他叛徒，那钥匙也被充公了，我们几个大男孩借了拿到钥匙的光，可算吃美了。

布劳德家有个朋友，一个叫伊娃的小女孩，我深深地爱上了她。她家住在辛克莱尔路上，她还有两个妹妹。她们经常到布劳德家玩，我们就一起在花园里玩。她跟我年纪相仿，约翰成了我的情敌。我要遗憾地说，他总是占上风。

在爱的动力的驱使下，我请父亲让我们去上跳舞课。舞蹈班在波普医生家附近，于是，一周一次，艾瑟儿、西瑞尔和我就去那里，带着我们的舞鞋。我所关心的，就是把自己收拾得干干净净，用心挑选衣着。我们的老师叫汤普森小姐。她身材娇小，气质优雅，可满脸皱纹。她身上的香水味我不喜欢，但跟她跳舞是很好的享受。她会大声说："带上你们的舞伴，我们来跳谷仓舞。"这时就会有好几个人冲向伊娃。我常常抢不到第一个到她身边，一旦没有选到她，我只好另选一位不那么吸引人的舞伴。有位年轻人在演奏钢琴。"咚嗒嗒，咚嗒嗒，咚！"他有一头帅气的鬈发，柔顺发亮。下课以后，我们会跟女孩们和她们的女家庭教师走到马拉有轨车的车站。分别之后，我就期待着下一周。我非常用心地给伊娃选了一张圣诞卡，上面点缀了最含情脉脉的诗句，可这没有任何效果。实际上我跳舞不好，虽然跳波尔卡或者四人舞我感觉还行，但花了很长时间才终于掌握了华尔兹。

　　十一月，学校准备在操场上举办大型烟火表演，让我们带自己的烟火来锦上添花。桩子和木架支起来了，我们都期待着一个美好的夜晚。但令我们失望的是，那天突然下起瓢泼大雨，烟火表演被延期了。几天后，表演再次举行，那晚天气有些潮湿，雾气蒙蒙，而我们的烟火早都消耗光了。烟火表演不怎么成功。

　　圣诞节，布劳德家在"溪边小筑"举办盛大的晚会。我们可以在房子里自由活动，他们的堂兄是一位专职的艺人，给我们带来了几个小时的欢乐时光。他唱了一首招人喜欢的歌：

哦，苏珊娜，不要为我哭泣！

我来自阿拉巴马，带着心爱的五弦琴。

我们最喜欢的那段歌词是这样结尾的：

她嘴里吃着荞麦饼，但两眼泪晶莹，

我离开故乡来找你，苏珊娜，别哭泣。

那年冬天雪很大，我们好好地组织了打雪仗的游戏，"牛津"对"剑桥"，由两个"大师"领队，一个叫"桑奇"（"桑奇"后来成了大法官），一个叫"布朗约翰"。那个学期结束，我得到了平生第一个奖。那是一个——当然——画画方面的奖，因为这是我唯一的闪光点。奖品是汤姆·布朗写的《校园岁月》，有原版插图的。我开开心心地读了那本书，之后还一读再读。过后，我升到了斯金纳的班，初级一A班。我们赢得了六人足球赛的胜利，获得"优秀

足球队"的称号。决赛同初级一B班进行，那是一场攻坚战。斯金纳和麦克道格是两个班的班主任，他们跟我们这帮学生一样兴奋。我们只踢进了一个球。布瑞奇斯，我们的守门员，是那场比赛的一大功臣，他是一名铁门将。斯金纳准许我们三天不写作业。

在斯金纳班上我待了两个学期，然后出乎我自己的意料，被升到了最高的班级，高级一班。在那里我很快乐。我们有位老师叫博亭，他不光是一位好老师，还是个开朗的好人。我在这个班有个特别的朋友叫威廉·坦普尔，大家都叫他"小胖"。在班级每周的名次排行单上，我和他总是各居一端。不用说我是哪一端的，尽管有一次我超过了他，让他大吃一惊。他的父亲是后来的伦敦主教，主持了我的坚信礼。坦普尔是与我同一时间离开布舍尔的，他去了拉格比公学[4]。那时我多希望他能跟我一起上圣保罗公学。但是即便他来了，也不会有什么不同：他偏文科，而我侧重理科方面。我认为他总是执着于追随他父亲的脚步，进入神学领域。作为十三岁的男孩，他有直率的品格和极强的幽默感。我想，他的年纪比我小几个月。

夏天在即，姑妈们邀请我们暑期花一部分时间跟她们去海边度假。那年她们去的是伊斯特本，租的房子在恩斯路。八月里我们去那儿住了三个星期。那次度假，我记忆最深的是在德文郡公园观看了全英草地网球赛。比赛与我以前看的朋友们打的草地网球赛有很大不同。尽管女士们所穿的裙子一样保守，但她们竞技水平之高，让我刮目相看。我看到伦肖[5]赢得男子单打冠军，巴德利兄弟[6]在双打中击败了所有对手。女士们发球动作流畅，虽然长裙、束腰和高领会影响身手，但她们仍旧在场上灵活地奔跑。混双的赢家是希利亚德太太和她的夫君——我这样说，是因为很明显女士水平更高。希利亚德先生丢了任何一个球，希利亚德太太都会喋喋不休地指责他。我坐在离她相当近的位置，什么都听到了。我以前真没想过，草地网球竟能引起如此强烈的情感纠纷。

过了几天，我们跟父亲去年结识的钓友去钓鱼。那次，他们俩差点儿没有逃过萨塞克斯义务兵团目标为海上浮标的演习。这一次，我们唯一的险境是艾米莉姑妈钓到第一条鱼时高兴得手舞足蹈，险些把船弄翻。

我二哥西瑞尔先我一年多离开布舍尔预备学校。尽管早上我们还是一路上学，但圣保罗公学放学晚一个小时。晚上我们一起在后面的书房里做功课，那里能看到花园。温驯的喜鹊也帮我们做功课，它住在笼子里，但是笼子的门从来不关，它总是跳进跳出，在桌子上这儿啄啄、那儿啄啄，叼起小东西。这只鸟喜欢藏东西，有一次它把墨水洒到我的作业上。暖和的日子，我们把它的笼子拿到花园里，在那儿它可是"一统天下"了。虽然我们把它的翅膀剪了，

可它还是能追逐其他鸟。只要墙上有转悠的猫，麻烦就来了，它眼都不眨马上去追，嘴里还喳喳地叫，笨拙的翅膀一个劲儿扑扇。只有丽兹的猫它不去追，它们俩之间似乎存在着某种停战协议。

圣诞节像旧时一样。买和寄圣诞卡，以及有限的零花钱可以买得起的小礼物，这些都增添了我们享受节日的乐趣。我们一年一度去威利伯父在肯辛顿的家，回来时便多了五先令的财富（两枚亮晶晶的新的半克朗硬币）。晚饭过后，我们被带到奥林匹亚看令人振奋的军事展示"奇特利尔"。很多红色军装的步兵在纸板做成的高地上奔跑。接着是特别真实的"赛马日"，露天剧场停了各种各样的车，从四轮马车到驴拉的平板车都有。最后我们看到了真正的赛马，有骑师、参赛的马、负责下赌注的人等。别忘了还有那些借下赌注行骗的人，他们脚底抹油想开溜，却被一大群人紧追不舍。

圣诞节前几天，我们去国王街买东西。我觉得灯火通明的商店和路边的小推车都非常美好。这些车是用石脑油火炬点亮的，会冒出黑烟，看着危险，的确也经常出事。在那里可以买到各种水果，苹果、橙子、菠萝和葡萄。烤栗子、烤土豆和大石榴一便士一个。卖牡蛎的车，在瓶子里点着蜡烛，非常受欢迎。一个人穿着脏乎乎的粉色紧身裤表演杂耍，有个小男孩做助演。小男孩站在他的肩膀上，他把闪亮的球抛到空中，由那个孩子来接住。这些动作完成之后，他会来一个亮相，傻呵呵地对观众笑，小男孩拿着帽子环场一周。我不羡慕他，他穿着紧身裤一定很冷吧。

　　国王街更北的"屠夫之王"那儿门庭若市，他的店门前挂着各种大小的火鸡。我们看到对面那家也是人声鼎沸。在竞争中，火鸡被顾客全部买光。

　　我们到家时，已经过了上床时间很久了。我和西瑞尔从顶层的窗户往外看。马拉有轨车已经停运了。在昏暗的煤气灯光下，我们看到运送水果和蔬菜的车子从亚克顿的蔬果园往考文特花园[7]去。马慢悠悠地走着，就算蒙着眼睛它们也认路，而披着麻袋的车夫当然会打起瞌睡。国王街的灯光渐渐暗去，但是在远处还能听见吉姆·伯罗斯的大嗓门，某处传来筒风琴演奏的《失落的和弦》的曲调。

　　姑妈们给了我们一只火鸡和很多盒糖渍水果，以及无花果和枣。我们剥了一些扁桃仁，在圣诞节的下午，摆了中间是水果、旁边围饼干的果盘。丽兹烤了一个无比美妙的布丁蛋糕，我们一起帮着布置桌子，把菜从厨房端上来。丽兹的两个姐妹埃斯特和玛丽安在下面陪她，帮她喝光一瓶父亲给她们的波特酒。埃斯特还是一如既往地戴着黑色的小羊皮手套，仿佛从来都不曾摘掉。吃过晚餐，父亲给我们读书。他是很好的朗读者，给我们读过狄更斯的大部分作品以及沃尔特·斯科特的一部分作品。不过，在那个光景，我自己听着听着就睡着了。

1. 柯莱庭预备学校（Colet Court），1881 年由圣保罗公学的校长助理布舍尔创办，接收 7~13 岁男生。最初叫布舍尔预备学校，1892 年改名为柯莱庭预备学校，2016 年更名为圣保罗公学初级校。

2. 马耳他十字是医院骑士团和马耳他骑士团使用的符号，来自第一次十字军东征所使用的十字。

3. 转伞（giant stride），早年操场上的一种儿童游戏设备，一根柱子，上面有若干绳子，游戏的孩子拉着绳子围着柱子跑，最后双脚离地"飞起来"，绳子展开呈伞状。现在这种游戏设备几乎已经看不到了，取而代之的是游乐园的旋转秋千（或旋转飞椅）。

4. 拉格比公学（Rugby School），英式橄榄球运动的诞生地。

5. 威廉·伦肖（William Renshaw，1861—1904），英国网球运动员，活跃于 19 世纪晚期，温网初创期间曾经取得六连冠。

6. 巴德利兄弟（Baddeley brothers），一对孪生兄弟，二人均为网球运动员。

7. 考文特花园（Covent Garden），位于伦敦西区，这里有以露天商贩为特色的果蔬市场。

冷冬

那年圣诞节后天气骤然变冷，我也深受其苦。我穿灯笼裤，外加相当粗糙的精纺长袜，刺骨的寒风把我的脚踝和膝盖都吹皲了。我总找不到手套，手也冻了。一定是我太细皮嫩肉了，因为艾瑟儿和西瑞尔似乎都没有类似的苦恼。我准备做一些假期手工，做这些最好的地方就是厨房，那儿总是暖和舒服。我们通常写作业的后院书房只有一个小炉子，我们要蹲在旁边取暖。吃过晚饭，小客厅的炉火点得更旺，我们都想在那儿多坐一会儿。父亲坐在椅子上打盹儿，注意不到时间过去了多久。有时他会突然醒来，看一眼表，大声喊："孩子们，看看都几点了！你们一个钟头前就该上床睡觉了！马上去睡觉，不许再聊天了！"我们都回到卧室，飞速脱掉衣服，哆哆嗦嗦地钻进冰冷的被窝。

雪上加霜的是，那年我家的水管冻住了，甚至我们这幢联排屋的主水管也冻了。来看情况的自来水公司的人说主水管离地面太近，于是他给我们接了一段立式水管。四五年前住在肯特台的时候，我们也经历过同样难熬的一段日子，要用水桶和水壶从外面把水提到浴室。我们的卧室一直跟冰窖似的，洗手池那儿的水壶到了晚上经常冻成冰坨。早上在煤气灯旁边起床真是遭罪，楼下叫我们很多次，可还是叫不起我们，直到丽兹摇响叫早餐的铃铛。拉有轨车的马也怪可怜的，它们的日子不好过。不铺沙子，它们就没法迈开腿，就算走起来了，它们也会喷响鼻，在寒冷的

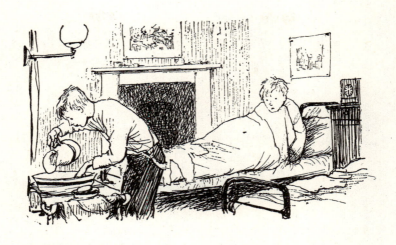

风中浑身散发热气。

　　节日期间我们得到了一次很棒的款待，父亲带我们去水晶宫看了一场圣诞趣剧。我们坐火车去的，正午前抵达了剧场，先去餐馆吃饭。一个穿着脏乎乎的白衬衣的侍者为我们服务。那真是一桌盛宴——烤猪排又大又嫩，我们还喝了很多杯苹果汁。下午场的趣剧不如三年前我在德鲁里巷剧院看到的那般精彩。不过，在我来说，演出还是因为有了茜茜·洛夫特斯[1]而变得难以忘怀。她扮演主角男孩一角。她不光模仿与唱歌俱佳，还那么快乐，没有哪个男孩能有她那样一双可爱的长腿！父亲给我们买了彩图节目单，上面有她的照片，我剪下来保留了很多年。演出之后，我们去看院子里圆形建筑中的全景画卷。它展示了一八七〇年巴黎被围城的情景，由一位擅画战争场面的法国著名油画家旧景重现。走上院子中间的小塔，上面是一个画廊，我们从那里环视巴黎郊外一次突袭的战争场面。画面非常逼真，我几乎以为是真实的。我一两年前在威斯敏斯特的水族馆看过类似的全景滑铁卢战争画卷，但眼下的这幅好太多了。

画于水晶宫

　　大约这个时期，父亲安排将工作室分租给一位叫布鲁诺尔[2]的画家。布鲁诺尔先生住在贝德福德公园附近，用一辆手推车载来他的画板和一些作品。他是皇家水彩画家协会的成员，但大部分时间用油彩画日落。我想他的作品还没有机会售出，但我相信他跟父亲一样努力，并且是一位很好的房客，一个很和善的人。他会在上午九点半的时候到工作室，如果我们的喜鹊在外面，它会陪他穿过花园，一路追着啄他的裤腿。布鲁诺尔先生是一个叫"匿名者"的画家协会的成员，这个协会的成员每周四晚上在弗兰克·迪克西家的画室碰面。每周他们会阅读一篇关于最热门话题的文章。父亲告诉我们，其中有两位成员是很坚定的激进分子，时常会出现火爆的争论场面。

　　当时有很多失业的群众，会有一小群人在街上游行，大喊：

　　　　无工无收入，
　　　　无工无收入，

贫穷加饥饿，

无工无收入。

有时交通会因游行而中断，等扯着标语的人群走过。我们听说在特拉法加广场[3]集会后发生了暴乱。有配图的报纸上全都登载了那些惊心动魄的照片。幸好寒冷的日子过去了，不然那些失业的人生活一定非常艰难，没有收入，无法买取暖物资。我们也一样，感恩寒冬终于结束。丽兹又可以用厨房的炉灶了，她发现在煤气炉上做饭很不顺手。

到了三月的某一天，我们收到了艾伦姑妈的邀请，让我们去萨塞克斯住些日子。艾伦姑妈的身子不太好，伦敦的天气也不适合她，于是很多年前她决定离开戈登广场的姐妹，不听她们的劝阻，独自到乡下生活。她在那里过得很好，她找到了一个一门心思照顾她的苏格兰女佣，一直陪伴她三十五年，直到她过世。这个女佣叫甘森，来自设德兰群岛。姑妈对宗教和烟草的邪恶有着强烈的立场。她们两个人住在斯泰宁小镇，我们约定复活节假期去那里。艾伦姑妈家的房子在班波路上，双栋房屋中的一座。从她家后面可以看到秀丽的丘陵⁴风光，但房子是砖头和燧石材料的，样子非常难看。这座房子如今还在，一如既往地丑。艾伦姑妈的耳朵很背，用一个号角状助听器，但她总是把它放在裙摆上，就很难听到别人的声音，不过这样反倒不容易受惊吓。她家还有两只狗，一只叫迪克，另一只叫吉普，品种未知，缺乏锻炼，越长越胖。她还另有一奇怪的宠物，是一只养在花园里的小绵羊。这个小家伙是隔壁邻居，一个叫克劳汀的古怪医生送的。在我看来，姑妈家真是太迷人了，有两只狗和一只羊——这一切，我要说，真是美美的日子——加上甘森殷勤的照顾，对我们嘘寒问暖，准备最可口的饭菜。

早上小羊会来跟我们打招呼。它的棚子在花园尽头，我们一叫它，它就会蹦蹦跳跳地朝我们奔来。我们给它做了一个小项圈，用绳子牵着它出门，可是克劳汀医生警告我们不要在大路上走，因为有流浪狗，它们可不像迪克和吉普那么友好。我们到花园地势最高的地方，翻过栏杆，来到丘陵上。我们用绳子牵着小羊，它跳来跳去，狗狗们也很高兴能出来玩，会钻进灌木丛追兔子。

我们发现医生是个很好玩的人。他带着我们散步，给我们讲乡间的事。他有个长胡子的朋友，有时也跟我们一起散步。这位朋友是一位自然学家，当真是位懂鸟的行家，一眼就能发现它们。但

是，他提着拐棍枪，把那些羽毛最漂亮的鸟打下来，丢进宽大的内兜。我忍不住想，他是为了彩色羽毛才猎鸟的。那时很多人收购羽毛，用来装饰女士的帽子。

周末的时候，父亲也来找我们了，我这才意识到有个不吸烟的父亲有多幸运。因为在艾伦姑妈和甘森的眼中，吸烟是最恐怖的事。隔壁的医生是个十足的大烟枪，姑妈对父亲抱怨，他烟斗里的有害烟雾甚至能钻进她的房子。父亲身为建筑师，凭经验开始研究，很快就找到了原因。原来在两座房子顶层中间的一个房间里，砖墙上有条大裂缝。甘森和女工凯特马上找来一卷纸和胶水，把这条缝堵住了。

斯泰宁车站离姑妈家约一英里远。这个车站在布莱顿线的分支上，有个货场。我和西瑞尔经常到那儿去，看小蒸汽火车头把货车厢拉到各自的位置。火车头是芥末黄色的，车身上印着 L. B. & S. C. R.[5]。水箱上面一圈金光闪闪的铜环。我那时开始对火车头产生极大兴趣，可以根据车轮的排法来区分—— 2-4-0 和 4-4-2，等等。一天，我们看到一节真正的煤水车停在道边，是一列 2-4-2 旅客列车。我们翻过栅栏，过去仔细看她。锅炉工在用油腻腻的抹布擦火车头。我们不好意思地走近他。他转过身，说："喜欢火车头？是不是？""对，"我回答，并且壮着胆子问，"您能让我们进去瞅一眼吗？"锅炉工大声叫："汤姆！这儿有两个小家伙想看看你的车厢。"从侧面探出一个脑袋，只听那人说："上来吧，小心别踩着油！"我和西瑞尔连滚带爬地上去了，哪儿还介意油啊。我们站在了真正的火车头的脚踏板上。汤姆给我们讲解所有扳手和仪表是做什么用的，还有如何倒挡。车厢每个地方都擦得亮光光的，他真心为自己的火车头骄傲。"她怎么启动？"我问道，紧张得都不敢呼吸了。"抓紧，我给你看。"汤姆回答。"靠边，大卫！"他拉动一个把手。我们平稳地往前行进起来，开到一个有停车标志的地方停下，然后倒退。我人生中最大的愿望之一就这样实现了，我想道谢，却激动得说不出话来。"没事的，孩子，"他说，"说不定有一天你能开火车呢。"艾伦姑妈听了我们这段奇遇，吓得不轻，我们告诉她火车没开很远，她才放下心来。

即将离开了，我们依依不舍，跟姑妈道别时，她说还会再邀请我们来。"如果我活着的话！"她添了一句。后来我们几乎每年都去艾伦姑妈家做客，甚至我结婚之后很多年，也经常跟我太太带着孩子们去她家小住。她一直都痛恨烟草，所以每当想过烟瘾的时候，我就拿着烟斗到花园去。她会从起居室的窗户向我张望，微笑着摇头，仿佛我还是个淘气的小男生。

离假期结束还有几天，我赶着完成了假期的功课。

回来时丽兹告诉我们，她在报纸上看到一则消息，说弗兰克·迪克西受伤了。似乎是他截住了一匹脱缰的马，"真是英雄壮举"，文章这样写道。我们马上到菲茨罗伊广场看望他的伤情，看到他卧床在家，腿上罩着一个很大的笼子。他的姐姐告诉我们，他乘坐马车回家，裤子撕破了，帽子也压扁了，直到脱下衣服才发现腿的伤情——从膝盖到脚腕的一道大口子。医生包扎之后，让他卧床休息，要养伤两周。弗兰克告诉我们，是一辆两匹马拉的马车造成的事故。马受惊了，狂奔起来。他抓住了飞起来的缰绳，可是被掀翻在地，还被马踢了一脚。他的口气非常谦卑，还拿受伤的腿开玩笑，说都给踢绿了，豌豆一样绿。他告诉我们他在圣约翰伍德买了一幢房子，经过必要的改造后，就能带着两个姐妹，还有他们的姨妈爱丽丝·伯纳德小姐搬去那里住。那座房子在格雷维尔，是摄政时代晚期风格的建筑，有一座非常迷人的花园。后院要盖一间画室，弗兰克后来放弃了皮尔街的那间画室。

他们搬家之后，画室建好前，我们经常在星期天去看他们。他们的侄女，小艾瑟儿·迪克西，有时候也在那里。在新房子里玩很有趣。小艾瑟儿和只比她大两岁的小姑妈多莉·伯勒斯，还有我和西瑞尔，我们会爬上爬下、追来追去，把衣服弄得不像样儿。

我们在迪克西家见过的音乐家中，有一位安布鲁斯特博士。

他除了是一名指挥家外，还是很出色的钢琴家。他也是百分百的"疑莎派"，跟我们说他证明了是培根写了所有莎士比亚的剧作，后来又声称培根是德国人。在日耳曼人精准完美的精神指引下他归纳事实，同他辩论可真是瞎子点灯——白费蜡。

父亲看到丽兹要承担的繁重家务，相当担忧，请教了波莉·迪克西。她保证找一个女孩来帮忙。很快，她写了信来，说她家厨子的一个年轻的亲戚应该会合适。那个女孩刚刚离开学校，很小，还害羞，她跟母亲来我家，事情就定下了。她的名字叫维托埃拉，她很愿意留下来。尽管不是没有顾虑，丽兹还是说她应该"可以"。虽然维托埃拉尽了最大努力，可还是不熟练应门的差事。原则上说，所有来访者都要受到迎接，煤气工要带到小客厅，对陌生人则不能一视同仁。一天晚上我们吃罢晚餐，坐在小客厅，听到有人敲门，维托埃拉战战兢兢地探头，声音颤抖地说："先生，快来一下，外头有个粗汉子！"父亲下楼去看，发现门上挂着防盗链。他小心翼翼地打开，只见一个头戴宽檐帽、身着厚重披风的身影。原来是隔壁的画家斯塔克普尔先生来串门。

1. 茜茜·洛夫特斯（Cissy Loftus，1876 — 1943 ），苏格兰女演员、歌唱家、娱乐剧场演员。

2. 爱德华·费德里克·布鲁诺尔（Edward Frederick Brewtnall，1846 — 1902 ），英国画家。

3. 特拉法加广场（Trafalgar Square），建于 1805 年，是伦敦威斯特敏斯市的著名旅游景点，南端即查令街十字。

4. 南丘陵（South Downs），位于萨塞克斯沿海的丘陵，有著名的海边白垩悬崖，现在有南丘陵国家公园。

5. L. B. & S. C. R.，伦敦、布莱顿、南海岸铁路公司（London，Brighton and South Coast Railway）的缩写，1846 至 1922 年间运营的英国铁路公司。

圣保罗公学

我很少在学校见到伯父，因为他的教室位于顶层的高年级那边。偶尔我能看到他，戴着学位帽、身穿长袍，他走下楼梯，或者往教师休息室走去。他近视很厉害，我从来没做过任何引起他注意的事，除了有一次，父亲让我转交一封信给他。我试着在课间去找他。他正与另外一位校长相谈甚欢，我只好等到放学之后，才壮着胆走上神圣的顶层走廊，在伯父走出教室的时候拦住了他。他见到一个小男孩找他搭话，很惊讶，从眼镜里好奇地瞥了我一眼。

"等一下，先生，"我磕磕巴巴地说，"这儿有我父亲的一封信。"

"哦？"他说，"你的父亲，哦！"显然他并未认出我来。

我把信交给他。他摘下眼镜，换上另外一副。这时，我开口道："先生，我是您的侄子欧内斯特。"

他一下露出笑容："天啊！原来是你啊，当然，当然。我真是糊涂，怎么没认出你呢，我眼睛近视，你知道的。那么，你喜欢在圣保罗上学吗？"

"我很喜欢这儿，谢谢您，威

利伯父。"我答道。

他笑眯眯地看着我，说："哦，信！让我看看你爸爸写了什么。"读罢信，他说："喜欢你们的新家吗？"

"非常喜欢，谢谢您，先生，哦不，威利伯父。"

"嗯，告诉你爸爸，我会回信给他。"

"谢谢您，先——威利伯父。"说完，我拔腿就跑了。

遇到校长"老学究"的情况就不同了。我们太常见到他了。对任何男生来说，最惨的惩罚就是被叫到教室外面等着。"老学究"有个习惯，喜欢兜圈子，在没有任何通知的情况下闯进教室里。他会威风凛凛、大步流星地走过走廊，在门外被罚站的男孩就算躲到衣帽柜后也没用。他在很远的地方就看到那个孩子，然后直冲过来，大吼一声问这个孩子在那儿做什么。孩子会结结巴巴地解释，但肯定会被打断："大声说！"然后是，"你叫什么名字？"他会拉开门，把那个孩子带到他的办公室里。我认为大多数老师也跟我们一样，害怕这种闯入。一旦听到"老学究"来了，大家都连忙表现出非常勤奋和清白羔羊的样子。每个低年级老师都有一根拐杖，我觉得这些武器并不常派上用场。只是有一次我被杖打了，毫无疑问，完全是我自找的。那

事跟温赖特先生有关，布劳德也一起受到惩罚。温赖特先生下手不重，但我的屁股还是疼了好几天。最糟糕的惩罚由校长裁定。如果罪行被证实就需要"送到门房"，由一个络腮胡子的门房校工头儿执行惩戒。传说那才是真疼。

温赖特的教室在顶层，可以俯瞰伦敦南区到伯爵宫的美景。我们能看到建设中的展览中心，大转轮也在搭造中。很幸运，我的课桌靠近窗边，我看着那个大转轮慢慢地建起来，逐渐高过周围的建筑物。首先是支撑的横臂，然后是巨大的圆形轮体，距地面一百五十英尺[1]高，接着是钢质的轮辐。建成之后，它看起来特别像一个无与伦比的自行车轮，轮子上吊着一个个车厢。大转轮的运行不是很成功。有几次它卡住了，倒霉的乘客被困在天上好几个小时。温赖特教室的一个好处是我们的走廊在顶层，"老学究"很少闯到这边来。这里有一些科学教室，包括实验室。

两个学期过后，布劳德和我升到了查特先生的班，他的教室在最底下一层，在这里就总也躲不过"老学究"的突袭了。不过大体说来，我们还是很喜欢查特先生的，尽管这位班主任老师经常冷嘲热讽，学生们都受不了他的脾气。我们学习历史、英文，读了《第十二夜》的选段。那时我还没有上过科学课，直到升至托马斯先生的班上，才开始有科学课。他的课非常有意思，我们有实践科学和生理学，写很长的论文成为这些课程作业的风气。我们互相竞争，看谁写的论文最长。托马斯会揪着胡子，仔细看大页大页的纸，然后扔到桌上，说："这篇文章会让你开心，可我觉得它又臭又长——把这些破烂拿走。"我们到华生博士的教室上生理课。我们都喜欢他。他个子不高，身材清瘦，充满活力。他真的教了我很多。还有一位老师姓福尔摩斯，自然我们把他俩配成一对，福尔摩斯与他的朋友华生博士，我们就这么称呼他俩。还有传言说他们一起去探案呢。一周一次，我们听沃特金斯讲物理。他把空气从瓶子里压出，形成真空，在黑板上画图表。我们应该做笔记，但我的笔记非常潦草。我们的时间一部分用在实验室里，名义上是怀特先生负责，他的外号是"洗瓶子的人"。他没有什么权威感，我们喜欢做什么都行，大部分时间都在做没人监督或有危险的实验。我们把烧瓶和鼓风机放在长条板凳上，试着用一些白色粉末制造有颜色的珠子，或者用硝酸溶解东西。有一次发生了大爆炸，"洗瓶子的人"冲到教室角落，那儿有个男生，手被烫得不轻。硫化氢保存在玻璃橱柜里，我们有机会就到那儿去，让门开着，气味慢慢地在实验室里扩散，直到"洗瓶子的人"闻到。当他匆忙地赶到橱柜那里，我们就会开始咳嗽，变着法儿地让教室乱成一锅粥，他便吓唬我们说要去报告。我们还自己兑柠檬水来解渴，用碳酸氢盐、柠檬酸和酒石酸做原材料。我知道这对我们没什么好处，因为我们不知道正确的配比，可做出来的水有很多气泡，喝着挺痛快的。

每周有两个早上我们去美术学校画画。这跟在布舍尔预备学校有很大不同。这所美术学校准备了丰富的石膏像，墙上挂的是圣保罗公学毕业生的作品。其中有一幅埃弗拉德·卡尔特普的画，是木炭笔画的哈默史密斯桥习作。最让我开心的是，在这里我得到鼓励，将自己视觉上的想法诉诸笔端。每种主题我都画，尤其喜欢画战争场面，我通常会画一两幅作为作业。美术学校还是普通人遇见未来大师的地方。在那里我看到G.K.切斯特顿[2]和康普顿·麦肯齐[3]（那时他还叫康普顿）。

教我们的老师是哈里斯先生。他总大声说："如果你们再这样我就杖打你们了。"但我从没见过他动手。然后是两个助理老师，"狐狸"霍尔顿和他的弟弟"宝贝"。他们似乎可以应付任何形式的画，包括我从来没精通过的透视原理。

"尤其喜欢画战争场面"，画于十四岁

很快，我可以坐在高凳上，用绘图板画石膏静物习作了。有一两个幸运的同学可以大部分时间都待在美术学校。后来，在圣保罗公学的最后两个学期，我也跟他们一样，进入了"特殊绘画班"。

校长将我们学校的学业标准提得非常高，在所有公学里，圣保罗公学是赢得大学奖学金人数最多的。"老学究"是个热忱的奖学金追求者，当他了解到我想以绘画为职业时，就明确向我表示，我一定要确保自己能获得皇家艺术研究院的奖学金。他来美术学校时，对我相当和善。他将一只沉重的手搭在我的肩头，用沙哑的声音说："咱们的小画家进步如何啊？"令我多少感觉有点儿尴尬。

在美术课上，我认识了两个年纪比我大的男孩，我想他们是军校班的，分别叫里奇和科利森·莫利。科利森·莫利跟我一样热衷于军事题材，他给我看上一年秋天他观摩军队演习时画的画。离开学校后，他加入了国防义勇军，并升到伦敦营指挥的位置。他在一九一五年九月的鲁斯战役[4]中阵亡。里奇加入了英国陆军，受命指挥苏格兰人来复枪军团。一九一五年春，在纪梵希战役中，苏格兰人来复枪军团被击散，大多数军官牺牲了。里奇，还有我在肯特台的童年伙伴沃基斯·罗伊德双双阵亡。假如他们知道，五十年后，指挥最伟大的军事行动的人[5]，正是曾在同一座楼里学习过的圣保罗公学校友的话，那该有多么欣慰。

从布舍尔预备学校转入圣保罗公学的那年冬天是令人难忘的，因为那年学校橄榄球队创造了史上最好成绩之一。队员有克莱门蒂·史密斯、贝雷、"牛奶"斯特曼和里基茨，后者是出色的全卫，助力校队赢得所有比赛，除了一场——对汤布里奇或贝德福德。我们站在绳子后面，齐声高呼："圣保罗，加油！"声音响彻整条哈默史密斯大道，大家的父亲、母亲和兄弟姐妹们都来观战。我喜欢踢橄榄球"小联盟"，因为我身量小，动作敏捷，是半卫。西瑞尔够高，是前卫，在"中联盟"。他踢得很好，升到了"大联盟"，然后得到第三个十五色。他十七岁离开圣保罗公学，所以没机会再往上升。

在板球方面，学校的成绩没有那么闪光。但是在运动员中有两个跑步好的，弗朗西斯·威廉姆斯和圣克莱尔·史密斯，两人都打破过学校纪录，威廉姆斯是一英里跑，"汤米"史密斯是百米跑。复活节学期的运动是袋棍球，但是我认为这项运动不太流行：几乎找不到相关的赛事，因为其他学校都没有这个运动项目，虽然有几个俱乐部能作为对手，可他们离圣保罗公学很远，而且水平也比我们高多了。

然后，当然是青年团。尽管我对军事知识有很高的热情，却没有足够热情去问父亲我是否可以参加青年团。占用休闲时间，在石子路上行军、枪上肩，四人一列，前进和后退，这可不是闹着玩儿的。无论如何我都年纪太小，不能加入排级。这是在正规组织的训练营诞生之前的事儿，那时所有学校在暑假开始时去索尔兹伯里平原，进行正常的野外演习和模拟战斗。

我去圣保罗公学的第二年，姑妈们到吉尔福德附近的沙尔福德避暑。她们租了一所牧师住的宅子，根据已经建立的习惯（后来又延续了三年），我们应姑妈们之邀去一同小住，度过了非常愉快的暑假。肯辛顿的表兄妹也在吉尔顿租了一座房子，从圣凯瑟琳坐渡船过去很容易。我们经常互相串门。表兄妹家人口很多，五位千金和两个男孩。最小的是道格拉斯，比我们小几岁，但他是最会玩儿的，是出色的杂技演员。后来他脱颖而出，加入了皇家凯馥酒店，在那里表演倒立双手走路。

我们一起野餐，喜欢坐在圣凯瑟琳附近两条隧道之间的铁轨边的坡上，看火车喷着蒸汽从眼前驶过。大人们在牧师宅子的草地上举行正规的门球聚会。有一次，当地的教区牧师助理和他的太太应邀参加。比赛时，艾米莉姑妈一记华丽的挥杆，令我们惊恐万状，眼睁睁地看着球在草地上弹了几下，直对着牧师助理的两腿而去，而牧师助理正背对着球场，跟人聊得热火朝天。球不偏不倚地击中了他，他哇呀一声惨叫，蹿起老高。可怜的艾米莉姑妈永远不会忘记这个悲惨的事件。

　　牧师宅子的花园沿着主路，下面有一条溪流淙淙而过。另一边是盆栽花圃和工具棚。没多久我和西瑞尔就发现，园丁在工具棚里放了一辆老三轮车，门也没锁。园丁每周只来干三天活，于是他不在的日子，我们就骑着车在花园里兜风。我们把车推上坡，然后一路溜到溪边。哎呀！车闸是不靠谱的，不可避免的事还是发生了。我们都在车上，车把脱手了，我们叽里咕噜地掉进了小溪里。我俩费了半天劲儿把车擦干净，可车身上还是有泥巴的痕迹，园丁来干活时把我们狠狠地教训了一顿。工具棚从此上了锁，我们的小把戏

就此终结。

我们住在沙尔福德期间，在河上野餐了几次。我们从"快乐农夫"那儿租来小船，虽然没有大人我们不能独自划船，但我和西瑞尔还是偶尔去租一艘方头平底船。我想管理船的人知道，那种船几乎是不可能翻船的。

那是几年来我们过得最好的一次暑假。九月来临，我很沮丧，我们要回去上学了。这时，父亲的财政状况一定有所改观，因为给我们的零花钱多了。我和西瑞尔将这些钱物尽其用，先把钱存起来，然后找一天晚上去利里克歌剧院[6]看戏。我不知道那里为什么叫"歌剧院"，因为从来没听说那里上演过歌剧。直到奈杰尔·普莱费尔[7]接管后，才上演了一出《乞丐的歌剧》。后来那里被重新命名为"利里克剧院"。在十九世纪九十年代，那里是上演通俗剧的地方。节目经常更换，池座最前面几排的票价是九便士。我们会把广告画都看一遍，将有限的资金花在最精彩、内容最丰富的剧目上，例如《林恩东镇》[8]或者《火灾警报》[9]。后者的剧情中有一辆真正的蒸汽机车在舞台上。我们还看了一部剧，讲一个被冤枉的无辜之人，穿着印有箭头的囚服，跟一个经常进监狱的老油条（打诨插科的角色）和一个男孩从达特穆尔[10]逃跑的故事。这部剧真是轰动一时。"男孩"是由一个戴着金色假发、体形丰腴的女孩扮演的。小小年纪便要"蹲监狱"，真是很难想象。不管怎么说，他们越狱成功了，得益于一场如临其境的铁路事故，反面角色就是元凶。越狱者们设法搞到了一些行李，躲进了谷仓。"男孩"穿的裤子有点紧，爬梯子上稻草垛真的挺不容易。他们到了后台分开，观众席爆发雷鸣般的掌声，大幕落下。

"设法搞到了一些行李，躲进了谷仓"

我俩最喜欢的都是《以家之荣》。这是一部水平很高的通俗剧！只要那个恶棍一出场，全剧院的观众就会发出嘘声，他经历了千钧一发的时刻，恶行终究未能得逞。他将女主角引诱到阿尔卑斯山渺无人迹的地方，把她遗弃在那儿——捆着手脚，无依无助，在雪地里（舞台上）等死。观众们紧张焦急地期待，英雄能及时赶到吗？只听远处传来了呼唤！女主角提高声音，绝望地叫喊，只见一只成年的圣伯纳犬摇摇晃晃走上台，拉着雪橇走过"雪地"。这一幕，当然，令全场热泪盈眶，我怀疑观众中是否有没流泪的。

　　在国王街南面，有另外一座剧院，哈默史密斯综合剧场。那里也被称作"神殿"，上演水准不是很高但完全得体，却通常很无聊的剧目。包厢座位每位四便士，坐在那里膝盖顶着前面座椅的靠背，极不舒服。礼堂的地面坡度很陡，让人感觉若是踩空一脚就会跌进池座。如果剧情到了不受观众待见的地方，就会被他们大声的评论给打断。

　　我们没有告诉父亲我们去过那里，因为我们知道他对娱乐剧场演出有偏见。我想他应该没怎么去过。他将所有娱乐剧场演出视为伤风败俗。毫无疑问，这是因为他成长的背景——我的祖父对一切舞台表演，甚至正统舞台戏剧都抱有极端的态度，从来不允许我的姑妈们去看戏。我知道父亲经常跟朋友们去看戏，订婚后也带母亲去，母亲有很多戏剧界的朋友，包括埃伦·特里。

　　我和西瑞尔还有多余的零花钱，除了看戏之外，也有其他找乐子的途径。我们学着抽烟。"忍冬"牌香烟[11]一便士五根。我们会买一包过过瘾，偷偷在布劳德家花园的凉亭里抽，或者，如果我们知道父亲那天晚上要出门，就在我们家自己的卧室里抽。一天下午放学后，我和布劳德买了一包忍冬，走过哈默史密斯桥，转下纤道，找了一个黑乎乎的角落，点着了烟。桥下非常僻静，我们以为很安全，能避闪行人。此时却看到温赖特先生走过来，我俩都吓蒙了。我们小心地将帽子藏在口袋里，钻到码头后面，在那儿瑟瑟发抖。温赖特先生从我们眼前走过去。我想他根本就没看到我们，但连着好几天我都心惊肉跳，以为会被揪去送到"老学究"那里。

1. 即 45.72 米。

2. 吉尔伯特·基思·切斯特顿（G. K. Chesterton，1874—1936），英国作家、文学评论家。

3. 康普顿·麦肯齐（Compton Mackenzie，1883—1972），英国作家。

4. 鲁斯战役（Battle of Loos），第一次世界大战中发生在法国的一场战役。

5. 此处应指英国"二战"时期的陆军元帅伯纳德·蒙哥马利（Bernard Montgomery，1887—1976）。

6. 利里克歌剧院（Lyric Opera House），位于伦敦西区的一座剧院。

7. 奈杰尔·普莱费尔（Nigel Playfair，1874—1934），英国伦敦哈默史密斯区利里克剧院演员、经理。

8. 《林恩东镇》（*East Lynn*），英国维多利亚时代畅销小说改编的剧目。

9. 《火灾警报》（*The Still Alarm*），约瑟夫·亚瑟写的通俗剧，1887 年在纽约首次公演，后被改编为无声电影。

10. 达特穆尔（Dartmoor），为花岗岩高地，19 世纪初期建有达特穆尔监狱。

11. 忍冬牌香烟（Woodbines），英国 19 世纪流行的老牌香烟。

做一名画家

在圣保罗公学的最后一年，我真正对音乐产生了兴趣。艾瑟儿，那时弹奏钢琴已经有相当的造诣，会一直给我弹巴赫。我听不懂，对我这个仍未开窍的人来说，变奏曲似乎略显单调乏味。我会抱怨："姐，这曲子怎么都听不出来调儿呢。"她会不厌其烦地给我解释赋格曲不是以曲调取胜的。多年后我才理解她的意思。姐姐如果弹到肖邦，我就如释重负了。除了可以目读乐谱，艾瑟儿还有出众的音乐记忆力。在迪克西家或其他朋友家被要求弹上一曲的时候，她可以马上坐下来，上手就弹，不用看琴谱。

在学校，我有个非常热爱音乐的朋友。他叫佩顿，我们叫他潘。有时我去他位于荷兰路上的家听他弹琴。他跟我说他家有个年轻的朋友，嗓音很是优美。有天晚上他邀请我去听她演唱。我看到那原来是个金发编成一条马尾辫的小姑娘，感觉非常吃惊。她叫穆里尔·乔治[1]，那时也就十五岁，可她的声音非常成熟，受过完美的训练。她给我们唱了一整晚。我从来没听过这样的天籁之声，佩服得五体投地。她跟我们说以后她要以音乐为职业。七月，学校放假后，佩顿家在达切特租了度假屋，请我和西瑞尔去玩一天。穆里尔也在。我们早早吃过晚饭到河边去，悠悠荡舟河上，她为我们唱歌。过往的小船都会停下，房船里的人们也走出来听她唱歌。虽然后来我也经常听她的演唱，不过那一晚的歌声一直萦绕在我的记忆中。

那个时候，我已经很笃定要做一名画家。这令父亲很欣慰，从

各方面给予我鼓励。从众多美术学校中，我们选择了希瑟利美术学院[2]，因为父亲曾经在那里上过夜校。我呢，当然迫不及待想开始学习，但当时我只有十五岁，他们说我至少得在圣保罗公学再上一年。我不认为早早离开学校对我的普通教育有什么影响，我常想早两年学画会给我更好的开始。不过，就顺其自然吧。校长指定我获得一项奖学金，批准我进入"特殊绘画班"。不用说，我特别满意这个安排，虽然我还是很喜欢音乐，但已经对练小提琴失去了兴趣。

作为"特殊绘画班"唯一的学生，我有充分自由去支配时间。

美术作业，画于十五岁

我可以选择某一件我想画的雕塑。作业不再是一种累赘，因为我总是在家里画画，每天画很多速写。名义上我在托马斯的班里，只要每周上两次法语和数学课。

那个夏季学期，西瑞尔离开了圣保罗公学。他很难过，因为这意味着他要在城里的一间办公室里工作，五星期的暑假没有了，就算算上圣诞节和复活节，他的假期也仅有两周。他在劳合社的一个保险公司做职员。不过，这样的好处是他有了年薪，并且成为一名"都市绅士"，这是值得骄傲的事。为此理由，他给自己买了一顶圆顶礼帽。

我的假期还是在姑妈家度过。她们在伊斯特本租了房子，在塞尔温路上的一所女校。那座房子有太多卧室，楼上大多数房间都是关着的。我认为那座建筑物最大的优势是有一个设施完备的体育馆，我在那儿爬绳子、荡吊环，一玩就是好几个小时。在那儿我遇到一个朋友，叫查理的年轻人，他每天来砍木头、搬煤，照顾用来拉四轮轻便马车的胖嘟嘟的温顺小矮马。阿莉西亚姑妈确定了小马是安静的，四轮马车也是安全的，就大胆坐上了车。查理带她围着栅栏转了一圈。甚至连腿脚不方便的安妮姑妈也被劝着坐了上去。马车的形状像一个装在四个轮子上的很大的浴室座椅，离地面特别近，根本不会翻的。它很像画中的维多利亚女王在巴尔莫勒尔堡院子里的御驾马车。

查理在体育馆教我攀爬。不久，我就能爬到绳子上面，拍击一下椽子。可爬柱子就难多了，过了几个星期我才掌握。

那里有一座宽敞的花园，带网球场的，但维护得不好，我们几乎不在那儿打球。实际上，直到西瑞尔来这里度假两周，我费了很大力气割草，才可以在草地上打球了。西瑞尔在一个周六晚上到的，他说他很幸运，假期在八月，因为一个职员在最后一分钟跟他交换了休假日期。

因为有网球场和体育馆，我们能找到很多乐子。我们还去丘陵徒步。有时父亲和艾瑟儿也会跟我们一起去，我们会出门一整天，在小酒馆买三明治或面包奶酪做午餐（我和艾瑟儿要坐在外面）。我们走几英里，到七姐妹崖、弗里斯顿、东迪恩，然后到奥尔弗里斯顿。父亲经常抄小路去一所教堂，总能发现点儿有趣的事。他在奥尔弗里斯顿有一个最大的发现。我们在教堂东走西看，他在一片杂草和灌木丛里发现了一处坍塌的建筑物。我们听到他大声喊："我说，孩子们！看我发现了什么！"我们马上来到父亲身边。只见他激动得几乎手舞足蹈："我觉得这是一座牧师老宅。"说着，他钻进了破旧的门洞。"是的！看！这是房顶的椽子，还有一间侧室。"地板铺得潦草，还长了很多杂草。墙壁是石头的，摇摇欲坠，半个屋顶已经不见，到处积满了

鸟粪。我们在那儿待了很久，父亲又是丈量，又是在小本上做记录。屋子外面杂草和灌木丛非常茂密，有些地方都长成了墙，我们根本走不出去。很晚了，父亲才依依不舍地离开。"我琢磨，"他说，"牧师是否知道这到底是什么。非常独特，相当独特！"我们回到家，父亲给当局写信，毫无疑问，也一定给牧师写了信，告

诉他们他认为应该如何拯救这座建筑。这座建筑经过修葺，现在当然已经成为著名景点，是萨塞克斯基督教会的一颗宝石。

对西瑞尔来说，两周时光一晃即逝，但是我们找时间去看了丹·兰德尔和他的巡回剧团演出。丹的表演比"娱乐剧场"伟大的哈利·兰德尔[3]差远了，但是他也能把我们逗笑。那个夏天不太适合游泳，寒风凛凛，海浪汹涌。一天上午，查理带来消息，说一艘船被冲到岸上，搁浅了。我们二话不说就跑去看，那儿已经聚集了一群人。他们在看一艘双桅纵帆船不断地被浪拍击，直到破碎。三个船员费劲地爬上岸，真是死里逃生。桅杆倒了，船断了，船舱里满载的一袋袋水泥全部落入水中，连船身的木板也四分五裂。我从未见过沉船，那悲惨的一幕一直在我脑海里挥之不去。一个旁观者告诉我，船在比奇角就漏水了，船长意识到唯一的机会就是把船驶到岸边。

在塞尔温路上，我们房子的坡下有座房子，它有个花园，与我们的花园以低矮的砖墙相隔。一天，我很意外地看到那边花园里有个圣保罗的同学。他是外国人，叫卡马乔。他告诉我他的父亲是巴西驻伦敦的领事。他们夏天租了这座房子。他去叫来了他的妹妹，

我们几个隔着花园的墙说话。这对姐妹是最吸引人的小姑娘，长长的黑色马尾辫，我们经常到花园墙头这儿来聊天。她们告诉我们，不久会举办一个花园聚会，我们隔着墙就能看到。那天到来的时候，我跟西瑞尔看见了整个准备过程：竖起了大帐篷，挂起了彩旗。当客人们来到，我们在最佳视角观摩了整个聚会。他们请了乐队来演奏，两姐妹穿着美丽的白色连衣裙，跑来问我们要不要一些冰激凌。不用我们回答"好的，谢谢你们"，她们便飞快地跑走，带来一满盘冰激凌，我们一起吃。有人叫她们过去，"现在我们要去跳舞了，"她们说，"你们在这儿等着，一会儿就回来。"我们看她们跳舞：一群小女孩蹦蹦跳跳。然后她们又跑回来，给我们送更多冰激凌。

西瑞尔在的最后一个早上，我们很早起床，想再打一局网球，可是草地上的露水把球弄得很湿。结果是我们不得不跑着去车站。他走之后，我特别想他。姑妈们似乎不明白，我们需要同龄的伙伴。

几天后的一个晚上，来了一场可怕的暴风雨。我睁着眼睛躺在床上，看着闪电，惊慌的艾米莉姑妈出现了。她从每个房间收集火烙铁，把它们放在床下。似乎有些朋友告诉她火烙铁会把闪电引到烟囱。她走后，我爬下床去艾瑟儿的房间。艾米莉姑妈也来过她的房间了，我俩笑了半天。

那年冬天非常漫长，异常寒冷，依旧还是发生了水管爆裂。我们到里士满公园溜冰。海德公园里的九曲湖和肯辛顿公园里的长湖都冻上了，很多人在上面滑冰也没关系。圣诞节过后，观看趣剧的时候到了，我和西瑞尔存下零花钱，来到半克朗一个座位的德鲁里巷剧院。我不是第一次去那里看戏，我们全家曾一起去看过圣诞趣剧，那是一个难忘的夜晚，在包厢里，这次是在池座。我们在厚重的双门外面等了两个小时，大门看起来像一所监狱的入口。流动的乐师为大家演奏解闷。到了大门开启的时间，里面响起窸窸窣窣的脚步声，门闩拉开了，人群一拥而入。这时发生了踩踏，开门人拼命地逃走了。一旦进来了，那些年轻力壮、腿脚利落的观众就跳过后排，抢到前排座位，百发百中。在这么难才抢到手的座位上坐下是很心满意足的，这时剧院的灯光亮起来，观众入座，乐队成员鱼贯进入，一切都慢条斯理的。终于，在一轮掌声中，丹·高德弗里站到指挥台上。辛辛苦苦攒的半克朗就是为了这一切。我记不住圣诞趣剧的内容是什么了，但是我知道我们看到了丹·莱诺和赫伯特·坎贝尔——这对不朽的组合，以及长老弗雷德·艾内，还有劳里和赞弗里塔。我也不知道是谁扮演的主角男孩，虽然我肯定她跟我七年前见过的那个"男孩"一样令人迷醉。这次我没有产生那种揪心的单相思。这当然预示着我长大了。我开始步入成年，知道自己即将度过在圣保罗公学的最后一个学期。

1. 穆里尔·乔治（Muriel George，1883—1965），英国歌唱家、电影演员。

2. 希瑟利美术学院（Heatherley School of Fine Art），伦敦最早的私立艺术学校之一，也是英国为数不多的重点在肖像、人物油画和雕塑的艺术院校。

3. 哈利·兰德尔（Harry Randall，1857—1932），英国娱乐剧场和趣剧喜剧演员。

希瑟利美术学院

父亲安排我每周六在希瑟利美术学院上课。虽然确切地讲，我还是个学生，但感觉自己一只脚已经迈入了大千世界。跟那些自由而轻松的学生一起上美术课画人体模特时，我感觉自己还小，实际上也十六岁了，而他们有的已经是蓄着大胡子的成年人。我发现，画人体跟已经画习惯的石膏非常不同。

希瑟利美术学院的校长是约翰·克朗普顿，一个出类拔萃的人物。他穿一件米黄色的长外套，飘逸的三文鱼粉领带。他的个子不高，但身姿令他显得高大，在我眼里像座高塔。听到自己被称呼为"谢泼德先生"，我真有点蒙。他的评论是一连串的。他站在我的画前，总是说："来看看咱们画的腿啊，谢泼德先生，是不是该画得重一点儿呢？"似乎没什么能惹他生气，他从来都保持着威严，不苟言笑。

希瑟利美术学院有一段有趣的历史。它已经成立很多年了，是萨克雷[1]小说《纽克姆一家》中"甘第世庄园"的原型。它理所当然地保留了旧世界的风范。在纽曼街上的房子转做了美术教室。穿过房子，要下三个台阶到素描系，这里拥挤地放着很多石膏雕像。后面是道具服装间，在模特座椅周围摆放着一些长椅和"驴椅"[2]。道具服装的选择很多，有时会根据固定学生的需要而排列。我不太想用学生一词来称呼年长的女士们，但我觉得希瑟利当时的氛围因为她们的存在而受到了规范。很多即将入选皇家

"从来都保持着威严"

艺术研究院的画作在这个神圣的地方诞生，骑士党和海盗是命题作品中时尚的主题。

　　心中充满无数的期待，在圣保罗公学的最后一个学期我过得相当开心。七月，父亲告诉我姑妈们暑期在汉普郡租了度假屋。这让我异常高兴，因为如果像往常一样跟她们小住，我就有机会看到军队训练演习。愿望实现了，学校放假后，我们如期收到了邀请，我和艾瑟儿准时登上了开往法纳姆附近本特利的列车。

　　范妮姑妈来迎接我们。她戴着宽檐草帽，穿束腰的裙子，夏味十足。我们愉快地穿过田野，来到韦尔奇庄园。这座房子真是光彩夺目，有很多房间，至今还样貌依旧。它的院子很大，有小围场、网球场和可爱的厨房花园，周围是老红砖墙。墙边有桃树、油桃树和李子树，看着就令人垂涎欲滴。后院还有马棚和卫生间，一个工人在给一匹非常俊朗的马梳毛，他说这是一匹纯种马。我们受到几位姑妈和女佣们的热情欢迎。我还是第一次住如此豪华的大宅子，觉得到处都很新奇——尤其是

对于我这么大的孩子来说，可以在果树繁茂、长满奇花异草的花园里四处探险。

　　我问了关于军队演习的事，女佣玛丽告诉我附近有很多士兵。隔天，当父亲从伦敦骑着自行车到来时，我特别高兴，因为我正盼着借他的自行车，到奥尔德肖特路上兜风。第二天我一早起床，朝法纳姆方向走，遇到几个工程师，他们驾着马车，在修理一根杆上的线路。几个戴着头盔的骑兵骑着马跑过来。"龙骑兵！"我心想。天热起来，我跑回家，三口两口吃了一些早餐，然后借了父亲的自行车就出发了。我很轻松地找到了那支队伍留下的痕迹，因为路边有扔下的"忍冬"牌香烟的空烟盒。后来我看到了队伍的队尾，野营炊具和供给推车。天越来越热了，厨子解开了外罩的扣子，还有人把酸模叶子压在头盔下遮阳。再往前走，我遇到了不少停在路边的灌木丛下躲太阳的步兵，他们穿着红色的外罩，戴着头盔，扎着

磨白皮带。在正午的阳光下行军真不是好玩的事。此时，我感觉自己像真正的战地记者，要到前方去探索和冒险。我在一个十字路口遇到了新鲜事，一个步兵在前哨点拦住了骑兵的前进。全副武装的轻骑兵下马，悄悄前进，开始用卡宾枪朝红衣士兵点射。那是一场不太激烈的战斗，双方都平静下来后，互相开起夸张的玩笑来。我离开他们，去找点吃的，我看到了一间小酒馆，在那儿吃了面包、奶酪，喝了姜汁啤酒。下午，我很幸运，看到了完整的演习——马拉的马克沁机枪，穿苏格兰方格短裙和长裤的步兵以密集队形大步冲上山。回到家我遇到点儿麻烦，因为几乎已经到了晚餐时间，我一整天不着家，令姑妈们非常担心。

父亲和我在奥迪厄姆住了几天，我们是走着去的，带着速写用的画具。那是我第一次在户外画画，我的努力不是很成功。我们在本特利的几天像是过节一样，结交了好几个朋友，被邀请去网球聚会。还有一场板球比赛，我击败了对方明星投手，露了脸。我必须承认，我占了球道的有利地势，不论球滚到哪个方向，都跟我的击球没关系。在我们离开前，西瑞尔也来了，他有两周的假期。在一个冷飕飕、雾蒙蒙的清晨，我们很早起来去猎狐。采摘酒花的工人也来到了附近，园丁和他的儿子特别担心。他们的警惕卓有成效，只丢了几个苹果。我们回家时，已经到了九月中旬。

我开始在希瑟利美术学院正式上课后，时间都用来画静物素描。老师没有鼓励我画油画，我也没有学构图和设计。学费很贵，我常想，如果到斯莱德美术学院师从通克，将更多精力用在画好画上，少一些点彩的用法，那我会画得更出色的。不论如何，为着皇家艺术研究院的奖学金，我要继续安排好课业。我看了前一年一个叫乔治·斯坦帕的学生的画作，受到很大启迪。他成功地获得了我正在争取的奖学金。看到他的画，我内心惊叹，想自己是否能够达到如此高的水准。而乔治本人也给了我莫大的鼓励。

我很快交到了同龄的伙伴，刚从黑利伯里来的亚瑟·康纳。他是一位医生的儿子，和父母住在俯瞰克拉珀姆交会站的一所房子里。我们有很多共同点，对新环境都有陌生感。我经常去他家喝茶，遇到了他的妹妹多特，一个快乐、迷人的十四岁女学生。我们几个成了好朋友。此时我得了一个外号叫"奇普"，可能是因为我快乐和摸不着头脑的行为，"快乐奇普"是当时娱乐剧场表演中的一个笑点。长话短说，这个外号后来成了我的名字，有时还简称为"奇"。

那是在晚秋，恰缇·维克出现在希瑟利美术学院。在一个清晨，仿佛从另外一个世界来。她的头发是铜色的，像神话中的酒神。我们这四五个年轻学生很快就组成一个"小俱乐部"，让这个地方充满活力。除了恰缇和亚瑟，还有科隆·汤普森，以及巴廷顿，一个留络腮胡、有和气的南方口音的年轻美国人。我们一起去牛津街西斯帽店旁边的巴克斯餐馆吃午饭。午餐非常节省，因为我们都没有多少钱。亚瑟的胃口总是很好，当口袋见底儿的时候就会气鼓鼓地抱怨。我花钱就有计划多了，不久我就明白自己可以用很少的钱坚持一整天，因为我知道，晚上回家丽兹会为我准备一顿好饭。下午，当其他学生收拾好离开后，我们就在素描系教室的石膏像间打曲棍球，用团起来的颜料管做球，直到声音大得把校长克朗普顿引下楼来，义正词严地抗议一番。

只要能借到父亲的自行车，我就骑着去学校。我很喜欢这样，那年代在慢悠悠的车流中骑行没有危险。我骑车陪恰缇回家，她住在克利夫登路，和她的母亲、姐妹住在一起。我跟她挥手告别，骑车回到哈默史密斯。在希瑟利美术学院的这几个月非常快乐，又很短暂。我们的"小俱乐部"第二年年初就解散了。恰缇到布朗普顿路的罗舍温学校学习。科隆·汤普森到斯莱德美术学院学习。巴廷顿回美国了。要不是得静下心来努力打磨争取奖学金的作品，我一定会更加想念他们。

1. 威廉·梅克比斯·萨克雷（William Makepeace Thackeray，1811 — 1863），与狄更斯齐名的英国维多利亚时代小说家，代表作《名利场》。

2. 驴椅（donkeys），也叫 drawing horses，一种一端有竖立的板子的长凳，可以把画板靠在板子上，画者跨坐在长凳上作画。

钻石庆

一八九七那年春天，伦敦一派欢腾喜庆的景象，准备庆祝维多利亚女王登基六十周年。每天在希瑟利的课业结束后，只要有机会，我总是借了父亲的自行车，在西区的大街小巷穿行。街上立起了巨大的架子，公园营地也准备好迎接从帝国各处而来的队伍。伦敦已是人山人海，有许多从各地前来观看准备活动的群众。

复活节后不久，父亲受邀出演《第十二夜》中马伏里奥一角，这出戏将在夏日露天剧场演出。出品人是查尔斯·弗莱。马伏里奥的角色是父亲非常熟悉的，他在尔湾俱乐部剧团里多次扮演过这个角色。尔湾俱乐部是一个舞台剧业余爱好者协会，亨利·尔湾投入了极大心血，从那里还诞生了几位杰出的演员。有一次，尔湾先生将兰心剧院[1]借给剧团，演出了《亨利四世》。他被父亲的表演折服，邀请父亲到他的公司来。然而父亲深晓演员生活之种种险恶，明智地回绝了。

户外演出《第十二夜》的场地在里士满一座大宅的院子里。那里前面有喷泉，后面有平整的绿草地，背景是杜鹃花丛，真是浑然天成的舞台。很奇怪，没人想到过天气。六月里晴朗的日子太多了，以至于没有考虑到万一变天的情况。不过令人高兴的是，演出那天烈日炎炎，热得穿伊丽莎白时期的服装和画油彩都很不舒服。我和西瑞尔在剧中跑了龙套，我们特别享受整个过程。西瑞尔甚至燃起了登台从艺的激情。

除了这些令人兴奋的事，我在希瑟利学画也进行得很顺利。那是六月初，恰缇·维克邀请我去一个花园聚会。她家在肯辛顿，一座俯瞰一片小广场的房子，聚会就在这个广场举行。当恰缇将我介绍给贝登堡[2]时，年轻的我有种血脉偾张的感觉。那时他是少校，刚从马塔贝莱兰归来，穿着传统的长外套，戴一顶高帽，五官如青铜雕像，给人一种心事重重的感觉。恰缇介绍我时说："这位年轻

的画家非常喜爱军事。"我紧张得舌头打结，但贝登堡面露笑容，跟我说他也有点儿艺术细胞。最后，我终于鼓足勇气问他关于马塔贝莱兰的战况。他说率领轻骑兵最大的好处是其独立性。在乡间日夜侦察，风餐露宿，总体来说是很精彩的生活。一个人眼界开阔了，就可以学到很多。我听得入了迷，说那一定很美好。"是的，"他答道，"是不凡的人生……不凡的人生。"我禁不住想，他那时是否想起了他的童子军。

钻石庆典的日子近在眼前，虽然我经历过一八八七年维多利亚女王的金禧庆典，但那时我还是个小男孩，住在摄政公园附近，我们三个孩子没亲眼看到游行。然而这一年，我们要跟朋友迪克西一家在游行的路线上租一个房间。我们联系了广告上的一家，找到位于威斯敏斯特桥路一间肉铺楼上的房间。在圣保罗大教堂举行过感恩礼后，游行伦敦南区的队伍将经过那里。夏初的天气一直很好，

但却有些凉意，从非洲来的士兵和印度士兵住在摄政公园的帆布营房里，一定会觉得冷。伦敦当地的驻军则士气高昂，相信庆典那天一定是"女王的天气"。他们想对了，六月二十二日那天成为那年最热的几天之一。

我们五点就起床了。因为太兴奋了，没胃口吃早餐，只等着马车来送我们去肉铺那里。清晨灰蒙蒙的，弥漫着清冷的白雾，我们对天气没抱太大希望。我们手拿着装三明治的纸袋，开始担心马车何时到来，就在此时马车出现了，弗兰克、波莉和明妮坐在里面。父亲和艾瑟儿跟他们一起坐进车里，我和西瑞尔则爬上去挤在车夫身边。车夫耷拉着个脸，对天气也没信心，说或许晚些会放晴。我们驾车经过富勒姆和帕特尼，以避开北边河岸上的人群。到兰贝斯时，路边的人们已经排起长龙。很多人在人行道露宿了一夜，正在露天吃早餐。我们不得不绕路，车夫花了很长时间在巷子里七拐八拐，终于来到了肉铺的后门。我们上楼去三楼的房间时，听到前门街上的嘈杂声。肉铺里有股浓重的生肉味儿，不过走到楼上就闻不到了。

楼下的人们不断地传来喧喧嚷嚷的声音，当士兵小分队在街上行军而过时，还爆发出欢呼声。街上发生的一切我们尽收眼底，因为我们的房间居高临下，视野很好，威斯敏斯特桥路一览无余。当市政的撒砂车经过，在路面撒下碎石砾的时候，人群中又爆发出大声的欢呼。马慢慢地踱着步，嚼子上装饰着玫瑰花环，尾巴上系了蝴蝶结。此时一支乐队来到，迈着方步在街上行进。至此最好看的节目来自路对面——我们的房间正好对着老坎特伯雷音乐厅。它所有的窗户都被娱乐剧场的明星占领了，我们听到了最新的歌曲，人群也跟着合唱。其中一首我最喜欢的歌是这样的：

她是一只可爱的小鸟，

啾啾啾，啾啾啾，

她唱甜蜜的歌曲给我听，

直到我的钱花得一干二净。

上一次见面时，

我们不欢而散，

她是早起的鸟儿，

我只是那小小的虫。

这是我第一次参与这么多人的合唱。只听人们大声喊："再来

一个，盖斯"，或者"查理，来一个"，声音都盖过了乐队的演奏。此时烈日当头，圣约翰医院的急救人员忙了起来。

圣保罗大教堂的感恩礼定在正午，此时已经看到游行队伍的队首了。人群突然奇异地鸦雀无声了。首先映入眼帘的是单独一位身着第二近卫骑兵团军服的军官，他是全英军队里个子最高的人。人群那么安静，以至于当他经过时，马蹄的嘚嘚声清脆入耳。然而从远处又传来隐约的欢呼声，说明女王的座驾已经临近。声浪越来越高，直到八匹佩戴紫色马具的奶油色大马拉着马车，稳重又庄严地缓缓进入大众视线。那是一辆敞篷的 C 字形弹簧马车，虽然马车行进的速度缓慢、威严，但车厢还是有些轻微的摇摆。一位身材娇小的老妇人，头戴软帽，上插洁白的白鹭翎子，手握黑白相间的阳伞，不断向左右倾身致意。她面色苍白。我们后来知道，虽然那天暑热难耐，但来自南边河岸上人们的热情让她感动。看起来，她被深深地打动了，泪水从脸颊滑落，她在人们心中的分量是毋庸置疑的。

马车后面簇拥着一群珠光宝气的身着五颜六色服装的皇帝、国王、亲王、大公以及各国政要。让我印象尤其深刻的是一位威武的老轻骑兵和一位来自德国的胸甲骑兵护卫。来自印度的王子们跟在后面，骑在马上，富丽堂皇，包头巾和剑上镶着闪闪发光的宝石。

接下来是海外军团的游行方阵。领头的是罗伯茨伯爵，他骑着白马，这匹白马名震四方，马嚼子上挂着服役勋章。一个由英国军官率领的小方阵迈着正步走来，受到热烈欢迎。不论肤色是棕、黑或者白，穿的是红色大衣、蓝色大衣还是卡其布军装，头戴包头巾、头盔还是土耳其毡帽——统统收到热烈的欢呼。海军特遣队的队员们拉着九磅大炮，戴着夏天的草帽，得到了特别的欢叫喝彩，皇家骑兵炮兵团也受到了同样的待遇。

两点前游行全部结束了。女王一定已经回到了白金汉宫，进过午餐，毫无疑问，在外面人群的呼唤中，又坐着轮椅，出现在阳台上。很久之后，我们才能离开那个房间往家走。街上的人摩肩接踵。实际上，那天下午和晚上一直如此。到家时我们已经筋疲力尽。丽兹给我们准备了午后茶点，这太受欢迎了。我和西瑞尔决定再出去看看灯火，父亲坚持我们应该上楼去躺一下，真是个英明的建议。我知道自己睡过去了，直到黄昏才从梦乡中醒来。

国王街上的彩灯和煤气霓虹最为精彩，但我们想去看西区的商店和俱乐部。我们在布劳德街努力挤上了一辆公交马车的车顶，付了双倍的票钱，可马车在皮卡迪利街就被迫停车了，说不能再往前走了。似乎每个人都遇到同样的情况，我们随着人群沿格林公园往前走。在主街上我们看到的唯一带轮子的交通工具是几辆往圣詹姆斯教堂去的皇家马车。这引来了断断续续的欢呼。皮卡迪利圆环气氛欢快。一拨一拨狂欢的人——叫卖水果的姑娘们和她们的心上人，在六角琴的伴奏下载歌载舞。一家人在人群中要想不走散，就得牢牢地拉着彼此。所有人都仰着头欣赏灯光。

我和西瑞尔慢慢地在摄政大街向前行进，商店布置得热闹非凡，我们走到牛津圆环广场，向左转上了牛津街。那是个闷热的晚上，本来早上就起得很早，现在又在拥挤的人群中推搡，我可算知道累了。走到大理石拱门时，我俩都迈不动步了。我们决定回家，这真是正确的选择，但怎么回家成了问题。我们在马路边找个地方坐下休息，考虑如何才能回到家。似乎很多人有一样的想法，公园外侧的人行道边已经坐满了一家一家疲惫不堪的人，孩子们都睡着了。几个小男孩跑到附近的饮水处，回来时捧着滴水的手帕，一家人传递手帕，挤一点水润唇。我们费了九牛二虎之力才打起精神来。西瑞尔在我耳边大声呼喊时，我几乎已经睡着了。想到要步行大约五英里才能到哈默史密斯，我们都无法接受，可必须行动了。我们决定先走到海德公园角，看看有没有公交马车。我们穿过公园，看起来，很多人准备在露天过夜了。

我们很幸运，找到了一辆公交马车，经过一番努力，终于坐上了车。到哈默史密斯的一路上非常慢，这辆公交马车是"黑车"，钻石庆这天什么"不许超载"的规定都不管用了，车票也不按常规了。售票员说统一价每人一先令。有个人买票时差点儿引发一场混战。国王街边的人们还在露天狂欢，我们缓缓经过那里。到家以后，我累得根本没想起吃饭，连滚带爬上床睡觉去了。

几周后，从皇家艺术研究院寄来一封信，通知我被录取为试读生，要携绘画用材参加学校举行的进一步的复试。我觉得父亲跟我一样高兴，因为这意味着假如我通过了复试，就可以免三年的学费。参加复试的有八名学生，其中有卡多根·考珀、吉尔伯特·霍利迪和弗雷德·阿普尔亚德，我们一起在补习学校准备了两周。我想我们全部通过了考试。知道一切都结束了，我大大地松了一口气，可以期待九月底开学之前的暑期了。

八月第一周的一个晚上，父亲欣喜若狂地回到家。他下午一直都在戈登广场五十三号。现在只有阿莉西亚姑妈和范妮姑妈两位姑妈住在那儿。家中年纪最小、身材最敦实的艾米莉姑妈在冬天去世了。腿脚不方便的安妮姑妈在前一年也过世了。因为接连失去手足的伤痛，那年夏天跟往常在乡间租房子度过的漫长夏天不同。我的教母知道我们会失望，所以就建议父亲带我们去法国，由她们来赞助旅行的费用。父亲把消息告诉我和西瑞尔时，我高兴得几乎要倒立了，真不敢相信我们将出国旅行了！第一件要做的事就是写感谢信，我也不像三年前那般厌烦这件事了。艾瑟儿特意去了戈登广场，跟两位姑妈当面表示感谢。

那时出国是相对容易的事。不需要护照，也没有货币的规定。一英镑金币在任何旅馆或者饭馆都受到欢迎，能换二十五法郎或更多。西瑞尔的假期在八月底，所以我们计划那时启程。

我一辈子最高兴的事就是那天早上，我们提着行李出发去维多利亚车站，踏上第一次出国的旅程。我们坐车到纽黑文，火车在镇上经过平交路口，我看到码头一侧停泊的海峡渡轮。这艘船有两个烟囱，船上飘扬着法国国旗，但没有我想象中大。

过海关没花多少时间，我们登上了"S. S. 驯鹿"号。船上人很多，父亲和艾瑟儿找到了座位，我们将行李堆在他们身边的一个角落。然后我和西瑞尔就开始四处逛逛。这是一艘真正的蒸汽船，感觉很奇妙，我们从船头到船尾都溜达了一圈。启航的时候，它动静很小——汽笛一声长鸣，缆绳收起，就出发了。那是晴朗的一天，风清气爽。我们驶离纽黑文防波堤的庇护后，感觉如此清新。"驯鹿"号开始加速，水花飞溅到船头两侧。我俩在其间跑来跑去，跟水花捉迷藏，直到一名法国水手制止了我们。

很多人都晕船了，船员们不停地递来小盆。几位法国修女吐得尤其厉害。我们去角落看艾瑟儿和父亲怎么样了。只见父亲的脸都绿了，而我们的大姐状态相当不错，兴高采烈地跟我们一起走向船尾，尽量离它近些，开心地跳上跳下，看水波消失在远方。航行至海峡一半，我们超过驶往纽黑文的定期客轮，两船互相鸣笛示意。那是一艘明轮船，比我们的船稳，也没这么拥挤。很多法国渔船驶过，渔夫们朝我们招手，将战利品举起给我们看。随后法国的海岸线出现在水平面。我曾经在多佛港用望远镜看到过那里，但是现在，随着船越驶越近，它也一点点变大，我的心情比那时澎湃多了。靠近迪耶普，海面风平浪静，我看到晕船的乘客恢复特别快，觉得很有趣。尤其是那些修女，她们一下子有了精神，叽叽喳喳地说起话来。

入港的防波堤上有很多人向我们的船招手。我想，每日定期客轮的到来成了这些人日常生活中的大事情。一切看起来都跟英国不一样，真是令人耳目一新，新奇感深深地吸引了我。我们的船缓缓驶入港口，仿佛要直接进城，结果又做了一个大转弯。海面空间看起来有限，但船开得很有技巧，刚好轻轻地停靠在码头

边。舷梯伸出来，一群法国行李员马上跑上船。我们要紧紧拿着行李，不然几乎就被他们抢着提走了。到了岸上，我们被引到木架支起的棚下，汗流浃背的海关人员接待涌入的大批乘客。"有没有茶？烟叶呢？火柴？"这些我们都没有，于是就通过了。

法国警察也给我留下特别好的印象，看起来活脱脱就是我们伦敦的警察。有一个站在门外，同一个头戴尖帽、身穿棕色灯芯绒夹克、脚踩长筒橡胶靴的小个子男人讲话。他身边是一辆由白色斑点矮马拉的四轮马车。父亲说："我猜，那会不会是霍特先生？我收到信说他会来迎接我们。"小个子男人走过来，递给父亲一张小卡片，说："您好，先生。"没错，他正是霍特先生。他把我们领到四轮马车边，还给我们介绍了从下面钻出来的一只狗。"菲菲。"他用鞭子指着狗说道。起先我不知道他说的是什么意思，后来明白了原来是狗的名字。行李堆上车后，我们就从迪耶普爬上山坡，矮马用力地拉车，我们在旁边步行。我们的目的地是瓦朗日维尔，大约四英里远。到了平地，我们就坐上车，一路聊个不停，菲菲跑在车前。父亲想跟我们的客栈主人聊天，但不是很成功。后来艾瑟儿当起了翻译，她的法语好一些。我们走到客

"一路聊个不停"

栈外停下，这是村里主街上的一座小房子。霍特夫人，比她的先生
大好几圈，在门口欢迎我们，带我们看前面的房间，里头摆着桌
子，地面铺了沙子，是一个酒吧。后面还有一个小些的房间，同酒
吧之间用半玻璃门隔开，那里是我们就餐的地方。

　　酒吧的架子上摆着五颜六色的酒瓶，墙上贴着"拜尔"牌开胃酒和"美极"调味料[3]的广告，这些都让我很着迷。我和西瑞尔合住楼上的一间小卧室，从那儿可以看到外面的主街，一家写着"生肉熟食"的铺子。我真的饿极了，把行李搬上楼以后，我就坐在窗前，看着肉铺，等着茶点。可过了很久都没有动静。我去问父亲，他说法国人从来不喝下午茶。不过他跟霍特夫人说了，她很贴心地送来一些甜饼干，让我们先垫垫肚子。

我们在瓦朗日维尔度过了五天愉快的时光。父亲大部分时间在画画，带着他的户外马扎和白色阳伞出去一整天，我们则四处游玩。

住的地方后面有个院子，养着鸡鸭和几只鹅。霍特先生大部分时间在这里，给矮马抱来稻草，或者在花园里干活。有两只玳瑁猫，小家伙们身子修长，很害羞，一见到我和西瑞尔想跟它们玩儿，便拔腿就跑。霍特先生不在酒吧帮忙：那是他夫人的领地。她上午在那里，在厨房和酒吧之间忙活，擦桌子和玻璃杯。客栈的每样东西都一尘不染。她很和气，我想跟她聊天，但我们聊不下去，因为我的法语——至今仍是——马马虎虎。她费了好大力气，指着各种物品，告诉我法语怎么说，然后让我重复那个词，直到发音正确了。她告诉我去海边怎么走，经过教堂、小墓地，然后从树林陡峭的坡地下去。海边没什么意思——很多岩石，布满了海带。

晚上，酒吧里坐满了穿蓝衬衫的工人。我们吃饭时从玻璃门看着他们。到了天黑，烟熏的小油灯点亮，但此时我通常已经人困马乏，巴不得赶紧去睡觉。经过一段时间，我才习惯了法式的咖啡加小餐包的早餐。每天十二点半，我便已经盼着吃 déjeuner（午餐）。虽然有个叫丹尼丝的年轻姑娘帮忙，可霍特夫人还是亲自烹饪。

到了我们离开的那天，霍特先生将四轮马车从院子里牵到门口，我们在酒吧集合道别。霍特夫人打开一瓶酒，在六只小杯子里倒上白兰地。

那是我第一次 petit verre（喝一杯）。我喝得太快，结果一下子
呛住了。我们庄严地举杯，向 La Belle France（美丽的法兰西）致
敬。我们乘马车去迪耶普车站，菲菲照旧在前面跑着引路。等待火
车开时，我好好地参观了一下机车头。它没有让我太惊讶。车身是
黑色的，满是泥巴，有很多管子和莫名其妙的机械部件，我欣赏不
来。每个连接处都嘶嘶冒蒸汽。车厢很狭窄，是硬木座椅，踏板也
很低，跟英国的火车不一样，我觉得这样的不好。

这段旅途并不长，抵达鲁昂时，我们在院子里看到一辆黄色的
公交马车，上面有"邮局客栈"的标志。我们跟另外几个人坐上了
马车。客栈的样式很古老，前面有一个院子，点缀着盆栽。大门和

铁栏杆将这里跟道路隔开。这里有一种老式马车客栈的风格。后来一定是整体重新修建过，现在那儿是一座金碧辉煌的酒店。

鲁昂有许多可爱的建筑，包括著名的大钟——那个时期水彩画家们最喜欢的主题，仍旧保留着古老普罗旺斯小镇的风情。商店似乎从不打烊，这个地方的空气里有愉悦的生活气息，还有独特和怡人的香味。这儿的马也跟我熟悉的马样子不同。让我尤其开心的是这里的士兵：个子矮小的步兵，身穿及膝的深蓝色长大衣和红色长裤，有些很讲究的还打着白色绑腿。

我和西瑞尔合住一间，在旅馆后面的高楼上。从窗户放眼望去，越过民居屋顶，前方就是大教堂，教堂的铁塔尖傲视凌云。大教堂周围是狭窄的街道，都是半木材质的房屋，密密麻麻、鳞次栉比。我现在多么希望那时的自己能多花点时间画画那些房子。它们可爱至极，但在一九四四年的空袭中完全被毁，鲁昂那片城区遭到轰炸，燃起大火，就连大教堂也险些毁于一旦。

"星期天日常的休闲步道"

除了在大教堂长时间驻足参观，我们还到街上去，走到圣旺。在星期天下午我们爬山去邦斯卡尔。这是当地人星期天日常的休闲步道，路上大都是全家老少，保姆带孩子，还有很多士兵——矮小的骑兵，身穿浅蓝色外衣、红色马裤，军刀挎在手臂上。这武器对他们来说显得太大了。

有一个晚上，我们花一个小时坐在大钟附近的一个咖啡馆外，父亲告诉我们，二十七年前，他坐在几乎同样的地方，跟一个英国朋友聊天。德法危机开始时，他们都是学生，一起在鲁昂求学，学建筑。那是一八七〇年七月，街上拥挤着人群和士兵，大喊"在柏林！"父亲的朋友建议尽快离开，他们很幸运，在暴风雨开始前回到了家。

我们离开家已一个多星期了，假期也已经过去了一多半，但是还有一件大好事等着我们。在鲁昂住了四天之后，我们又坐上火车，在傍晚到达莱桑德利。这次在小站没有马车等候我们，但我们找了一个推车的行李员，他帮我们搬行李，保证送到大赛尔夫酒店。父亲是从一位画家同事那里听说这间酒店的，那个人保证它是当时最好的代表性建筑。这自然吸引了父亲的兴趣。酒店是一座很好的半木材质建筑，离教堂很近。大厅的楼梯用一圈镶板围起来。维奥莱-勒-杜克[4] 提到过大赛尔夫酒店是弗朗索瓦一世时期最杰出的木工匠艺典范。我说这个的时候用了过去时，因为它和鲁昂的其他房屋一样难逃劫难。一九四七年，我来到莱桑德利，希望再看一看这个地方，可除了一堆瓦砾，这座小镇什么都没有留下。只有教堂依然伫立。

我们在那里待了近一个星期，因为观光的景点很多。我们步行半英里到塞纳河边的叫小莱桑德利的镇子，从纤道看长长的平底船

莱桑德利大赛尔夫酒店

一八九七年，画于诺曼底

　　逆流而上去巴黎。我们爬到白色城堡，那是一座宏伟的城堡遗址，有着悲壮的历史。我和西瑞尔在岁月留痕的石间走过，在高墙下的小山谷里，想象我们自己是那些吃不到饭的老弱妇孺残兵，被入侵者驱逐至城堡外——《懒汉》[5]。

　　晚上，我们坐在餐厅的大桌边。同桌的食客谈笑风生，他们大部分是旅行推销商。他们时常拿为我们上菜的服务员当笑料，而这位大婶也旗鼓相当，什么话都能接得住。当地的公证员尤其诙谐。他的样子像堂吉诃德，戴着一副夹鼻眼镜，和玛丽大婶你来我往，二人妙语连珠，引得满桌人哄堂大笑。有好几次我看到父亲忐忑地瞟向艾瑟儿，她懂些法语。

假期结束了，我很难过必须离开大赛尔夫酒店。在最后那天上午，我们驾车到日索尔，在坐火车到迪耶普前，有时间在这座古镇转转。夜船停泊在码头边，我们把行李给行李员，在面向海港的一个餐馆里吃晚餐。登船时天黑了，这是一艘英国明轮船，叫"鲁昂"号。它比"驯鹿"号更大，当然更稳了。海面平静，航行还可以。我和西瑞尔没有待在憋闷的船舱，睡在硬邦邦的窄床上，而是在甲板上找了个角落。我用大衣做了一个枕头，仰面躺下。凝望夜空，浮云追月，过去几个月发生的一切历历在目。在我而言，这是美好的一年，我满怀激情，期待开启皇家艺术研究院的学生生涯。

1. 兰心剧院（Lyceum Theatre），位于伦敦威斯特敏斯市的剧院，始于1765年。

2. 罗伯特·贝登堡（Robert Baden-Powell，1857—1941），英国陆军中将、作家、童子军创始人，第一任英国童子军总领袖。

3. 拜尔牌开胃酒（Byrrh），19世纪末20世纪初风靡一时的法国开胃酒，用葡萄酒加奎宁水混合；美极（Maggi），1884年创立于瑞士的调味料品牌，后被雀巢并购。

4. 维奥莱-勒-杜克（Viollet-le-Duc，1814—1879），法国建筑师和理论家，最著名的成就为修复中世纪建筑。

5. 《懒汉》，西蒙娜·德·波伏娃（Simone de Beauvoir，1908—1986）1945年的作品。

皇家艺术研究院

　　我知道要在初级学校学习一年才能通过考试进入高级学校——我希望自己能过！——那时可以达到一定水准，就有时间学习写生，作为男生，可以上晚间写生课。在油画系，女生和男生不在一起学习，女生没有晚间写生课。我们一直明白此中原因，是一些皇家艺术研究院老古板成员的反对，他们认为年轻女生永远不应该接触裸体写生。

　　艺术研究院有两位院长，赫伯特和考蒂。考蒂负责初级校，他走路的步伐迟缓、笨拙，老远就能听到他正从走廊上走来，于是我们就急忙埋头画画。赫伯特，尽管有些古怪，却更受学生欢迎。

　　那时的校管是一个来自西班牙的人，叫卡尔德龙，皇家院士，一位卓有成就的画家。他的外表极具贵族气派。如果脖子上有一圈襞襟的话，就是完美的西班牙骑士模特。

"艺术研究院有两位院长，赫伯特和考蒂"，画于一八九七年

　　我们十点钟开始上课，一直上

到下午三点。家住哈默史密斯期间，我通常骑自行车去学校。但年初我们得到通知，特蕾莎台的联排屋要被拆掉。听说是这整块临街很值钱的地被卖掉了，要在这里建一排商店。这让我很郁闷。我已经深深地爱上了我们的家，觉得不太可能再找到一座带工作室的房子。另一方面，父亲并不为搬家而遗憾。他说，住哈默史密斯这儿从来都水土不服。他有风湿病，医生给他开了矿泉水泡澡的方子，并建议了兰德林多德井这个地方。我们计划着那年暑假去。

我从来没到过威尔士，很期待这次旅行。因为有一样，我向往试手画风景油画。我打算申请皇家艺术研究院一个叫"克莱斯韦克"[1]的奖，比赛的主题是"鳟鱼溪上的桥"。威尔士似乎正好是可以找到这种景色的地方。画的尺寸着实惊到了我——四英尺半乘三英尺[2]。我想不出自己怎么才能拖着那么大的画布到山上。一个同学给我出主意，说用折叠画布，这虽然缩小了尺寸，可重量却增加了。我们的假期开始了，我很担心如何运输我的画布，当父亲、艾瑟儿和我抵达尤斯顿，看到它跟其他行李一起捆到车上的样子，我就更不放心了。

我们的目的地是一个叫"井"的民宿。那儿的气氛非常友好，面向宽敞的广场，背靠山陵。取水的水泵房在广场正中央。每天早上一队病人鱼贯而行，领取一份烙铁水。父亲也跟他们一起。我尝了一次那个水，觉得非常难喝。

我们民宿的女主人是斯迈思夫人，她有两个女儿和一个小儿子。我很快和她家的二女儿温妮成了朋友。她十六岁，个头跟我相仿，金色的长发用丝带扎成马尾。当她能溜出来的时候，我们就偷偷去广场散步，比在客厅跟其他旅客玩游戏有趣多了。

许多天我全神贯注地寻找画画的主题。住地周围似乎没有什么合适的。一天下午，我参加了一次野餐，要坐四轮轻便游览马车去几英里外的地方。马车带我们来到湍急的溪流上一座古老的石桥边。这不正是我想要的吗！只是这处美景太远了，不能一去再去，我不得不考虑找一个近些的地方。最后，我选定了一座摇摇晃晃的木桥，小溪也不过是涓涓细流。由此我给自己定了艰难的任务。我是真的没有其他选择，就连这里距我们的住地也有两英里远呢，拖着画板和架子过去是很累人的。幸运的是，我在附近找到一座小屋，可以每天把画留在那里。很少有人从那边经过，我可以不受干扰地画画——除了苍蝇！它们从各个角度攻击我。在间隙我站起来跺跺脚，围着岩石跑，但只要我坐下来画画，苍蝇就会直冲我飞回来。

我遇到一个过路人。我看见他走过木桥，他走近了我也没有理睬他。后来我发现他就站在我的身后。

　　只听他说："业余爱好？"

　　"您说什么？"我问道，"我……"

　　"业余爱好？"那个人提高了声音。

　　"哦，是的，是的。差不多吧。"我转头一看，只见一个小个子男人叼着一根弯弯的石楠烟斗。他走近一些，盯着我的画布。

　　"我说，这些苍蝇可够烦人的。"他说着，一团苍蝇闻到烟味四处飞散。"你画画的时候得抽一口，"然后他又说，"你画什么呢？"

　　"我想画这座桥。"

　　"哦！那个！那怎么能算座桥呢。"停了片刻他接着说，"我老爹也差不多是画家——退休以后开始画画的。"他说话的口气仿佛画画就像喝酒。"他画的画不大，但他画得很快，那种闪光的高档画，颜色特鲜亮，再拿金色画框那么一镶。"

　　我厌恶地审视着自己努力的成果，嘟嘟囔囔地应和着。

　　"你要把这幅画镶起来吗？"

　　"我没画完，还不好说。"

　　"啊！"他说，"镶画框要花你不少银子呢。"停了一下他又说："你再往前走，那儿景色更美，池塘下有座石头桥。哦，呵呵，各花入各眼，走了，走了。"他留下我继续跟这座受鄙视的桥和苍蝇斗争。

　　后来时间到了，我不能再画了。我选了一天住宿的旅客都出去的时候，拖着所有画具回到民宿。我感觉如果他们知道我把画带回来，一定会想看我的画。于是我问了温妮，我们商量好，她到后门等我，帮我把画藏起来。我们两个就像走私的，把画藏到了一个空房间里，在那儿放了十天，直到我启程回家。这是我第一次尝试画风景油画，我错了，不应该在现场画。光线不停变化的户外，在很大的画布上作画是很难的。我应该更聪明些，画一些水彩习作，回家以后再在画室里画成油画。不论如何，错误已经犯下了，当我们回到家打开所有行李时，我完全意识到了。看到乱七八糟的画我吓坏了，花了很多天才把它拼凑好。十二月，在学生画作展览上，当它跟其他"克莱斯韦克奖"参赛作品一起展览时，我心痛地发现这是多么令人失望的失败，虽然它不是我看来最糟糕的参赛作品。

　　每半年在皇家艺术研究院有一次奖学金考试，会涌入一拨新学生。新生总是大家兴趣的焦点。当我自己是新生，准备复试的时候，就注意到了这点。一些高年级的学生来观察我们。我后来知道，一个高年级女生在看过我们之后，回到自己的油画班大声抗议："你们看到新生了吗？有个男孩才十二岁！他以为这是什么地方？"我肯定我就是那个被质疑的男孩，虽然我已年满十七，但个头偏小，实际上给自己赢得了一个"小谢泼德"的外号。

　　我在油画系补习，第一次遇见弗洛伦斯·查普林。我在临摹委拉斯凯兹的《西班牙菲利普王子》，她和另外一个女孩走进来，站在一旁看我画画。我耳闻她是最聪明的学生之一，和弗洛拉·莱昂一样。弗洛伦斯的天赋源自她的外祖父，画家和木板雕刻家埃比尼泽·兰德尔斯，他也是《笨拙》杂志的创办人之一。我意识到自己的画很糟糕，转身对她说："恐怕我画得不是太好。""不，这是很难的，"她回答，"不过我觉得你被它吓到了。试着画得再重些。"她继续说："线描不错，但不要担心画出线外来。"那是我在那时收到的唯一的建议，我谢了她，笨嘴拙舌地解释说我没有学过油画，正在寻找画法。我一直记得她跟我说过的话。被她留意和鼓励，有时在走廊与她擦身而过，一个迅速绽开的微笑，都令我开心不已。从那时起又过了将近两年，我才进一步了解了她，因为这里的男生和女生不在一起画画、吃午餐，就像在希瑟利美术学院时一样。

在男生中我有几个特别要好的朋友。菲利普·斯特菲尔德跟我同岁，个子也比我高大。他乐呵呵的，天生一副好嗓子，总是在画画后清理水房的时候带着我们唱歌。我们唱歌的水准还是挺高的，会分声部，吉尔伯特·霍利迪、丹赫姆·戴维斯和斯坦利·扬负责

男中音和低音。基本上每天下午三点一刻的时候，《圣哉三一歌》[3]和《赞美之歌》就会响彻走廊。乔治·斯沃什，比我晚一年入学，从英国西部来的，就是他教我往烟斗里填烟叶。他与众

不同，很害羞，我经过一段时间才真正了解他。他是我认识的最单纯的人，也是最真诚的挚友。

第一年学习结束时，我按预期通过考试进入高级学校。不再画素描了：油画，总是油画，会由一位皇家院士来教我们。院士们有些教得好，有些则完全相反。例如一个叫马库斯·斯诺[4]的人，会立下规矩，劝阻"过于甜蜜的景象"，倒是跟他的作品主题一致。G. H. 波顿[5]，喜欢十七世纪的荷兰场景——身穿华丽服装的花样滑冰——他会拿过我最喜欢的画笔，在画布上拧，让笔头变成扇子状，然后让我接着画。我们有西摩·卢卡斯[6]和亚瑟·哈克[7]及其他几位老师。所罗门·J. 所罗门[8]是不常来的客座教授，但他真的教了我们很多东西。

当萨金特[9]来当客座教授的时候就非常不同了。他活力四射，充满能量和热情，他激励了我们所有学生。每个人都想画得像他那样。有一次，他从一个同学手里抢过调色盘和刷子，然后开始自己画。他离开后，没有人动他的画，由那个幸运的同学拿回了家。虽然我们几个想说服那个同学把画卖掉。

乔治·克劳森[10]也跟萨金特一样受欢迎，尽管是不一样的秉性。他是一个相当害羞和安静的人，几乎不好意思给出评论。除了是杰出的画家外，他也是最优秀的老师。我想他喜欢在学生们中间，有一天他也同我们一起在校外的院子里，亚瑟·康纳给我们大家照了一张合影。

同年秋天，我们得知哈默史密斯的家的命运终于尘埃落定。整个特蕾莎台马上就要拆掉。我心底想保留这个地方的愿望化为泡影，无能为力，只能随遇而安。父亲和艾瑟儿寻找住处已经有段时间，最相中的地方是布莱克希思，位于伦敦东南方向。父亲被布莱克希思吸引，因为在去上拉格比公学前，他上过那儿的学校。不光如此，那里地势高，令人心旷神怡，对风湿病患者有好处。那里的空气一定很清新，尤其在冬天，我们迎着东北风走过石楠荒原时就发现了这点。我和西瑞尔对这个选择不是很积极，我们认为离城里太远了。然而，有一天父亲告诉我们，他已经租下了舒特斯山路的一个房子，接下来的星期六我们就去布莱克希思看房了。从查令街十字出发的火车很慢，但经过石楠荒原的那段路很令人愉悦。三十四号是半独立房，带极佳的花园，我很高兴花园足够大，可以当网球场。房间也很大，还有很好的地下室。只是没有工作室。我来到房子的顶层，希望找到合适的房间。终于，我发现空余的房间是唯一可能的地方，只是看起来不大乐观，因为这里很快将堆进一张大双人床，还有衣柜和脸盆架。

　　我们到处量了尺寸，发现底层房间够高，可以将乔治亚式桃花心木书架搬来。它们是放在特蕾莎台的定制家具，父亲当时从拆房

的人手中保留下来的。幸好我们现在有电灯了，而不像以前那样用煤油灯和煤气灯。当地建筑商在房子里和我们见面，开始安排重新装修。

　　我和西瑞尔都特别关心每天如何进城。火车不好坐，尽管他能到卡农街，比我到查令街更方便些。

　　我们还感觉这座房子

离商店太远了，丽兹不会喜欢。我没有像上次搬家那样对重新装修有更多兴趣。实际上，我没有再去那里，直到搬家那天，在深秋一个寒冷的日子里。货车很早到了特蕾莎台。书架被小心安全地搬上了车，跟我们的家具放在一起，然后我们坐火车去布莱克希思。

在空荡荡的房子里等待家具的来到，实在很冷，这让我离开旧家的郁闷和不悦更加强烈。天黑了，我们还在等待。终于，我们扛不过肚子饿，轮流去一家叫"沙滩太阳"的馆子吃点热乎的，让自己暖和起来。到了九点搬家车才到。几乎午夜我们才卸车完毕，把东西存放在房子里。当地警察对这个过程产生了兴趣。我想他以为我们是趁着夜黑风高"搬家走人"呢。但是我们给了他一杯酒和小费，就大事化小了。第二天丽兹到了，没带最心爱的猫——几周前猫猫走了……毫无疑问，它大概预感到了未来的动荡吧。

我们的两个书架按计划安装在餐厅，艾瑟儿开始分类和布置我们的书。她很喜欢做这些。她在女王学院学习文学，长时间泡在图书馆里。那是她在大学的第三年，她学业有成，并且继续练习钢琴。她告诉我们大学要举办校友聚会，她很想去，希望能遇到母亲生前的老朋友。当那天来到，父亲跟她同去的。他们兴致勃勃地回来，说遇到了古丝和波比·塔克，母亲的两个闺中密友。古丝，全名叫奥古丝汀·波瑙，跟母亲在同一所大学，她们的友谊持续到母亲去世。我们记得，小时候古丝阿姨经常在圣诞节和生日送给我们可爱的礼物。我们有八年没有见到她或听到她的消息了。她跟格鲁比·罗杰斯结婚，住在南德文郡的金斯维尔。我们收到热情的邀请，请我们第二年春天去她的新家。我特别高兴，因为还从来没去过德文郡，实际上，我只见过一次春天的乡村风光。

我和西瑞尔轮番问艾瑟儿关于古丝阿姨和她夫君的事。似乎他比她小，在南非待了很长时间，皮肤是古铜色。母亲的另一位大学好友波比·塔克，我也记忆犹新。她有灰色的眼睛，一头红发——我觉得很漂亮。她不守成规，经常骑着马去大学，让哈利街上下轰动。她嫁给了一个叫戈德弗鲁瓦的律师，他的健康出了问题，她全心全意地照顾他，直至他去世。然后她家徒四壁。我很高兴几年后我收到她的来笺，言简意赅：

亲爱的欧内斯特：

　　为我高兴吧，我买爱尔兰彩票赢了一万七千块。现在，当然，那些很久不联系的亲友都像苍蝇一样围着我团团转呢。

1. 托马斯·克莱斯韦克（Thomas Creswick，1811 — 1869），英国风景画家、插图画家，伯明翰画派最杰出的成员之一。

2. 尺寸约为 1.37 米乘 0.91 米。

3. 《圣哉三一歌》（"Holy，Holy，Holy"），基督教赞美诗。

4. 马库斯·斯诺（Marcus Stone，1840 — 1921），英国画家。

5. 乔治·亨利·波顿（George Henry Boughton，1833 — 1905），英国画家、作家。

6. 约翰·西摩·卢卡斯（John Seymour Lucas，1849 — 1923），英国画家，擅长历史画和人物肖像画。

7. 亚瑟·哈克（Arthur Hacker，1858 — 1919），英国画家。

8. 所罗门·约瑟夫·所罗门（Solomon Joseph Solomon，1860 — 1927），英国画家。

9. 约翰·辛格·萨金特（John Singer Sargent，1856 — 1925），美国艺术家，享誉世界的著名画家。

10. 乔治·克劳森（George Clausen，1852 — 1944），英国画家。

在德文郡和德国的假期

读第二年的学生，通过考试进入高级学校，加上正常的出勤记录，品行优良，就可以得到一定的特殊优待。其中包括竞争兰西尔奖学金的机会。这个奖学金每年有四十英镑，连续两年。我提交了三幅作品——头部素描习作、人体油画和线描画，没有告诉父亲。当我赢得了奖学金之后，父亲非常惊喜，我也一样。弗雷德·阿普尔亚德同时获得了另外一个奖学金的名额。

每年四十英镑，连续两年，对我来说是一笔财富。我忍不住回想起七岁那年赚到第一个先令，就满怀信心地认真考虑起跟薇拉·贝林格结婚的事来。虽然从那之后，我对钱的感觉进步了，可现在每年四十英镑，倒令我感觉结婚是遥遥无期的事。我给一份叫《英伦少年》的报纸上的一些笑话配过插图，每幅画五先令，这样零星地挣过几英镑。我还撞运气给《笨拙》投稿，不过没有成功。所以，当收到古丝阿姨的邀请时，我跟父亲说我可以自己付去德文郡的旅费。

当然，西瑞尔在城里有工作，去不了，得到休年假才行。我和艾瑟儿一起去的。我们很早便起床，十点半前就到了帕丁顿车站，在去金斯维尔的车上找到座位。我还没坐过大西部铁路线，尽管我研究过很多关于它的历史，一直喜欢深绿色的火车头和亮闪闪的铜部件。大西部铁路线的机车车辆结构坚固，公司的徽章装饰在奶油色车身上部的两侧，有天窗，符合我的审美。

我们舒服地坐下，荷包鼓鼓，穷家富路。我在餐车订了两个座位。穿过韦斯特伯里的主线还没建成，我们的路线经过巴斯和布里斯托尔，这两个地方都有站。我研究过大西部铁路线，知道这条线路上的地标景观——我看到远处的箱型隧道，克利夫顿吊桥，以及汤顿前的平原。离开埃克塞特，我们来到离道利什海边很近的地方，然后又转回了内陆。乡村红色的土壤，明亮的春绿，以及繁花满树的苹果园，都令我心旷神怡，我明白了为什么德文有"锦绣之乡"的美名。

列车接近金斯维尔，我们看到达特茅斯，"不列颠尼亚"号和"印度斯坦"号停泊在港口。老式三层甲板，黑白双色，仍旧是海事青年团的校址，那时皇家海军学院还没建立。

当火车驶进金斯维尔的码头车站，我看到古丝阿姨站在月台上，她旁边有一个小个子男人，牵着一只猎狐犬。"此人一定是罗杰斯先生了。"我心想。古丝阿姨跟我记忆中九年前的样子一模一样。时光荏苒，我非常开心与她重逢。

我们离开车站，她穿过马路，到路对面的面包房。出来时，她跟我们说可以把行李寄存在这里，勒克拉夫特先生送面包时会将行李一起带来。从车站到谷畔小屋有一英里远，那是一段最为愉快的步行。通向海边的山坡上长着热带树木和花草，在另一侧是圣佩特洛克斯教堂和老旧的炮台。格鲁比·罗杰斯和我走到其他人身后，他指给我看蓝桉树。蓝桉树，他告诉我，在南非会长成参天巨木。他是个安静的小个子男人，但他的眼睛里闪烁着快乐的光，我立刻就喜欢他了。

谷畔小屋是一座独立的房子，坐落在通往海边的小谷地一侧，海边有个小海湾。岩石上有非常小的下船的台架，一艘小艇拴在吊艇架上。我们离开大路，转到两旁种了欧洲蕨和其他蕨类的小路上。房子有很好看的带落地窗的凉廊，起始角灯塔一览无余。我被这个地方深深迷住了。

　　喝过茶，勒克拉夫特到了，带着我们的行李和杂物以及给格鲁比的兄弟哈利·罗杰斯的面包。哈利·罗杰斯住在山谷对面的单独的房子里。面包师傅和邮差都不喜欢多走路送货，于是这些东西就

送到谷畔小屋，隔段时间由哈利·罗杰斯来取走。格鲁比和我把包裹分拣出来，放进两个篮子，楼上传来古丝阿姨提醒的声音："别忘了拿上那瓶威士忌和他的信。还有一包番红花小面包——他喜欢的。"

　　我们出发了。一条羊肠小路通向山坡下，直达海湾。猎狐犬斯乃普紧紧地跟着我们，它是被训练成这样的，大概一年前，在蕨丛中追兔子时，它被一条蝰蛇咬了一口。"我看见它站在那儿，吐着舌头，呜呜叫，"格鲁比说，"我走到它身边，看到它的爪子上有红色的小牙印，马上猜到发生了什么。我抱着它尽快跑回家，万幸的是，我有处理蛇咬伤的经验，知道该怎么做。狗狗的腿肿起来了，我用刀片割开爪子，直到毒血流干净，然后倒了威士忌消毒。过了几天它就没事了。真是不幸中的万幸啊。"

　　我们从海角沿着坑坑洼洼的车辙印爬上一座小山，看到悬崖边

矗立着一座小房子。它的花园很乱，还有一个小温室。有个年轻人在工棚里做木匠活儿。格鲁比朝他喊："赫伯特，你好！哈利在吗？"年轻人停下手里的活，拇指往肩后晃晃，哈利·罗杰斯出现在拐角，朝我们打招呼。他跟他的兄弟一样个子不高，但更精壮些，金色的头发，有些谢顶。走进房子可费劲了，因为前廊放了一摞各种尺寸的木板。我们跨过木匠的刨椅，进入一间宽敞的客厅。地上到处是刨花，虽然铺着地毯，可看上去更像木匠的工作间。哈利朝地上乱糟糟的一片挥挥胳膊，解释道："你们瞧，我们在造这架大风琴。"我听了有点吃惊，很纳闷，因为房间的一角已经有了一架风琴，虽然小，可是设计独特。我很快明白了这是怎样非凡的作品。哈利是一个热爱音乐的音乐家，赫伯特也有音乐才华，他就像哈利收养的孩子。哈利教赫伯特演奏，但赫伯特除了具有音乐天赋之外，还是个巧手木匠，于是哈利和赫伯特就联手设计制造了一架小风琴，放在客厅。这件乐器的音色很美妙，当年轻的赫伯特演奏时，我享受其中。

现在，他们俩又在造一架更大的风琴——所以屋里才这么乱。他们给我看了新乐器的设计图，又带我到外面的工棚，赫伯特爱不释手地展示了小小的木头和羽毛做的活门。两人都满腔热情地跟我们聊这个计

划，简直没法让哈利回到现实，告诉我们他下次购物的清单。

前几天，赫伯特已经给我们在海湾看到的那艘小艇装好了帆。我们几次去达特茅斯湾泛舟，那里停泊着引航船，等候入港的船只。有两艘引航船，我们叫它们"一分钱"和"两分钱"，因为它们的帆上印着1D和2D的字样。一天晚上，我们航船归来，哈利·罗杰斯在海湾等候我们。等我们把船停罢，他对我说："你知道吗，如果赫伯特没回来，我就很担心。他驾船没问题——但是人永远不知道会发生什么。我永不会忘记三年前发生的事。"然后他告诉我们，当时"不列颠尼亚"号的两名海事青年团的团员跟牧师一起，从达特茅斯坐小帆船来，他们在他家喝茶，到了六点钟返航离开。牧师要去金斯维尔，所以两个年轻人自己出发了。他们知道如何驾船，很自信，并且这儿距离海港也很近，没人觉得不放心。哈利告诉我，他眼见男孩们转过海角，还朝他招手。后来就再也没能找到两人和船。哈利的眼里泛着泪光，转身对我说："现在我再也不敢看着我们的船转过海角了。"

晚上很冷，吃过晚饭，我们在谷畔小屋围坐炉火边。格鲁比躺在角落的沙发上，小狗斯乃普蜷缩在他身边。古丝阿姨给我们看一些她的特别收藏。她给我们讲学生时代和我母亲在女王学院的往事。她略为尴尬地解释了为什么在母亲去世后跟我们失去了联系。她在母亲生前见过我的几位姑妈，跟她们合不来。这没有让我们吃惊，因为实际上处事得体、性格温和的母亲自己，也发现很难适应戈登广场的生活。但是现在，我们与古丝阿姨重逢了，同她的友谊一直延续到她于一九二二年去世。

格鲁比和我散步去很远的地方，狗狗斯乃普在我们身边跟前跟后地跑着，一直走到布朗斯通和灯塔。我们通常带着点二二口径的步枪，近距离打兔子——用步枪击中不容易。一次我们走到贝里角的曼恩沙滩，似乎格鲁比有时会在那儿找到金色石英石。他在南非淘金很多年，知道找什么样的。他在石头中翻找，把一些石头放进口袋带回家，用锤子砸开。他告诉我，他已经把样本寄送到伦敦评估，但分析的结果是，虽然显示有一些金子的成分，却无法成为财富。他在没成家的时候去过德兰士瓦，那是在布尔战争之前，英国人经常和布尔人发生冲突。他送给我一些在法尔河采集到的石榴石作为礼物，那次一个布尔农夫一枪打中了他。

"近距离打兔子"

那次到德文郡的旅行带给我深远的影响，它似乎揭开了生活的新篇章。母亲在世时的快乐感觉又回来了。跟格鲁比的友谊，随着岁月的流逝更加深厚，对我很有益处，帮助我克服了漠然的处世态度，他笑话我，称我为"小老头儿"。

格鲁比和古丝阿姨在童年就相识了，十六岁时，格鲁比离家去了俄罗斯，但他不喜欢那里，不久便回来了。后来，南非掀起淘金热潮，他就赚大钱去了。他的确找到了金子，但是不够多，很快便陷入困境。他在祖鲁人的栅栏村庄住了一年多，学习当地语言，甚至将《三只瞎老鼠》这首童谣翻译成了祖鲁语。这首"Matatu eibooni goondarni"（祖鲁语，三只瞎老鼠）被当地青年武士当作一首战歌。格鲁比穿成祖鲁人的样子，手拿圆头棒，载歌载舞表演

了一番，把古丝阿姨逗得前仰后合，狗狗斯乃普也跟着汪汪叫。我记住了这首歌的大部分，回到学校还在走廊里大显身手——直到喧闹声招来了管理员。

我认为父亲这时遇到了天上掉馅饼的好事，因为在七月的一个晚上，他给了我们一个惊喜，问我们是否愿意去德国度假。怎么能不愿意呢！西瑞尔的假期在八月的后两周，我们就做了相应的安排。在那个月中旬的一个周六，我们来到利物浦街火车站，登上了开往哈里奇的火车。我决心再次尝试画油画，带上了我的画板、户外马扎和两三张画布。我们在傍晚时分到达哈里奇，登上了"游隼"号蒸汽船。这艘船的外表不太吸引人，上下都是黑色的，没两年前坐过的"驯鹿"号那么帅气。

航行要花上三十二个小时，三等舱的卧铺在船底，非常憋闷。离开港口没多久，船就开始上下起伏、左右摇摆。我们在不祥的沉静中吃了晚餐，还没吃完，父亲就急忙离开了餐桌。我来到甲板上，但那里太冷了，我很快就回到小餐厅去取暖。一些人在那里喝

酒。艾瑟儿不见了。没多久西瑞尔和我也垮了。船底层的气氛很可怕，到处是凄凄哀哀的景象，最后我们俩也趴下了。那一夜我过得非常糟糕，我从没意识到晕船是如此痛苦。我躺在硬硬的双层床上，期待世界末日的来临。早上，西瑞尔去了甲板上，不过几乎立刻又跑回来，他受不了煎培根的味道。午餐时，我试着面对食物，但是没有用。艾瑟儿现在很开心了，跟没事人一样，大快朵颐了一番。可自从前晚父亲离开餐桌，我们仨就谁也没再看到他。后来我们终于找到了他，原来他裹着毯子，躺在三等舱小餐厅的沙发上沉睡着，样子很悲惨。到太阳下山，我的五脏六腑才平静了下来。过了黑尔戈兰岛，来到相对平静的海域，我感觉有了胃口。唉，可还是吃不下。我觉得自己像是被绑在刑架上一般，只好又回到了双层床上。

第二天早上我醒来，听到人来人往的声音和铁链的哗啦声。从舷窗向外张望，我看到船停在码头边，我想这一定是汉堡港。此时，我和西瑞尔都饿慌了，非常不耐烦地等待早餐，一拿到就狼吞虎咽起来。父亲起来了，但还是感觉想吐，直到他又站在干燥的土地上，才恢复了平衡感。

经过很简要的手续，我们登上了开往希尔德斯海姆的火车。一路上的景色平淡无奇：平坦而毫无特色的乡村绵延不断。但是当我们到了希尔德斯海姆，老城却正好相反，非常美好。街道两旁是红砖木房，有很多招牌挂在人行道上。一条狭窄的河流穿过小镇中心，看起来颇具荷兰风情。我们在旅行指南上选择了旅馆，价廉舒适。德国饭菜也是一等一的。炖菜、甜蜜的水果和肉，香醇的奶油点心，这些对我们来说都很新奇，要是不加葛缕子就好了。早餐是蜂蜜和热乎乎的美味小面包。

德国人让我很感兴趣。小贩们似乎有独特的衣服——木匠戴方形的白色帽子，扫街的戴高帽。街上还有很多士兵，他们经过长官时开始走正步，脚啪啪地踢着人行道。小镇的一切都井井有条，维护完好，让人觉得这里欣欣向荣。我选了河边的一处地方，画水边的红色房子，父亲在附近的教堂画速写。

我们在希尔德斯海姆停留了五天，然后到韦尼格罗德，位于奥得河上的枯燥的地方。从韦尼格罗德，我们去了一趟布罗肯峰。轻轨带我们来到这座所谓的山的顶上。我们经过很多写着"AN DER SCHÖNEN AUSSICHT"（在美丽的地方）的招牌，可是我既没看到什么非常美丽的风景，也不觉得山顶的景色有多吸引人。甚至连巫婆也不见踪影——除了一个小商亭里在卖很多印着巫婆的明信片。我们在山上没待多久，下来的路上遇到了一个啤酒花园。它看起来很是诱人，背景是一道瀑布，周围的松林里装饰着一些五颜六色的地精石膏像，于是我们挑了一张桌子坐下来。瀑布引起了我的兴趣——它怎么看怎么像是人造的，我和西瑞尔就从桌边溜开去一探究竟。我们找到了一条小路，通往瀑布上方的岩石。在那儿看到一条天然的小溪，被改道流进一条水渠，水就被引到了岩石边。我们往下一看，啤酒花园就在下方，每张桌子都围坐着一家客人。我们决定挡住瀑布，就找了一些大块的石头，一块块填到引水的水渠里。然后，我们沿着刚才的路，回到父亲和艾瑟儿身边。没过多久，客人中开始有人现出惊愕的神色。矮胖的绅士们忘记了喝啤酒，站起来往高处指指点点。一

个服务员被派去叫经理。瀑布的流水变成滴答的涓涓细流，客人中有人大声问这是怎么回事。我和西瑞尔悄悄地跟父亲说了我们的把戏，于是我们都认为现在就该走了。离开时，那个发福的经理，正被两个服务员连拉带拽地往陡峭小路上爬。

三天后，我们去了戈斯拉尔，这是一座美丽的中世纪小镇，跟韦尼格罗德迥然不同。它周围是城墙和门，还有顶上铺着瓦的圆形棱堡。广场中心是喷泉，上面有一尊青铜铸造的雄鹰，传说建于十世纪。对面是美轮美奂的古老客栈，我们去问有没有房间。老板赫尔·博德迎接了我们，给我们找到了住宿，然后提出了晚餐的事。"各位会享用到一些新鲜的鳟鱼，可以吗？"他带我们看了在水缸里游来游去的鱼。它们真的非常鲜美。

戈斯拉尔是一座有驻军的小镇，能见到很多士兵走动。步兵将官穿着深蓝色的长大衣尤其帅气。很明显平民看到将官走来就闪到一旁是好事。在德国皇帝的军队里，被崇拜的人受到很大的尊重。我们所住的客栈餐厅有一角供他们专用。没有平民去打扰这些神圣的餐桌。

广场的青铜喷泉深深地吸引了我，我画了一些速写。喷泉顶上的雄鹰古雅别致，就像一只长了翅膀的苏打水瓶。水从喙的部位喷出。到了晚上，年轻的小伙子和姑娘们围在喷泉边。姑娘们将金发编成两条小辫子，穿着民族服装，长长的半身裙，黑底绣花的短紧身胸衣。那个年代还没有电影院将年轻人吸引到室内。

我们没法在戈斯拉尔待很久，两周假期几乎快到尾声。我们在不伦瑞克度过了在德国的最后一晚。不过在那之前，我们还在哈尔茨堡逗留了一夜，那儿的温泉不太吸引人。父亲在旅行指南上选了排名最后的一间旅馆，看起来是城里最便宜的一家。然而，当我们离开火车站，问旅馆在哪里的时候，有人让我们坐上了最帅气的公交马车，将我们送到了一座最醒目但周围环境很不美观的建筑物前。原来旅行指南上的便宜旅馆经过重建，现在成了最好最贵的酒店之一。父亲跟经理商量，他答应给我们一个合适的价钱，因为现在是淡季。第二天我们就躲开大厅里列队的员工，在一个搬运工的帮助下从一扇侧门溜出来，逃之夭夭了。

返回汉堡的时候，我们遭遇了一场狂风暴雨。我们自河上漂流而下，看到一幕难忘的景象——闪电如金蛇般狂舞。瓢泼大雨似乎让海面平静了，返程的航程感觉很平稳。下午，艾瑟儿弹奏船上老旧的钢琴，为旅客们奉上了一场音乐会。因为身上的钱不多了，我们得仔细盘算选择用餐。不过，我们把所有的钱都翻出来，才将将够回到布莱克希思的路费。

那年秋天，皇家艺术研究院成立了一个辩论社团。聚会不总是正式的辩论，有时候会读论文。我听了之后开始意识到自己学识的不足。我从来不是勤奋的读者，现在发现自己在散文与诗歌方面大大落后于我的同窗们。社团的聚会在晚上，通常在新宫的一个房间，那里正常情况下是两个女生合用的画室。后来，菲利普·斯特菲尔德和我会去看弗洛伦斯·查普林和她的妹妹阿德里安娜，她也是学生。她们住在伯爵宫那边。

冬季学生展示的时间即将来到，之后总会在十二月十号进行颁奖，那是皇家艺术研究院的建校日，碰巧也是我的生日。我们的油画和素描作品悬挂在学院画廊，我们可以批评和赞扬彼此的作品，决定哪幅作品有可能获奖。那年我们一致认为最好的油画是女生中的佼佼者弗洛伦斯·查普林的作品。那幅画非常出类拔萃。我俩都在画廊的时候，我走到她身边，告诉她我认为她的画非常好。我们走过去，站在那幅画前。然后她说："我遇到点麻烦，跟客座教授，你知道。他嫌我用调色盘刮下来的颜料画头发。"她对我盈盈一笑，说，"我承认自己这么做了，他都吓坏了。"她说要看我的作品，因为没有签名，她不知道哪幅是我的画。她在我的画前站了一会儿，说："你的线描比油画强很多。你还是害怕油画颜料。""是的，我明白，"我答道，"我只希望你能给我上一课。""哦，那我可做不来，我从来没教过油画，不知道从哪儿教起啊。"当宣布弗洛伦斯获得了银奖时，我特别高兴。

圣诞过后，我们一群人去德鲁里巷看圣诞趣剧。那几年我和西瑞尔每年都去。主角不再是丹·莱诺和赫伯特·坎贝尔，他们已经演出差不多十年了。一些当代最好的喜剧演员被替换了，而且效果也跟从前不一样。每个人都怀念从前辉煌的双人组合。我们付了半克朗，抢到了池座。我想不起那次小型的传统趣剧的故事是什么了，但是我记住了哈利·兰德尔，身材壮硕，声音洪亮，他唱道：

> 哦，英格兰，快乐的国度！
> 全世界的国家都嫉妒她。

虽然我们失去了格莱斯顿，

但温斯顿·丘吉尔仍旧在。

哦，这是一个多么快乐的国度。

丘吉尔那时刚崭露头角——世纪之交一个血气方刚的年轻人。

德鲁里巷剧院圣诞趣剧，画于十三岁

第一间自己的画室

英国的一八九九年在惨淡的气氛中结束。布尔战争[1]开始了，在最初的几场战役告捷后，英国军队的情况急转直下。布尔军队的策略难以捉摸，我们的几位将军都没有做好应对准备。他们从未面对过拥有现代化武器的对手，遇到问题迂回躲避的方式只会导致军队的瓦解。太多空想战略家告诉他们如何打仗，但凄惨的战局拖延了三年之久。国内方面痛苦的情绪加剧，直言不讳的批评从四面八方涌来。在学校，我们对战争的对错有过很多争论。尽管我喜欢军事，但这没有唤醒我的任何热情，我从未有些许参加英国义勇骑兵队的冲动。

新年伊始，万象更新，当莱迪史密斯和马菲肯救援的消息传来，我们都雀跃了。皇家艺术学院[2]的学生们准备扛着维多利亚女王的塑像在伦敦西区游行庆祝。那尊塑像比女王本人高大，由雕塑系教授巧妙设计。塑像是坐姿，建在木头底座上。头和肩部与女王非常相像，是用胶泥雕塑了放在上面的。一些旧窗帘放在下面当布，被喷上了石膏。这个塑像放在雕塑用的推车上，看起来非常威严肃穆。

到了游行那天，同学们穿着画画时的围裙出发了，有些同学的围裙是深蓝色的。队伍从邦德街往南走，与沿皮卡迪利街来的游行队伍会合。（第二天，一家日报有报道评论此景：看到奇怪的景象，一群屠夫沿邦德街而来，转到皮卡迪利街。）当我们皇家艺术研究院的学生加入游行队伍，皮卡迪利街上不时爆发出鼓励的欢呼。到了牛津圆环广场，我们转入摄政大街。从游行队伍的队首回头看，场面非常壮观：五六十个身穿围裙的学生拉着推车的绳子，后面跟着挥舞棕榈叶的女生，仿佛重现了建造金字塔的场景。一路上道路通畅，警察拦住了所有车辆让我们通行。我们没有乐队，但我们在休息时唱起歌来，赢得人群的阵阵欢呼。

在学校我们也举行了校内的小型庆祝活动。这些活动都安排在晚上，我们上人体写生课时。我们经常设计捉弄一下馆长。他是个油滑的胖子，叫波斯德特，蓄着整齐的络腮胡，行为举止令人不敢恭维。一次我们在走廊集合后开始游行。我借了一顶高帽，下巴上粘了用棉花做的胡子，扮成克鲁格[3]。我们唱着葬礼曲走进教室。波斯德特实在受不住这些，冲进门阻止我们的游行。经过短暂的冲突，他被挤到后面，大声叫："先生们！先生们！"声音越来越低，直到没声了，瘫坐在椅子上。他胡噜着眉毛喘着气说："我要去报告你们的所作所为。很明显，这是有组织的捣乱。"他还在烦恼并火冒三丈时，访问的学院院士出现在了门口。那是美国画家埃德温·艾比[4]，他也戴着一顶高帽（我的"克鲁格"帽子被藏在了椅子

底下）。这不是巧合，因为艾比先生无论到哪儿都戴着帽子，虽然他通常脱掉外套。波斯德特向他抱怨倾诉我们的淘气行为，艾比先生露出大大的微笑，环顾四周道："哇，他们现在看起来很安静。"是的，我们在安静刻苦地画画。这件事没有什么后果，除了第二天晚上校监克罗夫茨走进来，低声给我们读了一段训教的故事，说了句："你们知道，可别再惹波斯德特先生不高兴了。"

艾比先生一来做客座教授我们就非常高兴。不仅因为他是出色的画家、伟大的讲师，更因为他一直关注我们的进步和发展。四年后，正是他引见我接触到了《笨拙》杂志社，对此我深怀感念。他的另外几个学生也受雇于他，在费尔福德的画室工作，那时他在为波士顿图书馆创作大型壁画。我从来没看见过院长在晚间写生课出现。在极少的情况下，波斯德特先生不在，校监便指定高年级学生负责，我们非常安静，没有人会想捣乱。

暑假的前半段，我花了几个星期准备英国机构的竞赛。这个奖的奖金是每年六十英镑，连续两年。竞赛对全英学生开放。七月出结果时，我是几个幸运的获奖者之一。加上每年四十英镑的兰西尔奖学金，明年我就有一百英镑的收入了，我开始考虑在城里租一间画室，大概要找一个同学合租。暑假还有另外一个竞赛，"克莱斯韦克奖"，我想画德文郡的风光，我知道一个地方，离我在金斯维尔的朋友们很近。

　　菲利普·斯特菲尔德和我决定一同前去，于是我写信给古丝阿姨，她在她所住的山谷给我们找到了工人的木屋，一人一周一英镑就什么都包括了。八月初，我们一起来到南方。古丝阿姨、格鲁比和小狗斯乃普又像上次一样在火车站迎接我们。勒克拉夫特先生的马车把我们的行李运到住地。我们租的是最小的房间，不过布莱克夫人照顾得很周到。几天后，我们就开始画画了。我们通常画到中午，格鲁比会出现在山上，跟我们一起到海湾游泳。

　　那是一个完美的夏天。在德文郡，我们有连续四周阳光普照的日子。哈利和赫伯特去了荒原，我们就用哈利的小艇，这是特殊的便利。我们还可以自由进出他们的房子——"兔场山居"。菲利普会弹钢琴，我们在悬崖上的房子里度过了很多愉快的夜晚。那里有很多鲭鱼，我们画画时，总是被山谷里格鲁比的喊声打断："鱼进湾喽！"我们就丢下手里的画，二话不说划上小艇，去追逐鱼群。一次能捉到好几十条。有时我们甚至不需要用船，因为鲭鱼会正好游进海角，追逐冲向岩石的小鲱鱼，我们用手就能捧起好多鱼。捉住鲭鱼，扔到岩石上，我们干得可起劲了。大多数晚餐我们就吃捉到的鱼。没有什么东西比炙烤刚从海里捕捞的鲭鱼更美味的了。

　　月底是达特

茅斯的帆船赛周，三个晚上有赛事，然后以烟火表演收尾。沿整个海港放上了旋转木马和秋千，还有路边表演。老汉考克坐在中央帐篷的前面，啃着大块肉骨头，招手让人们进去。两个跳舞的姑娘穿着紧腰的镶亮片的裙子和高筒靴，随着机械风琴的节奏跳舞。收票桌前的女人检查我们的双手，看我们是否可以作为工人买便宜些的座位。驾游船的人离船上岸，走进人群中，给小贩一枚金币，便能

玩上一整晚。

　　虽然还没完成参加竞赛的作品，可我离开了这里，到萨福克找父亲、艾瑟儿和西瑞尔去了。他们住在邓尼奇附近的韦德农庄，我迫不及待想去那儿，因为我知道欣顿离那儿不远，我能去找弗洛伦斯·查普林。年初时她告诉我，她的母亲在那里有所房子，她和妹妹也许会在欣顿过暑假。我在伦敦戈登广场跟两位姑妈一起度过一晚。那是我最后一次在那儿过夜，因为阿莉西亚姑妈，我的教母，于次年冬天去世了，那座房子也就被卖了。第二天，我坐火车去萨克斯曼德姆，西瑞尔在那里接我，他租了自行车，我将行李放在自行车后座上，然后我们骑车四英里来到韦德农庄。那是一座孤零零的农庄，不很吸引人，但离邓尼奇够近，可以去游泳。我想到要去查普林家的红房子，感觉非常紧张，西瑞尔陪我一起去，我们决定三点到那里，这样就不用在那里吃饭。担心是多余的，我们受到了热情的欢迎，
当弗洛伦斯给她
的母亲介绍我时，
说："这是小谢泼
德，您听说过他。"
我深感荣幸。

　　除了四姐妹，
她家还有个弟弟，
林赛，我记得在圣
保罗时他是个小
男孩，比我还小。他仍在圣保罗公学上学。弗洛伦斯和她的妹妹梳着编辫，穿着短裙，看起来就像女中学生。我们待到喝茶的时

候，姐妹俩骑车送我们到半路。我认为西瑞尔被阿德里安娜迷住了，就像我被她的姐姐迷住。我们回到农庄，我想我们哥儿俩是一对开心兄弟。过了几天，我们又决定骑车去红房子，请女孩们和我们一起外出。

过了两周我们要回家了，西瑞尔的假期结束了，我要回德文郡完成油画。这次我住在谷畔小屋，在空余的房间画画，天气变得湿冷多雨，没法在户外画画了。研究院的学期已经开始，一周后，我不得不同古丝阿姨和格鲁比道别，返回家中。

一回到学校，我便开始认真地考虑合租画室的事，决定下来后，我就想应该问谁愿意合租。乔治·斯沃什找到了我，当时我们在洗画笔，他有些胆怯地说："听说你在找人合租画室。你愿意考虑跟我一起吗？"我从没想过乔治是一种选择，所以有些吃惊，因为当时我对他并没有很多了解，但是我马上同意了。我很高兴自己这样做了，因为这是我们友谊的开始，一直持续到一九三〇年他去世。从他身上我学到很多，扩展了人生的视野。

我们没有浪费时间，马上开始寻找画室。我们看了几十处房子，有大有小，有的结实，有的漏风渗水，最后决定租下切尔西区格莱布街五十二号。那里能容纳两个人同时画画。有一个小的卧室，够放两张抽屉床的，还有足够用的卫生间、储藏室和地下煤库的口。管家斯科特夫人住在隔壁，需要的话随时可以请她过来清理打扫。房租是每年五十英镑，比我们预想的多十英镑，但是我们同意了，因为乔治会放弃他住的地方，把这里当成家，这样实用些。我们从圣诞节那个季度开始租下画室。十二月十号是我二十一岁的生日，我告诉有兴趣送我礼物的人，如果礼物是家具就最好了。结果是，弗兰克·迪克西送了我一块画板，他的妹妹送给我一个单人沙发，还有古丝阿姨，亲爱的古丝阿姨给我写信说，如果能运走的话，她可以把钢琴送给我。

我和乔治去买东西。我们在美波商场买了床和床上用品。那时在这个店买东西，还能享用到免费午餐。我们还在国王路买了锅碗瓢盆和小煤气炉，请西瑞尔和菲利普·斯特菲尔德跟我们一起吃了在新画室的第一顿晚餐。我们选择做牛排，我知道要敲打牛排，就把牛排放在画板上，用丁字尺当锤子砸。牛排果然变得很薄，像一块小毯子，不得不卷了好几圈才放进平底锅。我们炸了一些洋葱和薯条，还灌下去几瓶啤酒，风卷残云般。那块牛排老得跟牛皮似的。

我计划工作日住在画室，周末回家。乔治和我有了这样的早餐日常：一人刮脸，另一人站在旁边看着煮粥的锅不溢出来。过日子真的挺好玩儿。有时候亚瑟·康纳会在去希瑟利的半路上到我们这儿来。我相当担心亚瑟，觉得他开始墨守成规，已经在希瑟利学习三年了，似乎很满足一辈子待在那里。乔治和我觉得这样不行，我们决心一起努力，说服他在皇家艺术研究院争取一个奖学金。开始他是拒绝的，说自己在希瑟利还不错。不过最后我们终于说服了他。他通过了考试，在适当的时候成了我们的同窗。

我觉得在画室的生活非常惬意。我们晚上上完人体写生课，三四个人会一起吃晚餐。得选一个便宜的地方，在布朗普顿路上有一家合适的餐厅，离圣堂[5]很近，那地方的顾客主要是驾驶出租马车的车夫。我们围坐在镀锌的餐桌旁，六便士就能点到肉和两道蔬菜。如果荷包里的钱够的话，还会加一道苹果酥派。上菜的姑娘叫波丽。她听到我们喊"波丽，来份儿苹果酥派！"就会咯咯地笑起

来。一个个头矮小、脸上毫无表情的男人也是这个馆子里的人。他似乎一辈子都在那儿洗地板，总是钻在桌子底下看不见人影。我们冷不丁叫他一下，他就会露出一张圆脸，我们才刚看到他，他就马上又低下去了。

新年，我们举办了第一次暖屋聚会。钢琴运到了，菲利普·斯特菲尔德弹琴助兴。查普林家的姐妹几个都来了，父亲和艾瑟儿从布莱克希思上来。每个人都带了小礼物。父亲的关节炎当时犯得厉害，即便从布莱克希思来这么短一趟旅行对他都很难。

大概这个时候，我们开始听到关于女王健康状况的不安的传言。媒体上关于这个话题的新闻最初被监管着，但是后来女王的健康明显在急剧恶化。虽然公众在一定程度上有了她去世的心理准备，但一月二十二日听到这个消息时，我们还是很震惊。我们曾经几乎相信她会万寿无疆。举国上下陷入哀悼的气氛中，人们来去都

低着头。葬礼游行穿过伦敦，景象相当感人。我和乔治在萨塞克斯街边的人群中，目视送葬队伍经过。国王爱德华七世以及威廉二世[6]紧随炮车上的灵柩之后。仪式很简单，只有乐队演奏葬礼进行曲打破沉寂。显而易见，这场景和三年多前钻石庆时载歌载舞的气氛截然不同。

母亲去世后，父亲放弃了与戏剧界的联系。然而这年冬天，他被邀请参演一部莎翁戏剧，为了帮助大奥门德街医院里的患病儿童。以前，他为尔湾俱乐部制作了几部剧，现在他写信给一些曾经一起登台的成员和朋友，邀请他们加入支持。因为有过管理剧场的困难经历，他把这一部分交给了代理。他们选了《一报还一报》。前几年俱乐部的演出非常成功，有一组优秀的业余演员。我和西瑞尔也在剧里扮演了小角色。我演的是弗吉斯，我太喜欢演戏了。一群艺术研究院的学生，有男有女，即将来出演群众，以及最后一幕的群舞。我们有非常好的乐队，用于婚礼场景的一架风琴，一个退役步兵鼓手和司号员"鼓乐齐鸣"。一些场景是特别绘制的，内森提供了道具服装。剧团租用了北摄政街的圣乔治音乐堂，《笨拙》杂志——儿童医院坚定的支持者，提供了有装饰的节目表。整个过程非常有趣。

六个月后，我们学生制作了另外一场相当不一样的剧。那是滑稽版的《福尔摩斯探案》，蔻普学院[7]的一个学生写的剧本。我被选为主角。我也不知道为什么，虽然我长高了一些，已经不再是"小谢泼德"，但还是不够福尔摩斯的身量。不过，在靴子里垫了鞋垫之后（就像威尔逊·巴雷特在《十字架神迹》中那样），我一下子就够高了。我们在格莱布街的画室排演并进行场景绘制。我们给"两便士地铁"（伦敦地铁中央线）制作的布景，背景布被我们弄得乱七八糟。开场戏我们演了 W. W. 雅各布斯的作品《杰瑞·邦德勒之幽灵》，有幸请到了演员和剧本改编者查尔斯·洛克与我们合作。演出在哈灵顿路上的女王之门音乐厅，受到极大欢迎。

兴奋过后，我又安心作画。我说服艾瑟儿给我当模特。那是一张普通的肖像画，但是被皇家艺术研究院接受，在夏季展展出了，那是我唯一成功的一次肖像画。我没有时间进行其他室外作画，因为兰西尔奖学金需要我上午或下午正常出勤。然而，我决定参加"透纳"风景画竞赛，竞赛的主题在年初公布，是画伦敦泰晤士河上的一座桥。我选择画塔桥。我不知道为什么，它不美丽，画起来也不容易。在准备的时候，我去走了一遍通往河边到伦敦桥和黑衣修士桥附近的黑暗小巷，但是没有什么用处，因为那些小巷除了臭气熏天，涨潮时还会漫水。接下来我想试试码头。有好几处可以选，我很幸运碰到了一个人，他建议我试试海伊码头，它在伦敦塔的对面。我找到那里时，码头已经关闭了，但是守夜人给我开了门。他答应我去画画没有问题，如果我是在下班之后去的话。我告诉他我有很大的画布，他同意将画布放在他的岗楼里。他叫丹，我从他那里学到很多在河边生存的法则。他警告我要注意安全，因为最近有一群年轻人，

小混混，在河边寻衅闹事，搞了好多破坏。他告诉我就在几天前的晚上，他们砸碎了隔壁码头的玻璃，偷了一些东西。我听了他的建议，在将要关门时提着我的画布前来。他说那些小混混如果看我的画布不顺眼，说不定会戳个洞。接下来几周，我每天傍晚去画画，直到光线消失，没有人来找麻烦和打扰我。丹还警告我："不要被看到跟警察说话，不然那些孩子会盯上你。"我注意到警察两两地过来，便很小心地避开他们。我经常经过一群群在街角游荡的小混混。渐渐地我们还点个头，甚至互道晚安。可怜的孩子们！他们没有地方去，除了酒馆。难怪他们会惹麻烦。

1. 指第二次布尔战争（Second Boer War），于 1899 年 10 月 11 日爆发。

2. 皇家艺术学院（Royal College of Art）；皇家艺术研究院（Royal Academy of Art）。

3. 保罗·克鲁格（Paul Kruger，1825 — 1904），曾任南非共和国总统，第二次布尔战争期间，以领导布尔人争取脱离英国统治的独立自治斗争而闻名。

4. 埃德温·艾比（Edwin Abbey，1852 — 1911），美国壁画家、插图画家、油画家。

5. 圣堂（Church of the Immaculate Heart of Mary），圣母无玷之心堂，又称布朗普顿圣堂，是伦敦一座罗马天主教教堂。

6. 威廉二世（Wilhelm II von Deutschland，1859 — 1941），德意志末代皇帝，维多利亚女王长外孙。

7. 蔻普学院（Cope's School），由亚瑟·蔻普建立。

恋爱了

既然如今我们的画室有了钢琴，我和乔治就决定物尽其用，邀请朋友们晚上来玩音乐。我擦拭了小提琴，买了一些新琴弦，斯特菲尔德弹钢琴，我们试着演奏简单的乐曲。另外两三个朋友加入了我们，丹赫姆·戴维斯带来他的小提琴，外号叫"大笨钟"的学雕塑的斯坦利·扬带来他的大提琴，还有另一位学雕塑的莫蒂默·布朗带来长笛。渐渐地，我们变得雄心勃勃，演奏起亨德尔的作品来。我们对广板的表达非正统，但却在点子上。没有大提琴曲谱，所以"大笨钟"要即兴演奏。我们的室内乐演奏水准不高，但我们自得其乐，还举行了音乐会。我们凑钱准备食物，晚餐有面包、奶酪和啤酒。我们邀请男生朋友，还有附加条件，只要会演奏、唱歌

或者朗诵的都得出节目。这样我们就有了一台精彩纷呈的晚会。以庄严的广板开场，接下来会是一两首歌曲，雷金纳德·希金斯表演出色的模仿秀，然后是莫蒂默·布朗的长笛独奏《爱丽丝，你在哪里？》，再以祖鲁战舞收尾。这一来就引得管家跑来传达隔壁男邻居的抗议了。

我们的画室成了附近学生的聚会点。算上斯特菲尔德在特拉法加广场的画室，还有格雷戈里·鲁宾逊在国王路的翁斯陆沃伦。格雷戈里总是缺钱，虽然他擅长画海洋景物，但很少有机会卖出自己的画。他的画室在一座摇摇欲坠的房子的顶层，又小又乱，桌上总是摆着剩饭剩菜和颜料画笔。房子照明用煤气灯，很多次我们发现格雷戈里在烛光下努力画画，都没有往煤气灯投币孔投一先令。

有一次他非常高兴，因为得到了一家期刊的约稿，为威尔士亲王乘坐"P. & O."号从帝国巡航返航画双版面的线描画。那天晚上雾蒙蒙的，我和乔治决定出去走走，看看格雷戈里的画进展如何。我们发现他在争分夺秒地画画，几乎要绝望了。他坐在那儿盯着自己的画。"船头！船头！"他苦恼地喊，"我就是画不对。"第二天就要交稿了，格雷戈里还没吃晚饭。首先，他要填饱肚子，于是我们催他出去弄点东西吃。然后我们想趁他不在的时候可以帮他画一下。我和乔治都不大懂如何画船，但是就连我们都看出船头画得很奇怪。我记得有个同学住在不太远的地方，画船很拿手，我们决定去请教他。我们钻进了浓雾，找到在家的同学，解释了情况，就带他回来了。我记不住他的名字了，不过我记得他说的第一句话是："他把船头画错了。"

"太好了，"我们说，"格雷戈里自己也这么说，快帮他改改吧。"

"哦！我不能做。"他抗议。

　　"你一定要帮这个忙，"我俩回答，"而且要快，趁格雷戈里没回家之前。"

　　他就开始画了，在他忙着画一边的时候，我走到另一边，画小船上朝大船挥手的人，乔治画旗帜，很多在风中飘扬的旗帜。我们齐心协力，效果令人满意。格雷戈里回来，坐下端详自己的画，几分钟里什么都没说。后来他开口道："记得有个故事，说仙女或者老鼠会晚上出来帮人做好事，可是我从来不知道老鼠还会画船呢。"他至少还没糊涂，同意现在船头确实好多了。不过他抱怨了我画的小船上的人群和乔治画的一串旗帜。我们离开，留下他继续画。大概第二天上午十一点，他来到我们的画室，胳膊下面夹着他的画，正要去弗里特街。我希望他们多付给他一些钱。

那年冬天雾天很多。有时浓雾太重，连交通都中断了。这没有让我们担忧，因为我和乔治总是从学校走路到切尔西。有时亚瑟·康纳陪我们一起走，虽然他从来不和我们一起在"虫子和熔胶炉"吃饭——我们这样称呼布朗普顿路上那家常去的馆子。他更喜欢在家吃饭。一个特别的雾天晚上，我们三个上完写生课后，从学校出发。一切顺利，直到我们走到海德公园角。那里雾浓得我们都看不到路牙子了，而路灯只是隐约一团黄色的光晕。亚瑟没有方向感，偏离了方向一直往左走，很快就不见了踪影。我知道他的弱点，所以心想一定要不惜任何代价找到他。我们喊他的名字。没有回答！然后，我们又提高声音，一起喊。从雾中传来微弱的呼救声，我们朝声音的方向寻去，仿佛身处茫茫大海，只有远处的雾笛声为我们导航。我们走得越近，呼叫的声音反而越微弱，终于我们碰到了（不夸张地说真的是碰到）贝尔格雷夫广场的围栏。我们知道要找的人不会太远了。这时乔治灵机一动，说："我们兵分两路，沿着栏杆，绕到广场对面会合。"我没走多远就找到了亚瑟。他正紧靠着栏杆，以为自己是在维多利亚车站呢。"好了，"我用力高声喊，"找到他了！"我们会合以后，要决定下一步怎么走。让亚瑟自己走是不可能的了，于是我们一起朝斯隆广场方向去，习惯的路走起来就容易多了。在地铁站，我们跟他说了晚安，然后钻进国王路的一家餐馆吃晚餐。

　　那年冬天艺术研究院的颁奖是让我特别高兴的事。我的人物油画赢得了一个奖牌，一组人体素描得了十英镑。但更让我高兴的是，弗洛伦斯·查普林的壁画赢得了四十英镑奖金。主题是"时光流转"，在画中，她将时序之神诠释为女性。这幅作品的颜色和构图都很可爱，是最受欢迎的作品，得到一致好评。她后来得到一个任务，为盖伊医院护士餐厅设计壁画。那幅壁画长度为二十五英尺[1]，是很大的工程，用时一年多才完成。多年以后，我终于能够买回原始画稿，现在它就挂在我的小客厅里。

　　颁奖典礼上，父亲和查普林夫人都到场了。他们坐在一起，交谈甚欢：两位骄傲的父母亲，欣慰地看到子女的成就。正如查普林夫人后来形容的："自豪得要炸了。"

　　维多利亚女王去世的阴霾过后，春归伦敦，万象更新。白天我去研究院画画，晚上开始画海伊码头那幅习作。一开始我没有在大

画中的女神

画布上画，直到夏初，白天长了，能有更长时间作画。我很小心地听从丹的建议，从来没有遇到那些小混混找麻烦。

到了七月，研究院放假时，乔治请我去他在布里斯托尔的家里住一个星期。我们决定骑车去。那段旅程比较长——一百二十英里[2]——但我们觉得可以骑下来，特别是如果我们通宵骑行。我们大约在晚上九点启程，应该能够在早餐时间到达布里斯托尔。我买了可以放在自行车上的小行李箱，带了几件衣服。我们跟管家结了账，在八月初一个暖和的晚上出发了。我已经告诉弗洛伦斯我们的计划，她建议我们到她的住处停一下，我们照做了，她给我们准备了几包三明治，在潘妮温路上的前门外跟我们挥手告别。通宵骑行是乔治的主意，这样路上最难走的一段会在凉爽和黑暗中。他告诉我他以前这样骑过，真的可以。

我们在大西部路上匀速蹬着车，天越晚，路上的车辆也越少。快到塔普洛路段时，路上就只剩我们两个了。那是一个非常闷热的晚上，我们很高兴在梅登黑德桥停下吃三明治、喝柠檬水。梅登黑德桥往后的一段路很累人，路面情况很糟糕，我的手腕都被颠麻了。乔治的车灯总是灭，也就是说要经常停下来重新点亮它，直到后来他不管它了，只是紧跟在我身后骑。经过瑞丁的时候，一个警察看到了他，大声喊："你的灯呢？"我们猛蹬好一阵子，把麻烦抛在脑后。快到纽伯里时，天边露出鱼肚白，黎明就要来临。我们在无人的街上停下。可怜我的腿僵得跟拨火棍似的。这时天上掉下几滴雨。我们站在墙根等了一会儿，雨不大，不用穿雨衣，过了一会儿雨就停了。我们抬头看看天，阴沉沉的。不过，我们跨上了自行车，决定继续前进。还没骑一百码，大雨忽然倾盆而下。灰土路变得泥泞不堪。我们歪歪扭扭地骑了一会儿，最终还是放弃了。我们在树篱下找了个地方蹲着躲雨，两个人靠近取暖。我立马就睡着了。不一会儿，我被骑车经过的人大喊的一句"早安"吵醒。我觉得那天怎么说都不算是一个安好的早晨，因为我冷得浑身哆嗦。我睡眼惺忪地问乔治他的朋友是谁。他惊讶地看着我问："什么朋友？""刚才那个人呀。"我回答。乔治说："你一定是做梦了吧？"

这时雨刚小一些，我们决定继续前行。我们冻得僵硬，骑上自行车，往前蹬，直到来到一家客栈。我们不知道现在是什么时间，但我们想吃早餐，就敲了门。没人回答。于是我们用拳头捶门。这时楼上的一扇窗打开了，探出一个头发乱蓬蓬的脑袋，喊："想干啥？""有没有早餐？"我们异口同声地问。"早餐！"那人气哼哼地喊，"这儿没早餐——这个点没有。"窗户砰的一声关上了。我们只好筋疲力尽地骑上车继续向前。

我们骑到亨格福德已经天色大亮，亨格福德——这个名字太贴切了[3]，我们想——我们很幸运，找到了一家开门的小吃店。一个女子给我们上了茶、冷餐火腿、发酸的面包和黄油。吃饱喝足，我们得决定下一步怎么走。外面还在下雨，虽然不是很大。乔治试探着说："或许，我们从这里坐火车吧。"他的话正中我之下怀，虽然我觉得承认起来有点丢脸："你觉得我们应该吗？"乔治的回答是："我们已经骑了这么远了，我都成落汤鸡了。"我建议扔硬币，但是我们都同意先到车站问问火车票。我们被告知一班火车将在一个小时后进站。我们毫不犹豫地决定坐这列车。买好车票，太阳出来了，我们在候车室尽量把衣服弄干。天越来越热，蓝天白云的。"你觉得，"我问，"我们该不该退掉车票，继续骑车？"乔治摇摇头："我都冻僵了。咱们刚才在树篱下躲雨可真傻啊。"我相当认同这个观点，我们让步了。

到布里斯托尔时已是上午烈日当头，当我们来到斯沃什在雷德兰路的家，衣服几乎干透了，心情也更舒畅。吃了迟来的丰盛早餐，我们开始擦车、给自行车上油，然后很高兴能躺在花园躺椅上舒服舒服。

乔治的父亲，是一位市政官员兼地方法官，在镇上开了几家小店，由他的大儿子欧内斯特打理。

我头一回到布里斯托尔，等不及去小镇逛逛，于是那天晚些时候，我们去参观了大教堂，接着去了画廊，最后来到布里斯托尔海上打捞俱乐部，乔治是那儿的会员。还有一次，乔治带我去了圣玛丽红崖教堂[4]，我觉得比大教堂更有看头。其中一个让我尤其开心的景观是著名的铜诵经台，据称是用一生收集的铜发夹铸成的。

星期天早上，我随他们一家人去了浸信会小教堂。我很高兴去那里，因为我还从未去过新教的教堂。我不知道祖父会有何感想，但是我很享受这次礼拜，为所有参与者的热忱所感染。我和乔治经常争论不同形式的宗教风俗，我是在对新教怀疑的氛围中成长的，他的大哥欧内斯特对英国教堂的世袭制有强烈的意见，对一些主教的态度也有着相当激进的看法。我倾向于认为他是对的。我们整晚坐着讨论这个话题，直到斯沃什夫人进来让我们去睡觉。

我在布里斯托尔住了六天，依依不舍地离开，回到伦敦，继续我的油画。

这次我是一路骑车回去的。早饭后出发，到切尔西的时候已经很晚了，我又累又饿，在"虫子和熔胶炉"吃了饭，到家就连忙上床睡觉了。

我的那幅塔桥的油画还有很多没画完，于是，第二天晚上我带着画布来到码头。丹坐在外面。"我还琢磨你会不会回来呢，"他说，"这儿最近麻烦更多了，不过那天晚上他们抓了两个人，这下消停了。"不论如何，我在那里画画时没遇到过打扰，我只画了几个晚上，因为很快意识到在现场作画没什么进展。我跟丹说了再见，将所有画具带回画室。

可是在画室里，夜晚孤身一人，我除了在空荡荡的画室独自苦苦徘徊，什么都做不了。我不满意我的画，内心非常抑郁。入夜后很久，我还坐在那里，想念，想念弗洛伦斯，几乎不敢对自己承认我有多在乎她。我没有人可以倾诉这些，父亲和艾瑟儿已经关了布莱克希思的房子，去金斯维尔住一个月。他们住在哈利·罗杰斯家的房子，"兔场山居"，在谷畔小屋对面的悬崖上。我知道西瑞尔要去那里跟他们一起过暑假，第二天早上我收到一个极佳的惊喜：一封他的来信。他欢天喜地地描述了那个地方，催促我加入他们。我决定马上就去，收拾好了行李，登上下一班前往德文郡的列车。

西瑞尔在金斯维尔车站接我，我们俩一起提着我的行李。他对这个地方赞不绝口，跟我分享见到古丝阿姨的喜悦。半路上我们到谷畔小屋坐了一会儿。古丝阿姨见到我时第一句话就是："怎么了，小老头儿，有心事？瞧你魂不守舍的样子。"我试图轻描淡写地说几句，但我意识到自己恋爱了。过去我常会对女孩产生情愫，但这次非常不同，我心烦意乱。对我来说，似乎没有希望能得到弗洛伦

斯，我在脑子里不停地想我们在一起的情景，从她说过的话和做过的事，我感受不到任何鼓励。在某时某处似乎有很小的安慰。我记得，她每次见到我是多么高兴。我跟谁都没提过我的感情，但是古丝阿姨几乎立刻就发现我有心事。第二天早上我们去金斯维尔买东西，路上又到谷畔小屋停一下，古丝阿姨找借口叫我回来。我和她走进厨房。"哎呀，小老头儿，"她说，"我觉得你最好告诉我发生什么了。"我不知如何开口，于是她接着说："得啦，说出来吧！"然后我就把关于弗洛伦斯的事都告诉了她，恐怕我是前言不搭后语的：我如何认识她两年了，如何渐渐地爱上了她。"不仅因为她远比我聪明，还因为她超出我太多。她一定把我看作不成熟的男孩。另外，"我接着绝望地说，"就算她能接受我，可还得等多少年我才能赚到足够的钱结婚呢。"

古丝阿姨耐心地听我倾诉完心事，然后说："如果她爱你，她会等待。格鲁比和我等了十年。"

"看起来多么无礼啊，"我说，"如果我告诉她我爱她。"

古丝阿姨动怒了："好啦，小老头儿，别胡思乱想了。哪有女孩子不喜欢被人告白的。你的精气神儿哪里去了？"

我告诉她弗洛伦斯比我大三岁，她的评论只是："我还比格鲁比大四岁呢。"

心事道出，我沉默了。古丝阿姨继续做饭。我感到一阵轻松，我告诉了她这些，得到了她的理解和支持。此时，她走过来亲亲我。"别担心，小老头儿，"她说，"会好的。太阳明天依然明亮。"

第二天太阳没有高照，不过一周后是艳阳天了，我收到来自萨福克的一封信。这信是从布莱克希思邮局转递过来的，我几乎不敢打开。那是弗洛伦斯写的，让我去红房子小住。

亲爱的奇普：

　　不知你是否愿意放下手里的画作，到我家来小住。你还没跟我说你在布里斯托尔度假如何呢。

爱你的

弗洛伦斯

　　我努力平复自己的心情，然后第一时间穿过山谷来到谷畔小屋。古丝阿姨正和格鲁比在花园里。我冲到她面前，抱着她，亲了她。"嗯，"她说，"小老头儿总算感觉好多了。一定是我们德文的空气好！"我给她看了那封信。"哦，我猜你明天就要出发吧。"她说。我确实这样做了。

　　分别的时候，古丝阿姨说的最后一句话是："转告弗洛伦斯，如果她愿意跟乏味的人度过安静的假期，想吃丰盛的饭菜和管够的德文郡奶油的话，就一定到谷畔小屋来呀。"

　　"这个主意太棒了！"我只会说这一句话。

1. 即 7.62 米。

2. 约为 193 千米。

3. 亨格福德（Hungerford）中的 hunger 为饥饿的意思。

4. 圣玛丽红崖教堂（St Mary Redcliffe），一座圣公会教堂，为哥特式风格，是布里斯托尔的最高建筑。

订婚了

那天出发已经太晚，于是我急忙赶回金斯维尔，给弗洛伦斯发了一封电报。之后我重新整理行囊，第二天一早就回了伦敦。我顺道在画室过了一晚，与前一周那晚相比，心情自是天开云散。早上，匆匆喝过一杯茶，将所有东西放进自行车的小行李箱里，我出发去利物浦街火车站。这段旅行不太长。汽车时代开始之前，在伦敦骑车与如今非常不同。马拉的交通工具速度缓慢，车夫们在停车和转弯前用鞭子打信号。快速奔跑的轻便马车和小商贩的推车让人心惊肉跳，兜售货物的小贩推着独轮车在马路边游荡。不过当时几乎没有交通堵塞，除了城区和西区少数几个繁忙的路口需要警察指挥交通。

我不知道什么时间有去萨克斯曼德姆的火车，到了车站才发现要等很久，于是我先去吃了顿饭。终于，我在四点半到了萨克斯曼德姆，半小时后已经来到欣顿的红房子。

弗洛伦斯全家人都在隔壁农场，庆祝刚刚降生的一窝小猪崽。我到时他们正在兴奋地欢呼，但还不能给我看小猪。有很多人在喝茶，左邻右舍陆续前来。我很开心他们几乎像对待家庭成员一样对待我。他们让我给查普林夫人讲我在码头画画的经历。查普林夫人是一位优雅的女士，寡居多年。她的丈夫"吉米"·查普林是劳合社的成员之一，在众多爱好中，对古董家具的品位尤其高，对艺术欣赏充满热情。他的朋友中有一些是艺术家，所以弗洛伦斯成长在宽

"庆祝刚刚降生的一窝小猪崽"

松友好的氛围中，跟我类似。

　　吃罢晚餐，他们给我看了家庭相册，是查普林家全部的孩子，五女三男。有一张弗洛伦斯四岁时的照片，胖乎乎的，很神气，黑色鬓发。还有另外一张在海边的照片，三个女孩子穿着球衣。一张近照是几个姐妹在比利时斯帕的学校里。有埃比尼泽·兰德尔斯的古板的照片，他是《笨拙》杂志四位创始人之一，是查普林夫人的父亲。另外一张是她的兄弟罗伯特，也是一位画家，一八七〇年德法战争期间曾是《伦敦新闻画报》的战地记者。

第二天早餐过后，大家商量去绍斯沃尔德的聚会，弗洛伦斯的姐妹们很快发现她和我更愿意两个人独处，她们就自己去绍斯沃尔德了。弗洛伦斯和我骑车朝相反的方向走，我们打算去参观布莱斯堡。乡间的景色跟德文郡完全不同——平坦，一望无垠的地平线。此时我们的注意力不在风景了。我给弗洛伦斯讲我在金斯维尔住的情况，我收到她的信时多么高兴。我们以为找到了近道，沿着一条沙路骑，但路很快消失了，我们发觉迷路了。那是贫瘠的公共土地，视野里唯一的活物是拴着绳子的毛驴，它看了我们几分钟，然后继续吃它的草，再也懒得搭理我们。

弗洛伦斯问我如何得了"奇普"这个昵称。我告诉她那是十六岁在希瑟利上学时的事。"亚瑟·康纳、恰缇·维克和——"我正说着，她打断了我："是吗，恰缇和我是皇家艺术学院时的朋友！我们都是在那里学画的。我还记得她有一头可爱的红头发。我和她都离开了学校，从那以后再没见过。"我告诉她恰缇离开希瑟利以后去了罗舍温学校，虽然我也两年没见她了，但是还时常有书信来往。

停了一会儿，弗洛伦斯说："我觉得'奇普'这个名字挺合适你的。"她接着又说，"我也有个外号，听起来很傻，叫'派'。从四岁起人们就这样叫我了。先是我爸爸开玩笑这样叫的。你看到相册里的照片了，我小时候有多胖。他曾经笑话我，让我跪在他面前说：'可怜可怜这个吃不饱、骨瘦如柴的小家伙吧。'我不知道那是什么意思，但总是引起一连串的笑声。然后他会说：'可怜的小家伙想吃什么呀？'我总是回答：'来块儿派吧，来块儿派吧，我想吃派！'"

我马上说："那我以后也叫你'派'。"

"好的，叫吧！我喜欢这个名字，弗洛伦斯或者弗洛瑞都太难听了。"

我们坐在那儿，她问起我的童年往事。我告诉她母亲去世前我们的快乐童年，还有我的几位姑妈、丽兹，以及与古丝阿姨的重逢。"古丝阿姨还让我捎句话给你。"我说。

"给我？"她一脸诧异，"她说了什么？"

"是邀请你去德文郡玩的。"

"可是——"她有些犹豫。

我继续说："我告诉古丝阿姨——我必须告诉她，因为她立刻猜出来了，我爱上了你。我觉得我不该告诉你，但是她说我应该，你不会介意。"

我在等待，不敢看她。

接着我说："请告诉我你不介意。"

"我当然不介意，奇普。我爱你，可是我还没想好。"她一动不动地坐着，我看着她，只见她的眼里泛起泪光。

　　"哦，派！"我忍不住说，"我怎么能让你担心，或者让你不开心呢？可我真的非常爱你，我会努力，永远不让你不开心。"我有些隐隐担忧，也许还有另外一个人，似乎不可能没有。但是我知道我不能再说下去了。

过了一会儿，我又接着说平常的事情——比如我在码头画画，我跟乔治合租画室的生活，我们在布朗普顿路吃的便宜的晚餐……然后我让她给我讲讲她的事。

"没什么太有意思的。"她说。

"可你昨晚给我看了在比利时的照片，讲讲那儿的事吧。"

"康妮、爱迪和我在斯帕一位乐柯柯女士办的学校上学。我们是那儿唯一从英国来的女生，其他都是德国人和比利时人。在那里我们比在英国学校自由多了。我在那儿学习了三年。我们都学会了流利的法语，并且生活得非常开心。我们现在还和乐柯柯女士有书信联系。德国女孩有时真是麻烦，遇到点儿小事就咋咋呼呼的。有天晚上，我们都在学校教室准备功课，听到一声惊叫。一个德国女孩被派到楼上取东西，但她大喊大叫起来：'Ein Mann（一个男人）！'我们全都跑上楼去，看到宿舍里的椅子上有个假人。那是两个比利时女孩组装起来的。后来我们就总拿这事儿逗那个德国女孩……'Ein Mann'，只要遇到什么不寻常的事，我们就这样大声喊。"

我给派讲我们去德国旅行的事，我们如何在布罗肯峰下的餐厅堵住了瀑布。我们两个哈哈大笑，直至到了该骑车回去的时间。

我们回到红房子，派走进去，可马上又出来了。"我看看弟弟们都不在。"说完，她又说，"来，看这里！"她带我穿过花园，在一棵结满了像是绿李子的果树前停下。她摘了几个，递给我一些。"弟弟们以为是李子，还等着它们成熟呢，其实它们是青梅，是不是很好吃？"我吃了，觉得滋味真好。派继续说："上星期爱迪发现的，我们特别小心，如果弟弟们看到我们吃了，他们就会一眨眼都吃光的。"弟弟们指的是林赛和住在这里的堂弟佩西。没多久秘密就被发现了。男孩们看到派的妹妹摘果子，气得火冒三丈，说我们的行为是"无耻"！

一天下午，我们骑车去沃尔伯斯威克——查尔斯·基恩称之

为"沃伯尔斯威克"。我知道他经常去，从他很多可爱画作的背景我认出了这个地方。派像我一样欣赏他的作品。我仍旧有一幅老木头码头的蚀刻画，是多年后基恩的弟弟给我的。我很高兴跟派在一起，知道她也喜欢跟我在一起。我总是希望有一天她会在乎我就像我在乎她一样。然后我又会生出郁闷的想法："要多久我才能挣到足够的钱好向她求婚？"唉，目前我应该能够在学校见到她，虽然时间不长，她马上就要毕业了。我本以为有可能失去她，但她决定跟朋友在福尔汉姆合租画室，我的烦恼便烟消云散了。

我的兰西尔奖学金到了期限，不再有每天去学校画画的压力，我花了更多时间在格莱布街的画室画黑白线描画。然后我得到了给汤姆·布朗的《校园岁月》画插图的工作。我有一本原版（在布舍尔得到的奖品），里面是亚瑟·休斯和西德尼·P.豪尔精妙的插图。我发现很难不受到他们的影响。

我可以去派的画室见她，一有机会就去，但因为父亲的健康原因，我在布莱克希思待的时间越来越长。他刚做了一次手术，虽然是很小的手术，可他的关节炎又发作了，几乎无法走路。

我在布莱克希思的部分时间花在寻找绘画的主题上，我在摩尔登学院找到一些。我对那座小教堂情有独钟，我跟自己保证，情况允许的时候要把它画下来。这些想法意味着我不能随心所欲地经常见到派，但是我感觉她渐渐地喜欢我了，这让我有些安慰。我相信，至少我是她信任的人，我知道自己能在很多方面帮助她。

早春的时候，她得到一份工作，以先前得奖的那幅画为蓝本，给盖伊医院的护士餐厅创作一幅壁画。这是一项大工程，她决定用油画。准备好大的画布——二十五英尺长——固定在墙上。因为画很高，我们安装了带滚轮的平台，我和派一起去看着那里布置起

来。画布看起来非常之大，令人生畏，但是我们很开心地爬上爬下，画起了方格。到了三月，她上午画好壁画后，有两三次到布莱克希思来，从伦敦桥坐火车很方便。我在我们的花园画了水彩，水仙花含苞待放，她站在花丛中做我的模特。我为这幅画起名叫《四月的夏娃》。

派的到来让父亲非常高兴，他知道我多么爱她，我想他是希望我们能够订婚的。他的腿脚越来越跛，医生建议我们咨询专科医生。我们在伦敦找到了一位医生，检查之后，医生告诉我们父亲的病是急性脱髓鞘性脊髓炎，是无法治愈的。我们要做好准备，他会逐渐失去控制四肢的能力。这是极大的打击。我们回到家，艾瑟儿、西瑞尔和我坐下来讨论这件事。我们大概需要一个男护理——一个有力气抱起父亲的人。我们还应该租一辆轮椅。麻烦的是我们不知道父亲的经济状况。当我们弄清楚父亲的经济状况时，感到很震惊。父亲一向是乐观主义者，认为自己出海旅行就能治好这个病，我告诉他如果有钱的话我会跟他去。钱当然不够。我们安排他去多佛住一周。他对那里有着最快乐的回忆，他和母亲的蜜月一部分时间在那儿度过。我们在一座老房子里订了面朝大海的房间，带他乘火车过去。

他只能勉强走几步到马车。我们在城里租了轮椅，虽然天气很冷，还下大雨，他仍旧愿意出门。我们顶着狂风用轮椅推他在海边散步。周末，西瑞尔也来了，后来我们姐弟三个将父亲带回家。这是他最后一次离开我们布莱克希思的家。

　　回到家，医生给我们找了男护理，一个叫豪斯的大块头，是退役的爱尔兰近卫兵。他比父亲身子壮，可以把他抱到椅子上，带他去高地透透气。很快，父亲的身体愈加虚弱，不能出门了。老朋友，包括弗兰克和明妮·迪克西，都来看望他。直到垂危他的头脑都非常清醒，但是非常无助。我们亲爱的相伴多年的老丽兹，心都要碎了。我放弃进城，艾瑟儿、西瑞尔和我三个轮流给父亲陪夜。到了四月底，范妮姑妈来了，也和我们一起分担看护的工作。五月初，父亲去世了，享年只有五十六岁。

　　父亲的病花去了很多钱，积蓄所剩无几。我和西瑞尔跟银行经理进行了一次艰难的交谈，他指出我们最好的办法——实际上是唯一的办法——是卖掉我们房子的租约。我们还有一个顾虑：丽兹的未来。但她跟我们说不需要担心她，她和她的姐妹们从远房亲戚那里继承了一笔可观的遗产。原来那是个老绅士，她曾经提到过

的，在城里赚了大钱。三个老姐妹在斯特里汉姆买了一栋房子（和一架钢琴），在安宁与舒适中度过夕阳余年。

我们卖了房子，将大多数家具储存起来，然后搬家到离希思比较近的海德维尔的房子。我告诉乔治我付不起画室的租金了，他很爽快地同意付房租到期前剩下几个月的租金。我可以开始在摩尔登学院画小教堂。我答复了一个广告，是一家报社的办公室聘用"听话的"画家，但后来发现这是个全职工作，一周只有两英镑，我觉得不够好。

虽然这么多年我们一直贫穷，但那一直不算什么。跟同学住在一起，大家都跟我一样身无分文，手头紧张是惯常的情况。我们无法往前看，或为未来做打算。但现在一切不同了。除了我自己，我还要考虑另一个人。我意识到自己多么依赖派的同情和理解，实际上，我已经有些习以为常了。她完全理解父亲去世对我的打击，她在五年前失去了父亲，这样她的家庭不得不减少开支，让付费的客人住在家里来维持家用。她对人生比我有更智慧的看法，坐在她画室的沙发，她的身边，她笑话我如此悲观。

"我忍不住担心，"我说，"我一生中这一件最盼望的事是如此遥远。我希望娶你，可是我一无所有，怎么能向你开口？"

她说："我想钱确实重要。"接着她又说，"你可以卖画。"

我摇摇头："不能依赖这个。我必须多找些机会，多画些黑白线描画。"

她打断我的话："等我的壁画画完，就能有一百英镑。"

"可是，派，那是你的钱！我不应该有这样的想法……"

她打断我的话："分享我俩的一切就是更好的方法。可是——"说到此处她对我微微一笑，"你还没跟我求婚呢，对不对？"

"哦，派，亲爱的……我……你愿意吗？"

她只是回答："我愿意，奇普。"

我大喜过望，不知道说什么。我把她的双手握在我的掌心，她将头靠在我的肩头，我们紧紧依偎，彼此相拥，像一对孩子。

乡村小屋

那天晚上我回到了在海德维尔昏暗的住所，感觉天堂的门打开了，天降祝福于我。我告诉了艾瑟儿和西瑞尔，他们都非常高兴。艾瑟儿给古丝阿姨写信，告诉她我们的生活有了转机，我让她加上我的好消息，说我会在一两天后给她写信。

我和西瑞尔睡在房子的顶层。我们的房间放满了家具，因为想节省储存家具的费用，就尽可能多地留了一些家具。我们躺在床上彻夜长谈。他同意最好的方案是我和派找一处乡村小屋，离伦敦不要太远，这样生活支出就会很少。至少一年内我们都还不能结婚，也就是说，直到派完成在盖伊医院的壁画。同时，我要尽全力工作。我有些担心，写信给两位在世的姑妈。我有三年没见艾伦姑妈了。她离开了斯泰宁，现在住在沃特福德。阿莉西亚姑妈去世后，姑妈们卖掉了戈登广场的大宅子，范妮姑妈就住在圣潘克拉斯教堂附近，沃本路的一所小房子里，由忠诚的简来照顾。

我明白我要面对未来的丈母娘，派的母亲，她自然会想要知道我的未来规划。我尽量延迟见面，希望拖得越久越好，直到派说我必须面对这件事了。"我觉得你不用担心，"她说，"我妈妈喜欢你，也习惯节俭的生活。"于是第二天我登门了。我想查普林夫人不像我那么喜欢谈论跟钱有关的事，因为她并没有问我是否有固定收入，或收入多少。我说我准备好做任何工作，过简朴些的日子。她说："我只坚持一件事，你要保证你的生活。"我立刻同意了。关于金钱的话题我们就谈到这么多。然后我们聊到了对未来的规划，我计划在乡村找一处房子。她说："我给不了弗洛伦斯什么嫁妆，不过等你们找到了房子，我会给她一些家具。"她接着告诉我，她要放弃潘妮温路的房子，搬家到迪尔，肯定会有一些剩余。我非常感谢她，我原本担心她会坚持要我们等到我有稳定收入才结婚。

很快我收到了范妮姑妈的来信。她写道："这真是个天大的好消息，我希望你们会非常快乐。你一定要带查普林小姐来见我。"派已经听说了很多关于我几位姑妈的事，接到邀请还有些腼腆，但是她鼓足了勇气，穿上最好的裙子，戴上一顶新帽子，跟我一起到伯爵宫车站，我们坐地铁去高尔街。范妮姑妈邀请我们喝茶，她坐在小客厅，我们到的时候桌上已经摆好了食物。我们一走进来，她就起身，走上前来见派。她握着派的双手，笑盈盈地说："我的侄媳妇！"说罢她端详派，接着亲吻她。这一切如此简单温馨。我们坐下，告诉她我们的计划。她对我们准备面对的危机没有担忧，似乎完全信任我挣钱养家的能力。她说："我都生你威利伯父的气了。我告诉他你们订婚的消息，

他很震惊，说你在有足够的收入前不应该梦想结婚。我说：'真是胡说八道！他们已经够大了，知道自己在做什么。'"我能感受到派从心里对我亲爱的小姑妈产生了温暖的感觉。

艾伦姑妈的反应有些不同。对于我们的仓促，她表现出一些疑惑，不过她说："我一直自己生活，这么久没有接触外面世界的现代生活，很难理解你们前景渺茫还能如此勇敢地结婚。但是，我亲爱的孩子，我衷心地祝福你们。请带查普林小姐来看我，如果她能容忍我这个耳聋的老太婆。"

听了范妮姑妈跟我说的情况，接到威利伯父的来信我也就不惊讶了。他说他非常震惊听到我这么年轻就筹划结婚（我二十四岁），而且还没有固定收入。他自己当年成为圣保罗公学年轻的教师，结婚后还发现捉襟见肘，即便他还有来自其他途径的额外收入。他劝我在走上这条路前再慎重地考虑一下。

我们已经非常慎重地考虑过了。一天晚上在罗切餐馆吃过晚

饭，我们坐在角落的桌前，把要花钱的地方加了加——租房、食物、煤。我们都认为应该选乡村小屋作为我们的家，派让我放心，说她会喜欢住在乡下的，她说："我的衣服很多，够穿好久呢，学做饭也挺好玩的。"

我认为，像威利伯父那样长大的人，很难理解一个准备和身无分文的画家共度一生的姑娘的勇气。我画的一些黑白线描插图有了收入，虽然我努力让《笨拙》杂志刊用我的作品却无果：两年之后我才达到了这个目标。

　　每天我花一部分时间来画摩尔登学院的小教堂。我下定决心要按时完成，参加下一年皇家艺术研究院的比赛。只要有时间，我就到盖伊医院给派帮忙。她的壁画有道窄边，是重复的图案，画起来非常累人，我可以帮她画这个，一次画一码[1]，她画人物。看她画画是我永恒的快乐，因为她下笔笃定、直接，很少需要重画任何部分。作品有了进展，平台要经常变换位置。如果我不在，护士们帮派的忙，如果我在，我们两人就可以完成。

L'ART NOUEAU

创作壁画——草图

　　古丝阿姨给我的回信及时又有个性，表达了对我们订婚的喜悦之后，她写道："你务必带弗洛伦斯来我们这里住住，我想让艾瑟儿和西瑞尔也来。你们经历了那么多苦难，我想你们都需要休息。我家住不下你们所有人，房子不够大，但是我能让弗洛伦斯跟我住，在农场给你们三个找住处。告诉我西瑞尔什么时候放假，我来看看如何安排。"这真是令人开心的邀请，我告诉了派，她说她乐意给自己放两周假。艾瑟儿、西瑞尔和我聚在一起，算了花销，决定把我们的钱凑在一起，八月时西瑞尔有两周假期。花钱度假是急了点儿，但是对假期的期待和度假之后的回忆足够抵消那些花费了。

当我告诉乔治和亚瑟我订婚的消息时，他们果不其然非常惊讶。"兄弟，你的事就是我们的事，"乔治说，"希望你请我们去参加婚礼啊。"

"那还用说。"我说，接着我告诉他们，我和派计划在乡村找一座小房子。亚瑟有些担心我们窘迫的经济状况，像他那样住在家里，有钱花，就没有冒险的精神。"谁给你们做饭？"他问。

"当然是自己做，"我说，"我煮的粥很不错，还会烤猪排，派也在学做饭。我们会弄好的，等安顿好了就邀请你们来吃饭。"

看起来亚瑟还是有些疑惑，他说："这样吧，六月或者七月，我要去萨里给我的表亲画肖像，如果你愿意，我到那边帮你问问。我的表亲住在山姆雷格林，离吉尔福德不远的村子，我会住在奥尔伯里，我在那儿住过。那附近也许能有房子。"

乔治建议我们去离布里斯托尔近些的地方找会比较好，但我解释说那样离伦敦太远了。

过了几周，我得到了亚瑟的消息。信是从奥尔伯里寄来的，他在信里说让我去那儿找他。他说他的表姐尼尔森夫人知道克兰利路上有座小房子是空的。他没给我更多详细的介绍，只是说那房子的主人是阿巴思诺特夫人。我带了几件换洗衣服，骑上自行车就出发了。

亚瑟的表姐住在"长亩庄园"，山姆雷格林边的一座房子。查尔斯·克罗思韦特爵士——亚瑟在画他的肖像——是印度西北省的总督，尼尔森夫人是他的女儿。我见到的尼尔森夫人是位迷人的女子，极富同情心。"那座小房子啊，"她说，"非常小，空了好些日子了。我不知道阿巴思诺特是不是打算要租出去，但是去问问吧，不妨试试。"她告诉我房子在哪里，我就去调查了。

我来到斯特劳德广场的交叉路口，到街拐角的小店里问路。一个戴着黑色草帽的小个子女人从后面的房子进来。我花四便士买了一包香烟，她很高兴地告诉了我她所知的关于房子的一切。然后她说："你从这条路往下走，到上庄园去看看，问问那里的园丁。他叫福克萨尔，他有钥匙。"我骑车去了上庄园。那座房子前的车道很长，右手边是马棚。有个少年在用钩子割草，我跟他打听福克萨尔，他让我

去花园里找。福克萨尔先生说那座小屋已经空了一年，需要清理。可能会出租，但他说不好，我最好给阿巴思诺特夫人写信。他将伦敦的地址给了我，然后我们走到路上看这座房子。

我对这座房子印象一般，很小，方方正正，门前有门廊，建筑

没有什么特色。屋顶是石板的，花园里杂草丛生，有栏杆和对着路开的门。福克萨尔用钥匙开了门，我们走了进去。厨房在左侧，方砖铺地，炉灶看起来还说得过去，箱型楼梯通往楼上。客厅在右边，有股潮味儿，墙纸也脱落了。后面有间洗涤室，里面放了水泵，再后面还有一个类似食物储藏室的地方。楼上是两间带壁炉的卧室，再后面檐下还有个非常小的房间。窗户是铁框的花饰铅条窗。"屋里没水，"福克萨尔说，"外面有口井，但我不会喝那儿的水，基本上都是地表的污水。"我又问了卫生间的设施，心立刻凉了半截。"哦，那个嘛！"福克萨尔说，"在外面，就是那个茅房。"他补充道："你们应该能到拐角的威尔逊夫人家打水，她家的井是好井，从不干涸。"我忍不住地想派是否能忍受这样简陋的条件。后面的花园很大，两三棵苹果树和黑莓树篱笆。

我问福克萨尔租金的事。他说："也许七先令六便士一周能

租下来，可我说不好——你要写信给阿巴思诺特夫人。"我们走回上庄园，他给我介绍了很多情况，告诉我他给莉莉·兰特里家当了很多年的园丁了，现在工作很无聊。我离开时他说："提醒你，我不敢给你打包票，但我觉得那位老夫人会很高

兴这个地方有人住。"

我蹬上自行车，骑了几英里，路上都想着这事。我骑上尤赫斯特山，山顶一座小房子贴着"吉屋招租"的牌子。后面是一座大些的房子，有车道的。我骑过去，看到门开着。我敲了敲门，把门又推开一些。只听里面传来一个闷闷的声音，大声问："谁啊？""我是来找房子的，"我回答，"我看到您的房子要出租？""进来吧。"那个声音说。我走了进去，发现自己进到了一个很大的画室里。一位老人坐在角落的扶手椅上，肩上披着深蓝色袍子，头戴无檐的软帽。我看到画板上有几张很大的画布。房子里弥漫着油画颜料味和烟味。我问了出租房子的情况。他告诉我，房租是每年五十英镑。我谢了他，然后离开了。离开的时候，他说："如果你打算租，写信给我。我叫克莱顿·亚当斯[2]。"我想自己就算再崇拜他的风景画，也还是付不起这个房租。

第二天，我回到家，给阿巴思诺特夫人写信。我说已经看了她的房子，问她是否愿意出租。她的回复有些扫兴。她说："我不知道那个叫福克萨尔的人跟你怎么说的，可是他无权做任何安排。我目前还没有任何出租房子的计划，因为我或许会把它留给我的一名员工。"

我把信给派看了，我们认为这封信里没有完全拒绝。从"目前"这个词看，还是有些希望的，我说过些日子我要再问一下。我没有时间再去找房子，虽然我给吉尔福德和克兰利的房屋中介写了信，但那些可以出租的房子都太贵了。

派和我在罗切餐馆角落的桌子吃饭，我告诉她房子的情况。我给她画了一幅草图，画了每个房间的布局。听说了用水难和卫生间设施简陋，她没有太惊讶，但很担心洗澡问题。"我有姑妈们的洗澡盆。"我观察派的反应,试探地说,"但是我们得自己在厨房的炉子上烧热水。"派说那样倒也会很有意思,而且她很向往有苹果树的花园。"那里也没有地方画画。"我说。我们商量一旦有钱了,就在花园里搭一个画室。

艾瑟儿、西瑞尔和我兴致勃勃地在帕丁顿车站和派会面,一起去德文度假。路上,我们讨论找房子的事儿,开玩笑说在德文找一处房子,可我知道,无论这个主意多么诱人,都是不可能实现的。我们必须在离伦敦更近的地方找房子。我们经过巴斯和布里斯

托尔,我兴高采烈地把最心爱的大西部铁路沿线的地标指给派看。我们看到达特茅斯进入视线,"不列颠尼亚"号和"印度斯坦"号停泊在河上,我们将身子探出车厢窗户,像春游的孩子们那样唱着歌。古丝阿姨、格鲁比和狗狗斯乃普在金斯维尔车站的月台上迎接我们。我们挤进小马车,出发了,在绿园农场停下,西瑞尔、艾瑟儿和我将住在这里。农场离田野对面的谷畔小屋只有半英里。我们放下行李,古丝阿姨、格鲁比和派乘马车继续前行。古丝阿姨回头朝我们喊:"来喝茶呀,半个小时就得。"

绿园农场景致秀美，车道两边是成片的绣球花。农场的女主人把一瓶瓶鲜花放在客厅，我们还闻到刚出炉的面包香喷喷的味道。我们只短暂停留，感谢女主人的迎接，就穿过田野去谷畔小屋了。

我看到派已经把那里当成家一样，一点都不意外。她兴奋得溢于言表，等不及要去山谷逛逛。我们喝完茶就去了，爬上山坡来到"兔场山居"。我们从窗口向里面张望，看到哈利·罗杰斯的风琴几乎已经完成，跟房子很搭。哈利和赫伯特去了每年一次的荒原旅行，留了纸条给我们，让我们随便用他们的小艇。我们领了好意，每日都划着小艇寻找鲭鱼。鱼很少，但有一个下午我们走了好运，将收获的鱼带到谷畔小屋，派帮着古丝阿姨做了一顿无与伦比的大餐。

那是可爱的假期，像所有匆匆即逝的美好假期一样，过得飞快。最后一个夜晚我们在谷畔小屋度过，格鲁比特意开了一瓶有年份的白兰地。我在法国品尝过白兰地，但没品过这样久年份的。我们共同举杯，祝愿彼此"健康、富有和快乐"。

1. 约为 0.91 米。

2. 约翰·克莱顿·亚当斯（John Clayton Adams，1840—1906），英国风景画家。

伟大的新生活

我和派都面临着很多艰巨的工作，但这个假期让我们精神焕发地去应对挑战。壁画的创作一帆风顺，几乎完成了一半。但是白天变短，派画画的时间就不够了。她的母亲放弃了伯爵宫的房子，她一直跟妹妹康妮住在诺伯里。康妮和亨利·扬结婚了，亨利是一名医生，在诺伯里和斯特汉工作。他们的房子离车站很近，但从盖伊医院去会很远。冬天很多日子光线不好，没法在餐厅画画。我不得不放弃画那幅小教堂的画，部分是同样的原因，部分也因为那地方不暖和，冬天的时候像个冰窖。我就利用这段时间画黑白线描，也接了给两本书画插图的活儿。

两本书都很枯燥。一本书的故事是关于马提尼克地震的，书名叫《余烬》。我想不通出版社为什么会选择我来画插图，我对那个地方一无所知，要花很多时间做研究。然而，这些小活儿带来的是十英镑或者十五英镑的收入，我可以把这些钱存起来。

我一直惦记着那座乡村小屋，可是我太忙于做其他事情。过些日子我想试着再跟阿巴思诺特夫人联系，看能否得到确切的答复。

我很高兴春天来了，我又可以继续完成那幅小教堂的画。我不太满意结果，不过还是花四英镑买了画框。在把作品给乔治和亚瑟看过之后，心里稍微有点底了，因为乔治说："画得真不错啊。"到皇家艺术研究院交稿的日子是三月底。我抱着防尘布包着的画，来到伯灵顿之家。我的画在楼廊里一堆巨大和鲜艳的画布中显得微不足道，离开前我在心里默默地祈祷。研究院里，学生们在长椅上闲聊。我没看到任何熟悉的面孔。我曾和朋友们坐在那里，现在感觉已是特别久远的事了。我推开通往教室的门，看到校监奥斯本

在他的办公室里。他跟我抱怨现在的学生。"跟你们那会儿不一样喽。"他说。我想，二十多年来，他一定跟每届老生都这样说吧。之后，我去盖伊医院找派，把我的画忘到了九霄云外。

壁画的创作接近尾声了。她在画作品中心的一组人物，包括有翅膀的小男孩。这时，护士们三三两两来到餐厅吃午餐。她们站着抬头看，一个问："还要画多久？"接着说，"我们都觉得这幅壁画很可爱，要是你画完了，我们会伤心的。我们都特别喜欢看你画画。"派告诉我，她从库珀·佩里爵士那里听说，把壁画任务交给派的医生，还要额外给她五十英镑作为她的花销。派非常高兴，她说："我算过了，实际上用不了那么多钱，所以我们还能有结余。"

我交稿之后过去了三个星期，听研究院说我的画被接受了，接着我收到了给画上保护膜的票。上保护膜的日子很重要，画家们可以在画廊看到他们被录用的画——幸运的作品被挂起来。一些不太幸运的画家，他们的作品被放到"天上"，只见他们站在梯子上

修整自己的作品，画上更多颜色，让作品能更加显眼一些。我尤其记得当中的一个人，用笔刷往画上甩猩红色的颜料。我是幸运儿之一，画挂在第二个房间的墙上。我遇到几个朋友，其中一个告诉我，埃德温·艾比在其中一间画廊里。我马上去找他，看到他正跟一位皇家院士聊得火热。我等着，直到他看见我，跟我打招呼："你好，谢泼德，你在这里做什么？"我告诉他，他接着说："你应该继续画黑白线描画，你知道。你试过给《笨拙》投稿了吗？"我告诉他我试过，没成功。"你要见林利·桑伯恩，"他说，"他就在这里。来，我来给你引见一下。"

他拉着我的胳膊，快速找过每个房间。

　　桑伯恩在跟一个朋友聊天。他是《笨拙》杂志的高级漫画家，三年前接任了约翰·坦尼尔的位子。他转过身看到我们，艾比拉着我的胳膊说："来，桑伯恩，你知道谢泼德吗？他是一位大有前途的年轻画家，也希望加入《笨拙》。"然后他给了我一个台阶，说，"你们聊聊吧。"说完就离开了我们。我结结巴巴地赞美了桑伯恩的画，他打断我，跟我聊起了《笨拙》杂志。他说："你要抓住一些好笑话，画草图交来试试。"我跟他说我失败过。"当然，"他说，"人人都会遇到。你要继续努力。不要让他们安宁。"他走开了，留下我一个人有点发蒙。我出去吃午餐，回来时在楼梯上遇到一个学生朋友。他告诉我弗兰克·迪克西在找我。

弗兰克很高，总是穿长外套，很容易找到他。"我喜欢你的画，"他说，"可上面没有标价。卖吗？""哦，当然。"我回答。弗兰克继续说："哈莫·桑尼克罗夫特和我代表一家殖民地的艺术画廊买画，我们都想收藏你的画。我们只能花一百英镑——你愿意卖吗？"我的声音恐怕小到听不见。"可以，"我说，"我很荣幸。谢谢你们。"弗兰克接着说："我希望这钱你结婚能用得上。"我由衷地回答："一定会的！"一百英镑是我不敢出的价钱。我想过六十个金币，但是乔治建议我不要标价，一位有经验的画家告诉他，画要先挂出来再定价。我很感谢他给了我这个建议。现在整个情况改变了，我可以去租乡村小屋了。我给派发了份电报，她跟她的母亲住在迪尔。后来她告诉我，我的电报她几乎没读懂，听起来像是说我在殖民地投资挣到了钱。

那天晚上，我一到家就给阿巴思诺特夫人写信。我一边写信，一边祈祷那个房子还是空的。等了一个月才等来回复。"我之前一直在国外，"她说，"如果你想租我的小房子，最好现在来跟我面谈。"我抓住了这一线希望，写信要求约定见面的时间。一周后她回复了，是第三人称口吻写的，信里定下了我去梅菲尔德的日期和钟点。到了那天，我来到南街，找到那所房子，按了门铃。一个女佣开了门，我站在门口，询问能否见到女主人，只听里面有个声音说："把鞋底蹭一下！"我蹭蹭鞋底，走了进去，女佣带我来到客厅。那个声音的主人站在窗前。她个子高挑，很结实，戴一顶大帽子。"你为什么想租我的房子？"她问。我解释说我要结婚，想找地方住。"那个地方我可不要住，"她继续说，"我不想啰唆。如果我租给你，你要把那个地方整理好，经常修理，如果我需要你就得准备搬出去。"这个像是单方面的协定让我有点蒙，我说希望她能给我至少一年的租约，并且还可以续租。她的回答是："我不想找麻烦，我要考虑考虑。"我解释说如果有确切答复我会很高兴，因为我打算秋天就结婚了，装修还需要一段时间。我问她能否考虑这点，并且我想知道租金是多少。"哦，租金！"她说，"我不应该要多——也许一周半个克朗。"我感谢了她，问她我是否能租下小屋了。她回答："我会写一份同意书。我们不需要花钱找律师。"这就结束了面谈，我带着她签字的租约满意地离开，但是脑子里不清楚该怎么做。我不知是否可以找建筑商来商量装修的方案，毕竟这就是个很含糊的保证而已。我跟西瑞尔商量，他建议我冒这个险。当派从伦敦回到她姐姐家后，我们一起商量，她也同意我先行动。于是我装了小旅行袋，骑车去了山姆雷格林。

小房子看起来跟之前差不多，杂草更多了。我来到上庄园，找到了福克萨尔，告诉他我已经租下了房子。我说屋主已经同意出租了，我可以在这里住一年。同时，我想要房子的钥匙，这样可以找装修工来装修房子。福克萨尔有些怀疑。他还没收到阿巴思诺特的信，不能就这样把房子给我。"也许她会改变主意，"他说，"她以前这样做过。"我不想耽搁，就提议如果发生任何变化我愿负全责。他态度变得缓和一些，还给我推荐了一个克兰利路上的装修公司，一个小公司，估计会愿意接这样的活儿。我马上行动，那个装修公司的院子很好找。一个工人告诉我一个小时后再来，老板出门了。我骑车到克兰利路上到处看看，在客栈给自己订了一个当晚的房间。回到院子时，装修公司老板已经到了。他同意跟我去看看小房子，给个预算，但提醒我要一个月后才能开工。他有平板车在外面等着，于是我们将我的自行车绑在后面，然后驾车来到小屋。他花了很长时间挨个房间看，敲敲墙壁，用折叠刀看木工的情况。他在壁炉里点着了一张纸，对着客厅一片片潮湿的印渍摇头。他说如果

装修墙壁的话，我可以用好看一些的板子做护壁板，不过我说墙纸就够了。他走到外面，从车上搬下梯子，看了一下房顶。"外面还够结实。"他评论道，不过没有掀开石板，没办法检查木头。他对下水道系统很不满意。他站着看后门的下水沟，捡起一根木棍，在烂树叶里戳来戳去。"这会给你添麻烦的，"他说，"水流不下去啊。"他说着了，下水道的确给我们增添了无穷无尽的麻烦。终于，他同意几天内给我个报价。

当我回到家，已经有一封信在等着我了，阿巴思诺特夫人在信里夹了一张写在信纸上的合同。那是一份奇怪的文件，我不知道房屋中介看了会如何说。文件只是简单地写道："阿巴思诺特夫人准备好把她的小屋出租给谢泼德先生，为期一年，条件是他彻底装修房子并且负责日常维护。"附加的纸条上有张邮票，我在文件上签字，寄回给来信者。虽然我不是做生意的人，但还是觉得缺了什么，不过我一定不会放过这个机会。至少租金是合理的——甚至太合理

了，我在计算之后觉得，比上次见阿巴思诺特夫人时她说的一周两先令六便士还合理些：一年六英镑，等于每周两先令零三个半便士。总共有十先令的差别，足够买邮票了。

我带着合同去跟派汇报进展。我们约好在盖伊医院见面，帮她收画具。壁画已经完成，至少我们可以在没有脚手架的情况下看到整体效果。这幅作品气势宏伟，很多护士和学生来祝贺她，派开心得脸都红了。有一个学生送给她一束鲜花。我和她回到诺伯里，告诉她装修老板关于小屋的装修方案，工程没法在九月前开始，所以我们的婚礼要等到那个月底。我们跟康妮和她丈夫讨论了这事，都觉得这个租约很好笑。扬一家人已经提出借出他们的房子做我们婚礼招待会的场地，并建议我们应该在他们教区的教堂举行仪式。这就解决了问题，查普林夫人住在迪尔，我们不想在那里举行婚礼。所以就这样计划好了，几天后查普林夫人来到诺伯

里参加家庭聚会，定下我们的婚礼日期为九月二十八号。已经是八月了，所以时间不多了。我写信给我的姑妈、威利伯父和我亲近的朋友们。派和我一起看名单，选择应该要邀请的同学。

艾伦姑妈给我的回信特别可爱，她很遗憾不能到场，并且随信

寄来一张慷慨的支票。威利伯父改变了态度，正如他的一贯作风：不再批评我们的仓促，祝福我们幸福快乐，并给了我们二十五英镑的支票。范妮姑妈接受了邀请，她告诉我们她的贺礼是舒布莱德百货商店的日用物品。派有一盒她叔叔和婶婶送的刀叉餐勺；迪克西家送了一张活腿桌；查普林夫人，给我们的除了萨福克道尔衣橱，还有一块地毯和几把椅子。最好的礼物之一来自安妮·格雷戈里。她是我母亲非常要好的朋友，是画家和皇家水彩画家协会成员查尔斯·格雷戈里的妻子。他们住在萨里的米尔福德。我很小的时候，仰面躺在路中间哭闹，那个丢人的场面就发生在他们在里普利的家门口。她写信提出在婚礼当天来我们的乡村小屋，提前为我们做准备——生火、晾床单、给我们做晚餐。我回了信，欣喜地接受了她的安排，并告诉她钥匙放在哪里。

装修老板的估价来了，比我想象中低——十六英镑以下——我写信表示接受，请他早点开工。艾瑟儿和西瑞尔跟我一样兴奋，他们自告奋勇跟我去，帮我清理小屋。西瑞尔认为如果我们在现场的话，能起到督促装修进度的效果。他只有周末才能过来，我就和艾瑟儿一起把床单、毯子和一些用品装箱，打算去小屋打地铺，等西瑞尔能抽身出来时再来找我们。就这样，一周后艾瑟儿和我去了小屋。除了行李，还有一只大箱子、一盒厨房用具和其他用品。我们乘坐当地的轻便马车从布拉姆利站出发。我们发现小屋一片狼藉，工人们在卧室往天花板刷涂料并重新糊墙纸。厨房已经刷白了，看起来干净敞亮。艾瑟儿把箱子里的东西拿出来，我去修理厨房炉头，那个东西被墙纸碎片、香烟盒和画画用的抹布堵住了。清理了以后，我提着桶往大路走，去威尔逊夫人家的水井打水，顺路买了一些劈柴。我往院子里的棚子看了一眼，看到烧火用的煤也运

到了，放心了一些。点火比我想象中容易些，没一会儿火就熊熊燃烧起来。"来喝茶吧！"我对艾瑟儿喊，才想起我们没有牛奶。这就是说要沿大路往下走，去埃金顿农场。我买回了牛奶、黄油和鸡蛋。我们有带一条面包和一些果酱来。

茶壶里的水滚着，我上楼看工人进展如何。卧室的天花板完成了，一个人在用抹布擦地板。他抬起头，一脸郁闷地看着我，说："你们今晚住这里？"我说是的。他在桶里拧了一下抹布，说："那你们知道这个地方闹鬼吧？""真的吗？"我问。"是的，这是一栋鬼屋，"他接着说道，"他们都这么说，所以这个房子租不出去。"我谢了他，下楼把这个惊人的消息告诉了艾瑟儿。她也跟我一样，没怎么觉得这事儿有多闹心。"假如幽灵出现，"她说，"我要让它帮我缝这窗帘。"

我们坐在木箱上喝茶，现在还没有家具，家具要次日上午从德特福德送来，家具寄存在那个地方。我们一起打扫小屋，直到快九点，草草吃了晚餐，在客厅的地板上裹着毯子打地铺。没有

可怕的尖叫声或哗哗的铁链声惊扰我们的美梦。家具要中午才到，我骑车去克兰利，订了一套餐盘。这套餐盘样式平淡无奇，很便宜，但却特别结实，我们用了好几年。我至今还留着其中一个盘子——怎么也摔不烂。餐盘装在小货箱里，太重了，我的自行车驮不动，我将它留在店里等伙计第二天送货。午餐我和艾瑟儿吃了面包奶酪，然后就等着家具的到来。此时天下起雨来，货车三点半才到，自然是工人们迷路了。下雨天往屋子里搬家具可不是好玩的事，工人们着急回伦敦，我们的东西就被随意卸到各处。他们喝了很多茶，五点钟离开了。

　　给家具分类很麻烦。我们得先放好床和床垫，晚上才能睡觉。活腿桌、道尔衣橱和四把古董椅放好以后，厨房显得很漂亮。查普林夫人的地毯很衬方砖地板。艾瑟儿打开各种窗帘，开始挂它们。还没有窗帘杆，但是她把窗帘布剪成合适小屋窗户的大小，临时挂了上去。我花了整个下午的时间在卧室铺地毯。工人们完成了楼上的工作，在刷洗涤室和储藏室。

　　晚餐前，我提着水桶到路上去打水，跟威尔逊夫人闲聊了几句。她知道很多八卦，不过很明显没听说过闹鬼的事。她已经看见我们的家具运到了，很感兴趣。"他们搬来了！"恐怕已经在邻居间传开了，因为第二天早上，一个准备收拾花园的老人上门来。

他看了一圈之后说："不行，真不行。这也太乱了。"然而他还是愿意一周来一次。不久，送货的人把我买的餐盘送来了。他问我还需要在吉尔福德买什么。我才明白原来送货人可以帮人从镇上购物——因为他是唯一有公共交通工具的人吧，那时还没有乡村公交马车。

西瑞尔预备周五到，周六上午他请假了。晚上九点钟他到了，从布拉姆利骑车过来。他对我的小屋印象很好，当然这房子晚上看上去是最好的状态。他带了一个很重的、奇形怪状的包裹，是舒布莱德百货商店的货车送到海德维尔的。我们拆开包裹，看到一整扇咸猪肉，这是来自范妮姑妈的礼物。我们把它挂在小储藏间，好几个月都有薄薄的美味咸肉解馋。

有了西瑞尔的帮助我们一切顺利。我们一起把客厅的地毯铺好，这条地毯是从我们过去的家带来的，一直是我最喜欢的地毯——墨绿色，带着小花的边饰。星期天，我从威尔逊夫人那里借了镰刀，西瑞尔在花园高高的草丛里干活，我把小屋前红砖小径缝隙里的杂草拔了个干净。艾瑟儿给我们做了饭，鸡

蛋和从范妮姑妈的礼物上片下来的咸肉。

吃过饭，我们讨论了未来的计划。西瑞尔现在是劳合社的保险业务员，薪水很不错。艾瑟儿在布莱克希思音乐学院教书，希望能留在那个区，在我婚后，他们俩想一起在李或者布莱克希思租房

子。第二天早上，西瑞尔赶早班火车回伦敦。艾瑟儿和我留下来几日，等装修完成。然后，我最后看了一圈房子，把钥匙留给威尔逊夫人，就回到了城里。

第二天我来到诺伯里，告诉派我们在小屋住的那几日的情况。讲到闹鬼的时候，她特别感兴趣，还没听够。我解释说那可能不会是个刁难人的恶鬼，不然威尔逊夫人早就听说了。当然，就我们所知，它从来没有打扰过我们，因为我和派总共在小屋住了六年，从来没见过它，我们的朋友们也没见过。我不在的时候，派收到她的教母寄来的支票。现在我们的礼金总共有四十五英镑了。我们还有一些存款，这下感觉像是大富翁了。加上我们两个画画挣的钱，可以胸有成竹地面对未来。

婚礼的安排也终于完成，甚至派的婚纱都快做好了。我没法形容，不过从派的姐妹那里听到了缝制的进展。我知道的是，她穿上婚纱的样子美极了。大喜的日子到了，艾瑟儿、西瑞尔和我很早就起床。西瑞尔是我的伴郎，他把戒指小心地放在马甲的口袋里。我们兄弟都穿了长外套——虽然现在我想象不出当时是如何弄到一件长外套的。我非常紧张，特别焦虑，生怕迟到，结果我们太早到教堂了。之后一切顺利。派的舅舅，一位红酒进口商，带她步入教堂，之后的招待会，他送给我一瓶相当特别的红酒，让我们到新家第一顿饭喝。范妮姑妈盛装出席，我把她介绍给派所有的亲戚，她和查普林夫人马上就热络起来。离开教堂的环节也特别隆重，我们的同学做保镖护送我们驾着马车去车站。

从伦敦来的火车带着我们到奇尔沃思。我订好了轻便马车来接，它在车站等着。那天晚上有雾，非常浓重，在沃纳什广场尤其浓，车夫迷路了。但是我能给他指路，我们在威尔逊夫人家转弯，派依在车窗上，第一次看到了我们的乡村小屋。

窗户已经透出灯光，前门开着。我们停车，我下车。"来，"我说，"我要把你抱过门槛。""不要，你太累了，可别把我摔了——还有酒呢。"我让步了。安妮·格雷戈里阿姨在门口等我们，好闻的香味从厨房飘出。"我以为不能准时做好饭呢，"她说，"所以幸好你们来晚了。这儿没有水，什么都要找！……好在，都准备妥当了。"

我端着蜡烛，带派上楼，领她看每个房间。我们卧室的壁炉里，炉火欢乐地燃烧着，五斗橱上摆着鲜花。我们去看了客房，还有檐顶下的小房间。派说："我觉得这里好可爱啊。你知道，没有我想象中那么小。我喜欢这个厨房。"

我们下了楼，我拿出红酒，幸运的是，我记得带了开瓶器。我们没有红酒杯，不过我把酒倒进了水杯。安妮阿姨已经在我们的活腿桌上摆好了晚餐，桌上铺着红色格子的桌布，摆着我们的四只铜蜡烛台，还有一瓶紫苑花，一切让人舒心愉快。我们请她不要干活，和我们一起享用晚餐。"我不能让马车一直等着我啊，"她解释道（马车要载她回布拉姆利），"而且，我还要赶火车呢。"说完她转身对派说："你和欧内斯特一定要早点来米尔斯福德啊，让欧内斯特跟查尔斯聊艺术，我来教你几招做饭的窍门。"她拉着我的手说，"查尔斯和我的女儿们也祝你们幸福。现在我要走啦。"我们喝了一杯，敬美好的日子，我给外面的车夫也拿了一杯酒。我们在前门招手，他们驾车而去。

这时夜已经很深了，雾又起了，冰冷刺骨。唯一的声音是对面小树林中传出的松鸡叫声。我们转身，回到厨房，坐下享用在新家的第一顿晚餐。我们太累了，没有马上洗碗。我只是把所有东西

375

放在水池里，用水泡上。睡觉前，我和派看了我们带来的特别的宝物——一组托马斯·迪克西画的我祖母的画像，一个叫查普林的比利时画家画的迷人的裸体小画像，派的搪瓷百宝箱和她的小瓷老鼠。

我们非常快乐。派为盖伊医院创作的壁画圆满完工。我有一幅画被皇家艺术研究院录用，挂起来，卖了一百英镑。我们结婚了，两人的存款、婚礼的礼金加起来大概有七十英镑。几个月前看似不可能的事，现在都实现了，感谢上帝让我们有了这座乡村小屋之家。

译后记

二〇一九年春，接到乐府文化总编辑涂志刚先生的翻译邀请。他交给我的是一本传记，分为两部，作者是距今一百四十余年前出生的一位英国人——E. H. 谢泼德。说起这个名字，也许中国读者会感到陌生，但提到他创作插图的《小熊维尼》《柳林风声》，就几乎无人不知了。作为热爱图画书和儿童文学的童书翻译，我为能翻译此书而深感荣幸。

《小熊维尼》，毫无疑问，是英国乃至世界儿童文学史上最耀眼的明珠之一。A. A. 米尔恩描述了一个真实又奇妙、纯真又通透的幻想世界，谢泼德的妙笔奇迹般地呈现了百亩森林，让书中那些或憨或萌、或灵或拙的形象跃然纸上，成为无数孩子美好的童年记忆。

不过，在谢泼德的两部自传中，并未提及关于《小熊维尼》的创作。一是因为直至第二部《人生的画》内容结束时他的插画家生涯才刚刚起步；另一个原因是，谢泼德本人曾为《小熊维尼》的名气过于响亮而不快，认为这本书的巨大影响力遮挡了他作为插画家更值得骄傲的成就。

透过这两部自传，我们可以看到成长和家庭对他艺术风格的影响。谢泼德生于一八七九年，祖父罗伯特·谢泼德是皇家萨里郡医院的创建者之一。祖父是个严厉古板的人，育有十个子女，其中六个女儿都未曾出嫁，这同他的管教方式有着很大关系，因为他不会让陌生男子来到家中。我们在书中看到谢泼德描写与四位姑妈共度的日子，虽然她们传统、谨慎，甚至有些胆小，但对待谢泼德姐弟三人却非常细心慈爱。谢泼德的外祖父是著名的水彩画家威廉·李。外祖父家的家庭气氛要轻松很多，谢泼德的母亲和外祖母像对无话不说的姐妹一般。谢泼德的母亲哈莉亚特·李自幼喜爱艺术，跟当时英国很多画家、音乐家、剧作家是好朋友，经常在家里举行聚会，直到孩子出生。谢泼德父亲的职业是建筑师，他爱好绘画，也是业余话剧演员。谢泼德继承了父母对绘画、音乐、戏剧的爱好。他从很小就显露出绘画天赋，总是随身带着小笔头，寥寥几笔将看到的景象记录下来，回到家再根据记忆绘出完整的图画。他不光有着超凡的视觉记忆能力，还非常勤奋，几乎从不间断练笔。谢泼德的父母为孩子展露的天资而自豪，尤其是他的父亲，默默整理和收藏了谢泼德儿时全部的画作。

谢泼德还有很强的文字功底，从他九岁时写给母亲的信就能看出。少年时期，父亲经常为他们姐弟三人朗读狄更斯等作家的作品，这培养了谢泼德对文字的敏锐感悟力，使他在创作文学作品的插图时能够抓住精髓，用画笔诠释文字的内涵。自传里，谢泼德记叙了很多父母带他看演出、度假和旅行的经历。从父母身上继承的热爱生活、情感细腻、幽默泰然等品质，也都反映在他创作的那些线条老练而灵慧的插图中。

《记忆的画》是谢泼德七岁至八岁那年的童年生活记录。《人生的画》从母亲去世写起，讲述中学时光及艺术学校求学的经历，直到与心上人结婚。在此之后，谢泼德的人生岁月主要分为两部分。第一次世界大战时，他身在法国、比利时和意大利前线，因英勇战绩被授予"军功十字勋章"。战争期间，他在战壕里仍一直作画，描绘前线的生活，给《笨拙》杂志供稿。他人生的另一轨迹是职业插画家生涯：一九〇七年，谢泼德的第一幅漫画在《笨拙》杂志发表；一九二一年，杂志主编欧文·希曼爵士邀请谢泼德正式加入《笨拙》；一九三五年谢泼德成为《笨拙》杂志的第二漫画师，一九四五年成为首席漫画师。

与《小熊维尼》的羁绊始于一九二四年，A. A. 米尔恩经人介绍，看中了谢泼德的画技，但又对其风格有犹豫，直到谢泼德为他的诗集《当我们很小的时候》创作的插图令他十分满意，才有了后来《小熊维尼》的经典插图。虽然 A. A. 米尔恩与谢泼德合作多次，但两人之间的关系并不密切。一个有趣的细节是，虽然 A. A. 米尔恩故事中的小熊是以自己儿子的毛绒玩具为原型，但插图中维尼的原型，却是谢泼德的儿子格雷厄姆的小熊玩偶。

在谢泼德成为《笨拙》杂志的首席漫画师之后，杂志的经营状况被形容为停滞不前。谢泼德经常给自己的时政漫画加上很多名著中的引言，这也成为令读者感到迂腐的原因。一九五三年，新主编上任后，谢泼德被解雇。一九七四年，谢泼德去世前两年，他将自己的全部日记、画作及两部自传的手稿捐赠给了伦敦萨里大学。

谢泼德在两部自传中描写的年代，正值维多利亚女王在位后期，是英国工业革命的峰端，大英帝国的黄金时代。从一个幼童和少年的眼中，我们看到当时英国在政治、经济、军事、建筑、文化、娱乐等各个方面的繁荣，领略了各领域众多历史名人的风采，并两次身临其境地观看维多利亚女王的在位周年庆典。书中还涉及许多世纪更迭时伦敦及英国各地的风物：街道、商店、交通运输，以及枪炮、服饰和游戏等方方面面。另外，他还描述了一些现在已经淡出人们生活的工作，例如酒花采摘、送煤工、清道夫等。

谢泼德与第一位妻子弗洛伦斯·查普林育有一子一女。长子格雷厄姆在第二次世界大战中牺牲；女儿玛丽也是一位插画家，其著名的作品是《玛丽·波平斯阿姨》系列。弗洛伦斯去世十六年后，一九四三年，谢泼德同一位名叫诺拉·卡罗尔的护士结婚，与其共度了三十三年的晚年时光。一九七六年，九十七岁高龄的谢泼德去世。

　　回顾谢泼德的一生，童年丧母、青年丧父、中年丧妻、晚年丧子，还经历了两次世界大战。人生虽无大起大落，但也可谓风风雨雨。他在世时，曾拥有挚爱的人，以及钟爱一生的绘画。他走后，留下的图画和文字作品，仍述说着时代的风华，辉映着不朽的赤子之心。

范晓星

二〇二一年四月于美国洛杉矶

图书在版编目（CIP）数据

伦敦小孩：E. H. 谢泼德自传 /（英）E. H. 谢泼德著绘；范晓星译. -- 北京：北京联合出版公司，2022.2

ISBN 978-7-5596-5620-9

Ⅰ.①伦… Ⅱ.①E … ②范… Ⅲ.①E.H.谢泼德—自传 Ⅳ.①K835.615.72

中国版本图书馆CIP数据核字（2021）第205283号

DRAWN FROM MEMORY COPYRIGHT © 1957 ERNEST H. SHEPARD; DRAWN FROM LIFE COPYRIGHT © 1961 ERNEST H. SHEPARD

伦敦小孩：E. H. 谢泼德自传

作　　者：［英］E. H. 谢泼德
译　　者：范晓星
出 品 人：赵红仕
策　　划：乐府文化
责任编辑：牛炜征
特约编辑：许东尧
装帧设计：刘振东

北京联合出版公司出版
（北京市西城区德外大街83号楼9层　　100088）
北京联合天畅文化传播公司发行
北京美图印务有限公司印刷　　新华书店经销
字数280千　889mm×1194mm　1/32　12.25印张
2022年2月第1版　　2022年2月第1次印刷
ISBN 978-7-5596-5620-9
定价：88.00元